KB217509

무릎으로 만난 그리스도

심혁창 지음

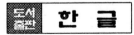
도서출판 한글

책 머리에

내용으로는 일곱 번째와 여덟 번째 이야기를 먼저 읽기를 권하고 싶다. 그것들은 나를 감동시킨 남의 이야기지만 첫 번째 이야기부터 여섯 번째 이야기는 내가 신앙 생활을 하면서 과연 '하나님의 손길이었을까 우연이었을까' 나약한 믿음으로는 의문이 풀리지 않아 하나님께 여쭙고 하나님의 대답이 듣고 싶은 소망으로 쓴 간증이다. 남들도 나처럼 일상 생활 가운데서 그런 경험을 해 보았으리라 생각된다. 젊어서 한두 번 겪을 때는 우연으로만 돌렸던 이야기들이 나이 들어 돌아보니 모든 것들이 결코 우연이 아니었다는 것을 깨닫게 되었다. 세상일은 무엇 하나 내가 한 것이 없고 하나님의 뜻에 따라 나는 심부름을 했을 뿐인데 그 심부름마저 제대로 하지 못한 까닭에 그 벌을 내가 받아야 했다.

출판하는 사람의 한결같은 소원은 베스트셀러 한번 내보는 것이 꿈이다. 그러나 아무리 애를 써도 그 베스트셀러는 꿈만 무성하게 해 놓고 멀리 달아나 무지개처럼 잡을 수가 없었다. 34년 동안 그 꿈을 쫓았지만 어림도 없는 짓이었다. 하나님이 주시지 않는 복을 둔한 내 머리에만 의지하고 잡으려 했으니 이루어질 리가 만무했다. 베스트셀러의 꿈은 접고 가장 밑바닥에 꿇어앉아 나를 부인할 때 우연처럼 만나주신 손길이 그리스도였다는 것을 깨닫고 감사드린다.

지은이

목 차

제1부 곁에 계신 하나님 / 7

제2부 간증을 전하는 사명 / 53

제1부

곁에 계신 하나님

이야기의 문을 열며

우 산

여름 날씨는 믿을 수가 없다. 일기 예보도 믿을 것이 못된
다. 아침에는 해가 환하게 떴고 하늘에는 구름 한 점 없이
맑고 화창했다. 일기 예보도 비가 오지 않겠다고 했다. 그
런 날 누가 우산을 들고 나가겠나.

멀리 지방에 사는 친구를 찾아 길을 떠났다. 얼마나 시골인
지 버스에서 내려서도 한 시간 이상을 걸어야 한다고 했다.
큰맘 먹고 길을 떠났다. 서울에서 떠날 때는 하늘이 닦아
놓은 유리알처럼 맑았다. 그런데 버스를 타고 2시간을 달
리는 동안 하늘에는 예고 없이 구름이 몰려들었다. 버스 안
의 승객들은 모두 밖을 내다보며 걱정을 했다.

"저것 좀 봐. 저쪽에는 소나기가 쏟아지고 있어."

모두가 내다보는 먼 산밑으로는 해가 빗줄기에 가렸다. 모
두들 걱정이 태산 같은 얼굴들이었다. 그러나 나는 아무 걱
정도 할 필요가 없었다. 마음이 든든했다. 가방 속에는 늘
가지고 다니는 우산이 있기 때문이었다. 비오는 날이나 구
름 낀 날 우산 들고 다닐 때처럼 마음 편한 것은 없다.

비가 멀리서 오더니 우리가 탄 버스 지붕을 두들긴다. 빗줄
기가 제법 굵었다. 사람들은 차가 설 때마다 몇씩 내려서
목을 어깨에 묻은 채 뛰기도 하고, 어떤 사람은 느릿느릿
비야 오너라 맞아주마 하고 거북이 걸음을 하는 사람도 있
다. 좌우간 뛰는 사람이나 걷는 사람이나 비에 젖기는 일반
이다.

이윽고 나도 내릴 때가 되었다. 뒤편에 앉아 가방을 열고

우산을 들여다보니 친구만큼이나 반갑고 믿음직스럽다. 차가 섰다. 내 앞에 살결이 하얀 도시 냄새가 묻은 아가씨가 가방을 머리에 얹으며 내려섰다. 그 뒤를 내려서며 나는 우산을 폈다. 차는 야속할 만큼 빗속에다 사람을 내던지고 달아난다.

나는 급히 걸어가 아가씨 머리 위로 우산을 받쳤다. 아가씨는 놀라운 듯 눈을 동그랗게 뜨고 바라보았다. 빗방울이 몇 개 하얀 얼굴에 구슬처럼 굴러 내리고 밝게 빛나는 눈빛에 우산 속이 밝아졌다.

"감사합니다."

"어디까지 가십니까?"

"가월리(佳月里)라는 동네까지 가는데 아주 멀어요."

"그렇습니까. 저도 거기까지 가는 길입니다. 잘 되었네요."

"오늘 아침에는 날도 좋았고 일기 예보도 비가 오지 않는다고 해서 그냥 나왔는데 비를 만났어요."

"그러셨군요. 비만 만난 것이 아니라 나도 만났습니다."

"그렇군요. 선생님은 좋으신 분인가 봐요. 이렇게 우산까지 씌워주시고요."

"그렇지 않아요. 비오는 날 우산 가진 사람이 우산 없이 가는 사람을 두고 그냥 갈 사람이 어디 있어요."

"고마워요. 그런데 오늘같이 변덕스러운 날 어떻게 우산을 준비하고 계셨어요?"

"습관이지요. 저는 아무 날이나 우산을 가방에 넣고 다닌답니다. 사람들은 우산 하나를 더 가지고 다니는 것이 짐스럽다고 가지고 다니지 않지만 저는 그렇게 생각지 않아요. 누가 여름 날씨를 믿을 수 있어요. 오늘 같은 날이 그렇지요. 여름 날씨는 여자 같다고 하던가요?"

"그게 무슨 말씀이신데요?"

"여자 마음은 믿을 수 없다는 것이겠지요. 더 잘난 남자가 나타나면 고무신을 뒤로 신는다는 말일 테니 말입니다."

"선생님은 농담도 잘하시네요."

"잘하지요. 그러나 들을만한 말도 제법 하는 걸요."

"좋은 이야기를 듣고 싶어요."

"그럽시다. 오늘 같은 날 비가 올 줄 누가 생각이나 했겠습니까? 그러나 이렇게 비가 오고 있지 않아요. 그런데 사람들은 구름이 잔뜩 낀 것을 보고도 우산을 준비하지 않지요. 그러다가 비가 오면 허둥거립니다. 그러나 그때는 이미 늦지요. 우산은 비가 오기 전에 준비를 해야 된다는 것을 알면서도 아무도 준비를 하지 않아요. 그것은 마치 세상에 태어나는 순간부터 죽음을 약속 받은 사람들이 그것을 망각하고 사는 것과 같지요. 인간은 아무리 건강해도 언제 갈지 모릅니다. 젊다고 가지 않는 것도 아니고 힘이 장사라고 가지 않는 것도 아닌데 천만년 살 것처럼 아웅다웅 삽니다. 자기 욕심을 희망이라는 이름으로 포장하고 별 짓들을 다 합니다. 그러나 그들도 모두 겁니다. 들고 다니기 귀찮다고 우산을 버리고 다니듯이 사람들은 하나님 믿는 것이 부담스럽다고 하나님은 뒤로하고 자기 맘대로 살아갑니다."

"선생님은 기독교인인가 보지요?"

"그래요. 아가씨는 종교가 어떻게 되나요?"

"무종교예요."

"아예 집에 우산도 사다 놓지 않은 상태로군요."

"그렇게 되나요?"

"집에 우산이라도 있어야 비오는 날 쓰고 나오지요. 그렇듯 종교는 필요한 것입니다. 그러나 찢어진 우산 같은 건 아무리 준비해도 소용없지요. 우산도 우산 나름 아니겠어요?"

"……"

"이왕이면 좋은 우산을 준비해 두셨다가 쓰고 나오세요."

"그 말씀은 하나님을 믿으라는 말씀이네요?"

"참 빨리 알아 들으시네요. 바로 그겁니다. 종교는 반드시 가려야 합니다. 세상에는 많은 학자, 철학자가 있지만 그들은 모두 사람의 생각으로 할 수 있는 이상에 빠져 하늘의 비밀을 모릅니다. 육신은 땅에서 났으니 땅으로 돌아가는 것이 순리이고 영혼은 하늘에서 왔으니 하늘로 돌아가는 것이 순리입니다. 그러나 언제 하늘로 가야 하는지 그 날을 알지 못하는 것이 인생이지요. 오늘 날씨처럼 말입니다."

"하나님 얘기는 재미가 없어요. 다른 재미있는 얘기를 해주세요?"

"많지요. 이 나이가 되도록 살았는데 무슨 얘기는 없겠어요. 그러나 아가씨와 내가 이렇게 빗속을 걸어가면서 나눌 수 있는 이야기라면 이 다음 '그 날 가을비 가는 길에 우산을 받쳐준 그 사람의 이야기가 괜찮았어' 하는 말을 들어야 하지 않겠어요. 공연히 객담이나 하면 마음만 어지러워지고 후에 남는 것이 없어요."

"목사님이신가요?"

"목사님이면 얼마나 좋겠습니까. 평신도지요. 하나님 이야기가 세상 이야기보다 재미있다는 것을 아시면 그런 말은 하지 않을 거예요. 좀 지루해도 참고 다 들어보시구려."

첫 번째 이야기 / 처음 품은 의문

천국이 있는가

나는 본래 고집이 세고 융통성이 없으며 비사교적이고 소극적인 아이였다.

일제가 극심한 가난을 남기고 물러가고 얼마 안 있어 육이오는 온 국민을 도탄에 빠뜨렸다. 그때 교회에서는 종종 구호 물자를 나누어 주고 있었다. 그것을 타기 위해 내 또래 아이들은 교회에 나가 찬송도 배우고 예배도 드린 다음 별나게 생긴 선물들을 타 왔다.

공책과 연필을 타는가 하면 수첩, 초콜릿, 과자, 마른 우유, 빵 등 세상에 그런 것이 있는 줄도 모르는 것들을 받아 왔다. 여자들은 레이스가 요란하게 달린 블라우스를 타기도 했는데 대개는 양배추 잎처럼 오글오글 예쁘게 단 레이스는 뜯어내고 뜯은 자리에 동정을 달아 입고 다녔다. 일부러 달고 다니는 레이스를 떼다니. 지금 생각해 보면 우습기도 하다.

동네 아이들은 모두가 구호 물자 타는 재미로 교회를 나갔다. 아이들 가운데 교회에 나가지 않는 아이는 나 하나뿐이었고 구호 물자를 타보지 않은 아이도 나뿐이었다. 그뿐 아니라 다른 아이들이 타다 먹는 것을 보면 얼굴을 돌렸다. 그리고 하나님을 믿느니 나를 믿으라는 소리를 서슴없이 하며 아이들이 교회에 나가는 것을 비웃었다.

그뿐 아니었다. 교회 종이 높은 물푸레나무 위에 달려 있었는데 그 나무 위에 올라가 밑에다 대고 오줌을 누면서 예수를 믿느니 나를 믿어라 라고 외쳐대기도 했다. 세상 사람 다 예수를 믿어도 나만은 안 믿는다고 큰소리를 쳤다. 절에 다니는 집 아이들이나 믿지 않는 집 아이들이나 다 교회를 가기 때문에 주일 아침나절에는 친구가 없었다. 그럴 때는 예수를 원망하기도 했다.

공책이 없어서 아쉬웠고 다른 아이들이 과자를 타다 먹으면 나도 먹고 싶었지만 교회만은 안 가겠다는 것이 나의 고집이었다. 그러다가 중학교를 갔는데 미션 스쿨이었다. 그 학교는 공부를 잘해도 성경 점수가 나쁘면 우등상도 없고 장학금도 없었다. 통지표도 맨 첫 과목이 성경이었다. 학교를 안 다니면 모를까 다니려면 교회를 반드시 가야 했다. 교회를 가는 것뿐 아니라 성경도 읽어야 하고 찬송가도 불러야 했다. 그러나 찬송가를 부르지 않았다. 성경책도 없고 있어도 읽을 생각이 없었다. 학교에서 하라니까 마지못해 억지로 흉내를 낼 뿐이었다.

주일에는 어느 교회를 가든지 예배에 참석하고 학교에서 만들어 준 교회 출석 카드에 목사님의 도장을 받아 와야 한다. 그래서 교회를 빠질 수도 없었다. 융통성 없는 나는 거짓말을 못하여 꼼짝 못하고 학교에서 하라는 대로 했다. 믿음이 울어나서가 아니라 어쩔 수 없이 교회를 꼬박꼬박 나가고 성경을 읽고 찬송가를 배워야 했다. 다른 아이들은 적당히 도장을 아무 것이나 찍어다 바치기도 했고 다른 사람을 시켜 목사님께 도장을 받아다 내기도 했다.

비록 교회는 억지로 나갔지만 그 짓만은 하기 싫었다. 내가 맨 처음 예배 참석 도장을 받기 위해 나간 교회는 나사렛 교회였다. 나 혼자만 나가는 것이 아니라 도장이 필요한 녀석들이 코 꿰인 송아지처럼 조르르 나가 뒷좌석에 숨어 앉아 시시덕거리고 장난을 치다가 설교가 끝나면 우르르 몰려가 카드를 내밀었다.

그럴 때마다 목사님은 칭찬해 가며 도장을 눌러 주곤 하셨다. 지금도 그 때 우리에게 도장을 눌러 주시던 목사님 모습을 어렴풋이 기억할 수 있다. 당시 목사님은 38세였다. 작은 키에 얼굴이 동그랗고 동안(童顔)의 아주 잘 생긴, 그리고 건강하게 보이는 분이었다.

아무 병도 없고 아무 것도 아쉬울 것이 없는 그런 분이었다고 생각된다. 사모님도 미인이었다. 그런데 그 목사님이 어느 날 갑자기 우리들에게 도장을 찍어 주지 못하게 되었다. 우리는 어려서 자세히는 알 수 없었지만 어느 날 목사님이 교회 장로님과 집사님을 모아놓고 이렇게 말씀했단다.

"앞으로 3일 뒤에 나는 하나님의 부르심을 받고 세상을 떠납니다. 하나님께서 세상일은 정리하라고 하셨습니다. 교회는 다른 사람에게 맡기고 하늘 나라에 할 일이 많으니 와야 한다고 말씀하셨습니다."

믿을 수 없는 이 말에 장로님들과 집사님들은 목사님이 정신이 어떻게 된 것이 아니냐고 의심도 했고 그럴 수는 없는 것이라 믿으려 하지 않았단다. 그러나 목사님은 서둘러 교회 사무를 수석 장로님께 위임했다고 한다.

건강에도 이상이 없고 아무 것에도 세상 등질 이유가 없는데 세상을 떠나겠다고 하고 또 3일밖에 시간이 없다고 하니 도저히 따를 수도 믿을 수도 없는 일이었단다. 그러다가 3일째 되는 날 밤 목사님은 깨끗한 차림으로 잠자리에 들어 영원한 세계로 떠나셨다. 그 후 우리는 그 목사님 도장도 받지 못했지만 뵈올 수도 없었다.

숙맥 같은 나는 천당이 있는 건지, 있으면 나와 무슨 상관이 있는 지조차 알지 못한 채 도장 받을 걱정만 했다. 지금 생각해 보니 그 목사님의 소천은 보통 사건이 아니었다. 그후부터 하늘나라는 과연 있는가라는 의문을 품은 채 나이를 먹었다.

하루는 친구 장로에게 그런 일이 내가 다니던 교회에서 있었노라고 말했다가 미친놈이라는 소리만 들었다.

"그것은 사이비 종파에서 꾸민 연극일 수도 있다, 그런 허무 맹랑

한 소리를 하면 아무도 믿어 주지 않고 너만 실없는 사람된다."

　이 말이 그의 권위적인 대답이었다. 그러나 내가 직접 겪은 일인데 누가 믿어주고 안 믿어 주고가 문제가 아니다. 나는 나를 믿어야 하고 내가 믿을 수 없는 것은 아직도 이해할 수 없는 목사님의 소천이다. 그로부터 막연하게나마 하늘 나라가 있기는 있나 보다라고 생각하게 되었고 하나님을 부인할 때마다 그 목사님의 소천은 부정적인 나의 믿음을 바로 잡아 주었다.

두 번째 이야기 / 우연인가 예비인가

그물에 갇힌 물고기

내 곁에서 숨소리까지도 세시는 하나님은 친절하시다.

군복무 중의 일이다. 군인들은 대개 어떻게 하면 사역을 하지 않고 내무반에서 뒹굴뒹굴 놀든지 일요일에 밖으로 나가 자유를 누릴까 궁리한다. 그러나 그것이 여의치 못해 온갖 잔머리를 굴린다. 입대할 때 인사 장교가

"기독교인 앞으로!"

하고 명하면 교회가 무언지도 모르는 것들이 우르르 앞으로 나선다. 불신자 중에 그렇게 나선 자들은 머리가 매우 영리한 사람들이다. 교회에 나간다고 하면 주일마다 교회 갔네 하고 영내를 벗어나 자유를 누릴 수 있고 특별 사역을 하지 않아도 된다는 것을 알기 때문이다. 그러나 크리스천들은 자연스럽게 앞으로 나간다. 이렇게 하여 믿는 사람 안 믿는 사람 섞여서 와글거린다. 인사 장교가 한쪽 끝에 앉아 한 사람씩 불러 앞에 세우고 질문을 한다.

"주기도문 외워 봐."

기독교인은 아무렇지도 않게 술술 왼다. 그러면 장교는 '좌로' 하고 따로 세운다. 그리고 다음 사람! 하고 부르면 대기자가 그 앞에 선다. 그러면 또 묻는다.

"사도신경 외워 봐."

"사도신경이라구요? 사도신경이 뭡니까?"

이 한 마디에 장교의 주먹은 보기 좋게 날아간다.

"이 자식, 거짓말이 통할 줄 알아."

한 대 맞고 얼굴을 가리고 장교가 지시하는 쪽으로 가는 곳은 지옥이다. 사역병 대기자 집합소. 그렇게 하여 수백 명의 입대병을 믿는 자와 믿지 않는 자로 순식간에 갈라놓는다. 믿지 않던 자들은 세상에 나와서 처음 들어보는 질문을 받고 따귀를 맞는 것이다. 개중에는 장교가 어떻게 하여 말 몇 마디로 신자와 불신자를 가려내는지 아주 신기하다는 듯 바라보기도 한다. 그리고 기독교 신자들을 부럽게 바라보는 것이다. 훈련소에서 기독교 신자로 인정받은 사람은 주일날이면 천국엘 다녀오는 만큼이나 신나는 날이다.

그러나 믿지 않던 사람들은 어떻게 해야 기독교인으로 인정을 받아 그들 틈에 낄 수 있을까를 생각하지만 그렇게 성급히 해결되는 문제가 아니다. 나는 그때의 경험을 생각하면서 장차 내가 이 세상을 다 살고 하나님의 심판대 앞에 서는 날도 꼭 그러하리라고 생각했다. 하나님을 전혀 믿지 않고 세상의 부귀 영화에만 매달려 하나님을 비방하고 세상 자랑에 흥청거리다가 막상 죽어 군에 입대하듯이 꼼짝 못하고 하나님의 천사 앞에 서서 믿음의 심사를 받는다면 신실한 신자들이야 자연스럽게 천국 문을 들어서겠지만 죄 지은 자들은 지옥벌을 받을 것이다. 그때 믿지 않던 자들의 후회와 낙망은 어떠한 것일까.

믿지 않고 살다가 죽음을 맞아 다 낡은 가죽과 앙상하게 삭은 뼈만 세상에 두고 심판대 앞에 선 영혼이 후회하며 믿겠노라 호소해도 그때는 이미 소용없는 노릇이 아니겠는가. 그들은 영원한 지옥 불에 떨어져 이를 갈며 울고 발버둥질치는 불쌍한 영혼이 되고 말 것이다. 나는 군에 입대하여 제대할 때까지 주일은 한번도 빠지지 않고 교회를 나갔다. 그런 어느 주일이었다.

부대에서는 교회에 간다고 찬송가와 성경을 들고 나섰지만 엉뚱한 곳으로 발길을 돌렸다. 그날만은 교회를 가지 않고 부대에서 2십리 쯤 떨어진 곳에 사는 친척집에 가서 놀다가 오리라 생각했다. 그래서 부대 정문을 벗어나자 찬송가는 왼쪽 주머니에 성경은 오른쪽 주머니에 넣고 군복 단추를 꼭꼭 채웠다.

오늘만은 교인이 아닌 외출병이다. 나는 그렇게 생각하고 길을 재촉했다. 그 날은 하늘이 매우 청명했다. 가슴으로 파고드는 5월 바람은 부드럽고 포근했다.

가로수는 새파란 가지를 한껏 펼쳐 푸른 하늘 높이 손짓하고 그 사이로 나비들은 납신납신 춤을 추며 날았다. 길가 온갖 풀들이 파란 그림을 흐드러지게 그려 놓았고 그 풀잎 사이로 가지가지 꽃들이 방실거리고 있었다.

평화가 가득히 내리는 한나절이었다. 나는 휘파람을 불며 신나게 걸었다. 아득히 멀리 파란 들판 가운데로 가르마처럼 뻗은 가로수길은 한 폭의 입체화였다. 그 가운데를 타고 가는 나는 그림의 주인공이었다. 이럴 때 사랑하는 사람이 곁에 있어 대화를 나눌 수 있다면 얼마나 즐겁겠는가 생각했다.

십리는 될 만큼 걷다 보니 5백 미터쯤 전방 샛길에서 여자 둘이 들어서서 걸었다. 한 사람은 부인이었고 한 사람은 허리가 잘록하고 단정한 차림의 아가씨였다. 나는 눈이 휘둥그래졌다. 웬 떡이냐 싶었다. 아무리 보아도 아가씨의 뒷모습이 예뻤다.

걸음을 재촉했다. 순식간에 그 두 사람의 뒤를 바싹 따라 잡았다. 그들은 느릿느릿 산책하는 걸음이었고 나는 속보였다. 그들 가까이 이르자 곁눈질로 아가씨를 훔쳐보았다. 아가씨는 뒷모습도 예뻤지만 얼굴은 더 예뻤다. 공연히 가슴이 설레었다. 급히 걸어서 따라 잡기는 했지만 그 곁에 이르러서 갑자기 속도를 줄일 수는 없었다. 만약 그들과 맞춰 느린 걸음으로 걷는다면 그들은 어떻게 생각할 것인가.

아무래도 이상한 녀석 다 보겠네 하고 생각할 것이 아닌가. 그렇다고 그냥 빠르게 지나쳐 버리면 아가씨 얼굴을 돌아볼 용기까지는 없는 터라 안타까울 수밖에 없었다. 무슨 구실로 속도를 늦출까 궁리해 봤지만 묘안이 없었다. 바로 그때였다.

"군인 양반, 어디를 그렇게 급히 가시오?"

이렇게 말을 건 것은 부인이었다. 옳지 기회다 하고 생각한 나는 고개를 돌려 훔쳐보던 아가씨를 정면으로 보고 대답했다.

"예, 뭐 그다지 급한 일은 없습니다."

"그런데 웬 길을 그렇게 빨리 가시오?"

"저는 걸음이 좀 빠른 편입니다."

"아무리 빠른 걸음이라지만 우리 같이 이야기나 나눠가며 걷지 않겠수?"

"좋습니다."

절호의 기회는 이렇게 하여 왔다. 나는 어느새 두 사람 사이에 끼여 걷게 되었다. 아가씨는 한 마디도 하지 않았다. 하얀 얼굴에 동그란 이마며 웃음이 가득히 담겨 있는 아기 같은 눈빛은 파란 봄 들판 위에 인형 같은 모습이었다. 이따금 내 이야기가 재미있다는 듯 돌아보며 웃어 줄 때 귀엽게 들어가는 보조개며 햇빛에 하얗게 빛나는 치아는 정말 아름다웠다. 대화를 나누는 동안 그들은 모녀간이라는 것을 알았다. 부인은 아주 덕스럽게 생긴 데다가 온화한 얼굴이 좋았고 무슨 말이든 내가 하기 쉬운 이야기를 물어 옴으로 웃으면서 대답할 수 있었다.

그러나 속이 시커먼 나는 입과 귀만 부인 쪽에 주고 마음은 아가씨 얼굴로, 가슴으로, 허리로, 하얀 다리로 온통 훔쳐보고 쓸어 보고 그쪽에 쏙 빠져 있었다. 그것도 모르는 부인은 내 고향은 어디냐, 부모님은 계시냐, 형제는 몇이나 되느냐, 제대는 언제 하느냐는 등등을 물었다. 나는 성실하게 대답하면서 속으로는,

'뭐든지 물어 보슈. 예쁜 딸만 주신다면, 저 정도면 색시를 삼아도 좋겠는데……'

나는 함께 걷고 있는 부인은 보지 않고 오른쪽에서 방싯거리며 웃어 주는 아가씨에게 흠뻑 빠져 있었다. 참으로 즐거운 시간이었다. 아가씨가 마음에 든 나는 온갖 수식어를 써 가면서 부인의 환심을 사기 위해 노력했다. 부인은 내가 마음에 드는 모양이었다. 그렇게 길을 따라 걷다가 방향을 꺾었을 때 또 새로운 전경이 앞에 펼쳐졌다. 역시 곧장 난 신작로에 가로수가 끝없이 뻗어 있었다. 아직도 한참 걸어야 그 끝에 닿을 것이라고 생각하며 어떻게 해야 아가씨와 말을 나눌 수 있을까 궁리했다. 부인이 나직이 물었다.

"군인 양반, 내 청 하나 들어주시지 않겠수?"

"네, 어떤 청이든지 들어 드리겠습니다."

다 들어 드리고 말고요, 딸만 주신다면 무엇이든 좋습니다, 하고 엉뚱한 생각을 하고 있었다. 부인이 다짐했다.

"꼭 들어주시는 거지요?"

"네, 꼭입니다."

"약속했어요."

"네."

"다른 것이 아니라……"

부인은 멀리 가로수가 길 끝과 뾰족하게 맞닿은 지점을 손가락으로 가리켰다.

"저기 멀리 뭐가 보이지요?"

거기에는 분명하게 보이는 것이 있었다. 무성한 솔밭 위로 하늘 높이 십자가가 파란 하늘에 또렷이 떠올라 있었다. 나는 가슴이 뜨끔해진 채 엉뚱한 말을 했다.

"솔밭이 보이는군요."

"눈이 나쁘시우?"

"아뇨."

"솔밭 말고 또 보이는 게 없수?"

"네, 십자가가……"

"십자가가 뭔지 아시우? 십자가가 뭔지 모르시겠지……"

나는 순간 정신이 번쩍 들어 마음의 무릎을 꿇었다. 십자가가 뭔지 모르다니! 그 순간 나는 내 자리를 찾았다. 오른쪽에 있는 아가씨에 흠뻑 빠져 있던 정신이 돌아왔고 마음은 부인에게로 옮겨갔다. 그는 나를 불신자로 생각하며,

"이제부터 십자가가 무엇인지를 설명해 드릴 테니 잘 들어보세요."

하고 하나님은 어떤 분이시며 예수는 또 어떤 분이며 우리는 왜 하나님을 믿어야 하는가에 대하여 교회에서 귀가 닳도록 들은 이야기를 들려주었다. 나는 예수에 대하여 전혀 모르는 사람처럼 그 이야기를 공손히 들었다. 부인은 이야기를 끝내고 물었다.

"내가 부탁하는 건 그렇게 어려운 부탁이 아니니 부담 가질 것은 없어요. 약속했으니 믿고 말해야지."

나는 그게 무슨 어려운 부탁일까 하고 잔뜩 긴장해 있었다. 부인은 얼굴을 한번 바라보더니 입을 열었다.

"오늘은 주일이라 모두들 하나님 앞에 나아가 예배를 드리는 날이라우. 나와 함께 교회에 가서 예배를 드리고 가는 것이 어떻겠느냐는 부탁이라우. 함께 교회에서 예배를 드리고 가도 늦지 않으면 내 부탁을 꼭 들어줘요."

나는 아름다운 아가씨가 있다는 것도 잊었다. 부인이 부탁한다는 소리보다는 내 가슴 밑에서 들려오는 소리에 귀를 기울이고 있었다.

"어디를 가겠다고? 교회 간다고 속이고 나와 어디를 가는 길이냐? 그래도 그리스도인이냐? 세상을 속이고 멋대로 해? 내 청을 거절하겠느냐? 거절하겠느냐?……"

그리스도는 바로 곁에서 나를 만나 주시며 손을 잡았다. 거절하려

느냐 하는 소리가 가슴 밑에서 나는 것을 들으며 대답했다.

"네 그렇게 하겠습니다."

"고맙수, 정말 고맙수."

부인의 눈에는 진실로 고마워하는 빛이 역력했다. 그런 눈을 보니 부끄러운 마음이 들어 바로 볼 수가 없었다. 내 앞주머니 양쪽에 숨겨 둔 성경과 찬송가가 무거운 중량으로 가슴을 눌렀다. 그러나 나는 어떻게 된 일인지 가슴에 성경과 찬송가가 있다는 말과 나도 이미 하나님을 믿어 온 그리스도인이라는 말을 할 자신이 없었다. 그래서 끝내 숨기기로 하고 아주머니의 친절한 예수님 이야기에 귀를 기울였다. 교회에 당도하도록 아주머니는 여러 가지 이야기를 해 주었고 옆에서 아가씨도 어머니를 도와 내가 못 알아들을 것 같다고 생각되는 부분에 대하여 보충설명을 해 주었다. 정말 예쁜 아가씨였다. 어느새 내 마음에는 그 아가씨가 내 색시 감이 아니라 거룩한 천사로 변하여 있었다. 나는 도둑질을 하다가 들킨 기분이었다. 교회를 간다고 나서서 다른 곳으로 가던 것이며 엉큼한 생각을 가지고 바라보던 마음의 비밀들이 모두 드러난 기분이었다.

우리는 한 가족처럼 다정한 모습으로 교회 문을 들어섰다. 교회는 아담하고 정결했다. 부인은 교회에 들어서자 내가 아무 것도 모르는 사람으로 생각하고 미리 주의를 주었다.

"쑥스럽고 이상해도 내가 하는 대로 따라 하기만 하면 돼요."

부인은 옆에 있는 교인들과 인사를 나누었다. 호칭을 들으니 집사님이었다. 나는 고개도 들지 못하고 앉아 처음 교회에 나온 사람처럼 부인이 하는 대로 따라 했다. 부인은 오른쪽에, 아가씨는 왼쪽에 앉았다. 아가씨가 찬송가를 펼쳐 내 앞으로 밀어 주었다. 나는 그것을 받아들었다. 아가씨는 고개를 빼고 내가 들고 있는 찬송가를 보며 고운 목소리로 찬송가를 불렀다. 앞주머니에 든 찬송가는 가슴을 무겁게 눌렀지만 그것을 꺼내지 못했다. 아가씨의 찬송가를 함께 보는 수

밖에 없었다. 나는 속으로 사죄했다.

'하나님, 잘못했습니다. 저는 교회를 빠지지 않고 잘 다녔습니다. 하나님도 아시잖습니까. 어쩌다 딴맘 먹고 새려다가 잡혀 왔습니다. 죄송합니다.'

설교가 시작되었다. 목사님은 성경을 펴들고,

"오늘은 마태복음 4장 17절에서 19절까지의 말씀을 보겠습니다. '이때부터 예수께서 비로소 전파하여 가라사대 회개하라 천국이 가까웠느니라 하시더라. 갈릴리 해변에 다니시다가 두 형제 곧 베드로라 하는 시몬과 그 형제 안드레가 바다에 그물 던지는 것을 보시니 저희는 어부라 말씀하시되 나를 따라 오너라 내가 너희로 사람을 낚는 어부가 되게 하리라' 이 말씀은······"

하고 설교를 시작하였다. 그 요지는 이런 것이었다.

"내가 부르지 아니하면 너희 중에 내게 올 자가 하나도 없느니라 하신 말씀을 기억하실 것입니다. 여러분은 예수 그리스도를 자기가 선택하여 믿기로 했다고 생각하겠지만 사실은 그렇지 않습니다. 여러분은 하나님의 선택을 받아 이 자리에 오신 것입니다. 아무나 이 자리에 오게 되는 것이 아닙니다. 반드시 하나님의 초청을 받은 사람만이 올 수 있고 또 하늘나라에도 들어갈 수 있는 것입니다. 여러분은 하나님의 초청을 당당히 받은 분들입니다. 그런데 아직도 자기가 어떻게 하나님의 초청을 받고 그의 백성이 되었는지를 모르는 사람이 있습니다. 그래서 그런 사람 가운데는 항상 하나님의 그물에 걸린 자신을 깨닫지 못하고 하나님의 품을 떠나 지옥길로 달아나려는 사람들이 많습니다. 지금 이 자리에도 하나님을 배반하고 달아나다가 잡혀온 사람이 있을 수 있습니다. 만약 그런 분이 계시다면 지금 회개하십시오. 그리고 다시는 하나님의 품을 떠날 생각은 버리십시오. 절대로 자기의 능력으로 하나님의 품을 떠날 수 없다는 것을 명심하시기 바랍니다······."

나는 가슴이 뜨끔했다. 이 말씀이야말로 나를 두고 하는 말이 아닌가. 도망치는 나를 두 모녀 성도를 앞세워 교회로 인도하신 하나님이시라면 지금 나를 보고 계시지 않을까. 참 신기하다고 할 수밖에 없는 일이다. 이렇게 생각하는 동안에도 목사님은 계속하여 설교를 하고 그 말씀은 모두 내 귀에 경고처럼 들렸다.

"좁은 길로 가라 하신 말씀이 어떤 것입니까? 실로 좁은 길로 가기는 힘듭니다. 세상은 죄로 가득하여 죄악으로 통하는 길은 신작로같이 넓으나 천성으로 가는 길은 심히 좁고 거칠어 가기 힘든 길입니다.…… 그물에 걸린 고기가 바로 우리와 같이 선택받은 사람들입니다. 그물에 걸린 고기들은 도망할 곳을 찾아 동분서주합니다. 이쪽으로 한참을 달아나다가 이제는 그물을 벗어났나 보다 생각하는 사이에 그물에 부딪치게 되면 그제야 여기도 그물이 있었구나 하고 돌아서서 그물을 피하여 더 달아납니다. 그러나 어느 만큼 달아나다 보면 거기에도 그물이 막고 있습니다. 일단 그물에 걸린 고기는 그물이 찢어지지 않는 한 달아나지 못합니다. 그러나 하나님의 그물은 찢어지지도 않고 늘어나지도 않습니다. 다만 너무 넓어서 그 크기를 사람의 지혜로는 알아낼 수 없다는 것입니다. 하나님은 자기가 택한 백성을 잡아 가두기만 하는 것이 아닙니다. 그 안에 잠잠히 머무는 한 언제까지나 평온하고 안전하게 지낼 수 있도록 보호해 주십니다. 그러나 달아나려 하는 자는 그물에 걸려 벌을 받기도 합니다. 그것이 하나님의 사랑의 매입니다. 얼마나 감사한 일입니까. 천국 백성으로 삼아 주시고 천국 갈 때까지 실족하여 지옥으로 떨어지지 않게 하기 위하여 큰 그물로 잡아 가두시고 마귀의 침범을 막아 주고 있는 가운데 있는 우리는 하나님의 사랑에 감사해야 하는 것입니다."

나는 완전히 고개를 숙이고 하나님의 말씀에 귀를 기울였다. 하나님은 나를 얼마나 사랑하시고 계신가. 나 같은 어리석은 것을 버리지 아니하시고 이미 나의 할 일을 미리 알고 계셨다가 오늘 이렇게 달아

나려는 것을 붙들어 오셨고 예비하신 종의 입을 통하여 나에게 들려
주시는 그 사랑의 말씀을 어찌 소홀히 들을 수 있단 말인가. 나는 그
날 '다시는 하나님의 그물 안에서 달아나지 않고 살겠습니다' 하고 맹
세하였다.

그 날 예배가 끝난 후 나는 그 홍집사님이라는 부인에게 교회로
인도해 주셔서 감사하다는 인사를 드렸다. 그 집사님은 내가 자기 말
을 잘 들어준 것이 고맙다며 돌아갈 때는 자기 집에 들러 저녁 식사
를 하고 가도록 하라고 했다. 그 날 나는 친척집에 들려 놀다가 돌아
가는 길에 그 댁을 찾아갔다.

그 집사님은 나를 위해 저녁을 준비하고 이웃들을 불러모아 큰 잔
치를 벌였다. 대접을 잘 받고 나오면서 아가씨의 모습을 찾았다. 아
가씨는 상냥하게 웃어 보이며 참 잘 오셨다고 했다. 그때 그 얼굴에
보이던 맑은 미소와 밝은 마음으로 바라볼 수 있던 내 가슴은 오직
하나님의 사랑으로만 가득했다.

그 후 제대를 하여 두 번 다시 그 댁을 찾아가지 못했다. 지금은
그곳이 어딘지 찾을 수도 없는 마을이지만 아직도 내 가슴에는 그 두
모녀의 따뜻한 마음이 살아 있고 하나님은 지금도 나를 사랑의 그물
로 가두시고 지켜 주신다는 것을 믿는다.

세 번째 이야기 / 우연인가 예비인가?

토마토 그릇을 준비하신 하나님

주일학교 반사를 맡고 여름성경학교가 시작된 어느 날이었다.

오후 2시에 어린이들을 위한 잔치를 열기로 되어 있었다. 여러 가지 준비를 하는 가운데 나에게 맡겨진 일은 장에 가서 토마토를 사오라는 것이었다.

시골 교회라 장에까지 가자면 이십 리 길이나 나가야 했다. 우마차가 다니는 비포장도로라 자전거로 가도 40분은 걸렸다.

나는 시키는 대로 자전거를 타고 읍내 장터로 나갔다. 토마토 5천 원어치를 샀더니 비료부대로 반이 넘었다. 그것을 자전거 뒤에 싣고 끈으로 잘 묶은 다음 털털거리며 달렸다. 한 십리쯤 되는 곳에서 길을 가로지르는 개울을 만났다. 가물어서 물은 흐르지 않았지만 움푹 들어간 개울은 자전거가 구르는 대로 내려가서 그 반동의 힘을 이용하여야만 맞은편 비탈을 무난히 오를 수 있었다. 자전거를 힘차게 굴려 그 반동으로 앞 비탈을 거의 다 올랐다.

그때였다. 갑자기 얌전히 실려 있던 토마토들이 우르르 쏟아지며 흐트러졌다. 나는 놀라 자전거를 세워 놓고 돌아보았다. 종이 봉투라 밑에서 터진 것들이 종이를 적셔서 비료부대는 흠뻑 젖은 채 입을 딱 벌리고 나 모르겠다는 듯 흐물흐물 녹아 흘렀다. 앞은 빨갛고 뒤통수는 파란 토마토들이 사방으로 쫙 널려 뒹굴고 온통 난장판이었다. 그것들은 마치 장난꾸러기 아이들이 마구 흐트러져 친구를 놀리기라도 하는 듯 햇볕에 반짝거리며 나를 바라보았다. 빨간 얼굴, 아니 맑은 눈동자 같은 그것들은 유난히 빤짝거렸고 지금도 기억에 생생하다. 그 날은 햇볕도 유난히 밝았다.

기가 막혀 한동안 바라보다가 대안을 생각해 보았다. 이미 다 녹은 봉투는 어느 한곳 쓸만한 데가 없었다. 입고 있는 것은 팔 없는 러닝 셔츠뿐이었다. 그것이라도 벗어서 싸 볼까 했지만 어림도 없었다. 산으로 올라가 넓적한 떡갈잎을 여러 겹 따다 싸려고 해 보았으나 그것도 허사였다. 나무를 꺾어다 묶어도 보았고 나뭇잎에다 러닝 셔츠를 깔고 싸 보기도 했다. 모두 허사였다.

시간은 흘러 2시까지는 1시간밖에 남지 않았다. 장날 같으면 오가는 사람이라도 있을 텐데 평일이라 오는 이도 가는 이도 없고 교회에 연락할 길도 없었다. 해는 쨍쨍 내리쬐고 따다 놓은 갈잎은 말라비틀어지며 돌돌 말렸다. 터져 벌어진 토마토는 총 맞은 병사들처럼 벌겋게 뒹굴고……

이래서는 안 되겠다. 저것들을 모두 숲 속에 모아 놓고 교회로 가서 그릇을 가지고 와야겠다고 생각했다. 시간은 갔다 오면 1시간이 더 걸리고 다시 가면 3시가 된다. 그때는 이미 늦어서 아이들은 다 돌아간 뒤일 것이다. 그 밝은 대낮에 앞이 캄캄했다. 나는 무릎을 꿇었다.

"하나님, 어떻게 해야 합니까? 도와주세요. 하나님. 저에겐 방법이 없어요. 시간도 없구요. 하나님……"

나는 낙심한 채 망연히 멀리 바라보았다. 아득히 늘어선 가로수 위로 구름이 한가롭게 흘러가고 있었다. 바로 그 가로수 길을 누군가가 머리에 무엇인가를 이고 지친 듯 느릿느릿 걸어오고 있었다. 누가 장엘 갔다 오는 것일까? 들일하는 곳도 없는데 점심을 내가는 사람 같지는 않았다. 막연히 그가 누구인지 알 수 없지만 가까이 오기만 하면 좋은 일이 있을 것 같은 기대감이 들었다. 마음은 급한데 그 사람은 더 느린 걸음으로 오고 있었다. 나는 자전거를 타고 그쪽으로 달려갔다. 그 앞에 이르니 교회 아래 사는 집안 누님뻘 되는 분이었다. 그러나 나는 연령차가 너무 커서 항렬대로 부르지 못하고 아주머니라고 부르는 누님이셨다. 나를 보자 어디를 가느냐고 물었다. 어디를 가는 것이 아니라 아주머니(누님)를 만나러 온다고 했다. 누님은 반가워하면서 머리에 이고 있는 커다란 플라스틱 다라를 내려놓았다. 큰 다라 안에 두 개의 작은 다라가 더 들어 있었다.

"아이고 머리 빠지는 줄 알았네. 별것 아닌 줄 알고 샀더니 이만저만 무거운 게 아니여. 그 자전거에다 이것 실을 수 있을까?"

"그럼요. 뒤에서 잡아주기만 하면 넉넉히 올라가요."

"내가 여기 오는 걸 어떻게 알고 따라 온 거여?"

"사정이 있어요."

"무슨 사정?"

"하마터면 오늘 큰일날 뻔했어요."

"그게 무슨 소리여?"

"이걸 누이 좋고 매부 좋다는 걸 거예요."

"그려, 무슨 일인지 몰라도 머리에 이지 않으니 살 것 같어."

자전거에다 그것을 싣고 토마토가 기다리고 있는 개천까지 가는 동안 내 가슴은 온통 살았다는 기쁨으로 가득 했다. 이젠 교회에 늦지 않게 갈 수 있고 다라에다 그것들을 담을 수 있으니 얼마나 좋으냐. 나는 노래라도 부르고 싶은 심정이었다.

나무 숲 속에 모아 놓은 토마토들은 얌전히 빨간 얼굴로 나를 기다리고 있었다. 그것들을 다라에 옮겨 담으면서 누님이 물었다.

"이 많은 것을 어디다 쓰려고 사가는 중이여?"

"교회에서요."

"나를 못 만났더라면 어쩔 뻔했어."

"그러니까 큰일 날 뻔했다고 했잖아요."

"하나님이 도우셨어. 나는 이고 가지 않아서 좋고 너는 담아 가지고 가니 좋고, 누이 좋고 매부 좋고가 그 말이구먼."

나는 자전거를 끌고 누님은 뒤에서 잡고 이런 저런 이야기를 나누면서 길을 걸었다. 교회에 도착하니 예정 30분 전이었다. 그 날 꼬마들 잔치는 맛있는 토마토로 멋지게 끝났다.

내가 무릎을 꿇었을 때 그리스도는 손을 잡아 주셨다. 그래도 못 믿어 우연일까 하나님의 예비일까? 의문을 버리지 못했다.

내 지식으로 물으면 우연이라 하였고

믿음으로 물으면 예비라 하였다.

네 번째 이야기 / 술집서 붙들어 온 양

하나님의 증인

기도를 들어주신 하나님

오래 전 일이다. 서리집사가 막 되었을 때였다. 도저히 거절할 수 없는 선배 한 분과 카바레를 갔다. 술도 제대로 못하고 춤은 아예 아무 것도 모르면서 그런 곳에 간다는 것은 가당찮은 일이었다.

우리가 테이블에 앉자마자 맥주 몇 병이 안주와 함께 왔고 선배는 술을 따라 들고 한잔하자고 했다. 선배가 하는 대로 술잔을 부딪치고 한 모금 마신 다음 컵을 내려놓았다. 카바레를 두 번째 입장해 본 나는 그런 곳의 생리를 잘 모르지만 선배는 자주 다녀 본 듯 능숙했다. 젊은 사람이 와서 뭐라고 귓속말을 한 다음 선배는 바로 일어서서 어디론가 갔다. 나는 많은 사람들이 서로 부둥켜안고 돌아가는 장면에 정신이 팔려 바보처럼 구경하기에 여념이 없었다.

잠시 후 선배는 낯선 여자 한 사람을 데리고 와 내 곁에 앉혔다. 술을 따라 주고받고 웃음을 흘리고, 두리번두리번 하던 선배는 일어서서 춤판 속으로 다시 사라졌다. 테이블에는 그 여자와 나만 남았고 온 실내는 미친 듯이 불어대는 나팔 소리로 술과 노래와 춤이 뒤범벅이 되어 어지러웠다. 여자가 곁으로 다가앉으면서 술을 권했다. 자그마한 키에 동그란 얼굴이었다.

"자, 한잔 들고 나도 좀 줘요. 이런 데 처음이신가 촌사람처럼 정신을 놓고 뭘 그렇게 봐요. 팔 떨어져요. 어서 받으세요."

"네, 저는……"

"알아요, 한잔 들고 나도 한잔 주세요."

나는 그녀에게 술을 따랐다. 40대 초반으로 보이는 믿지 않게 생긴 얼굴이었다. 생김새보다는 술을 아주 잘 마시는 모양이라고 생각했다. 과연 그녀는 술을 잘 마셨다. 우리 테이블에 세 병이 있었는데 반은 그녀가 마셨다. 그리고 또 세 병을 주문하고 마셔대면서 무슨 말인가를 하지만 시끄러운 악기 소리에 제대로 알아들을 수가 없었다. 시끄러운 노래가 지나가고 조용한 노래가 흐르고 쌍쌍이 안긴 사람들은 물 흐르듯, 미끄러지듯 조용조용 돌아가고 광란하던 불빛도 실비 내리듯 희미한 모습으로 실내를 차츰 어두운 분위기로 색칠하기 시작했다. 취한 여자가 거슴츠레한 눈으로 술잔을 들고 말했다.

"실은 아까 당신을 내가 찍었는데, 아까 그 대머리가 나오더라구요. 그래서 내가 이렇게 왔는데 그냥 있을 수 있어요. 우리도 한번 나가서 멋지게 춤을 추자고요."

"나는 춤을 배우지 못해서 추지 못해요."

"누구는 날 때부터 배워 온 줄 알아요. 그냥 나가서 흔들면 춤이 되는 거라구요오."

"그래도 체면이 있지, 아무 것도 모르면서 춤이 무슨 춤입니까."

"그럼 왜 왔어어, 춤도 못 추면서 여기는 왜 와아?"

"구경 왔어요."

"구경은 극장에 가서 하는 거고 여기는 춤추고 놀고 맘맞으면 즐기고 그런 곳이라는 것쯤은 아실 텐데에?"

"두 번째 와 보는 것이라 무엇이 무엇인지 몰라요."

"내가 가르쳐 줄 테니이 나만 따라아 해 봐요오."

"나는 이렇게 가만히 있는 것이 더 좋습니다."

"당신 남자는 맞아아?"

"많이 취하신 것 같은데 그만 돌아가시지요. 여기는 자주 옵니까?"

"당신은 모르실 거야. 혼자 사는 여자 마음. 나는 이렇게 하지 않으면 살아가는 보람을 찾을 수가 없어요오."

"그래서 날마다 오십니까?"

"어떤 날은 일을 마치고 시내 버스를 타고 아무 데고 밤새도록 다니다가 지치면 돌아가기도 하고 그것도 싫으면 여기 와서 춤추고 당신같이 맘에 드는 사람 만나면 하루 부부가 되는 것도 즐거운 일이지. 그것 빼놓고 무슨 재미로 세상 살겠시유우."

나는 기가 막혀서 말을 할 수가 없었다. 어떤 일을 하고 어떤 사정이 있기에 이렇게 살 수 있고 이렇게 말할 수 있을까? 더 할 말이 떠오르지 않았다.

"세상을 꼭 그렇게 살아야 합니까? 더 좋은 방법도 있습니다."

"더 좋은 방법이 있다구? 그게 뭔데에?"

"내가 하라는 대로 하면 알 수 있지요. 내가 하라는 대로 한 번 해보시겠습니까?"

"당신이 원하신다면 뭐든지 해 드리지요. 나만 만족하게 해 준다면 뭐든지 해주고 말고요."

"물론 만족하게 해 드리지요."

"어떻게? 나는 많은 남자들에게 실망을 하고 살아왔어요. 여관에 갈 때는 황홀한 꿈에 빠지고 돌아 나올 때는 가슴에 구멍만 더 크게 뚫려 다음날은 더 허전해 못 살겠는 걸 누가 나를 만족하게 해 준단 말이에요."

"나는 그렇지 않아요. 나는 당신의 목마른 욕망을 완전히 만족하게 채워 줄 수가 있어요. 내가 하자는 대로 거부하지 말고 따르기만 한다면 말이오."

"따른다고 했잖아요. 무슨 요구든지 다 들어드릴 테니 만족하게만

해 줘요."

"좋아요."

"언제? 오늘밤?"

"내일 술에 취하지 않은 상태로 만나서."

"좋아요. 당신은 내 맘에 들어. 내일 몇 시에 어디서?"

"아무 데고 만나기 쉬운 데서 만납시다."

"이 아래 1층 다방에서 내일 저녁 6시에."

"좋아요. 그 대신 내일 당신은 내가 가라고 할 때까지는 완전히 내 종이 돼야 해요. 알았지요?"

"좋아요. 다 준다고 했으니까 내일 나는 당신 거야."

이튿날 오후 6시 우리는 약속한 대로 그 다방에서 만났다. 그녀는 화장도 짙게 하고 신부라도 된 듯한 차림으로 나왔다. 짙은 화장 냄새, 향수 냄새가 진동했다. 그 향수 냄새나 진한 화장은 내가 좋아하지 않는 것들이었다. 그것도 모르는 그녀는 그저 퍼 발라 가지고 나온 모양이다. 어제와는 다른 얼굴로 숙녀처럼 해 가지고 나온 그녀를 보면서 두 얼굴의 요물이 있다더니 바로 요것이 그것이로구나 생각했다. 그러면서 다시 다짐을 했다.

"어제 약속한 대로 내가 어떤 짓을 해도 따르겠다고 다시 약속해 주시오."

"알았어요. 어제 한 약속이나 잘 지켜요. 그렇게 자신 있어요?"

"물론, 아마 이 세상에 태어나서 나 같은 남자 처음 만났다는 큰 만족감에……"

"알았어요. 난 당신만 믿어요."

"그러시오. 의심하지 말고 믿고 내가 하자는 대로만 하시오. 벗으라면 벗고 입으라면 입고. 누우라면 눕고 앉으라면 앉고. 그곳이 어디든, 들판이든 길바닥이든 산이든 여관이든."

"좋아요."

"자, 갑시다. 이제부터는 내가 가라고 할 때까지는 함부로 가서는 안 됩니다."

"알았어요."

우리는 나와서 택시를 탔다. 차는 여의도를 돌고 광장을 지나 여의도 교회 앞에 섰다. 나는 그녀를 데리고 교회 구내 서점으로 가 찬송가 하나를 사서 날짜를 쓰고 내 이름을 써주면서 말했다.

"이것이 내 선물이오. 받으시오."

"여기는 교회잖아요. 누가……"

"어디든 따지지 않기로 했잖소."

"그렇지만"

"빨리 들어갑시다. 늦으면 자리가 없어요."

여자는 따라 들어왔고 나는 그녀를 앉히기 위해 들끓는 사람들 틈을 비집고 들어가 맨 앞줄 오른쪽 끝에 자리를 잡았다. 그녀는 끝에 앉고 나는 두 번째 자리에 궁둥이를 비비고 겨우 앉았다. 그녀만 아니었으면 나는 뒤에 서서 예배를 드렸을 것이다. 설교 시간이 되었다. 조용목 목사님이 강단에 올라서면서

"옆에 계신 성도님들을 위해 기도해 드리는 시간을 갖기로 하겠습니다. 다 함께 통성으로 옆 사람을 위해 기도하시기 바랍니다."

그녀는 자리에 앉은 다음부터 고개를 오른편으로 꺾은 채 죽은 듯 잠잠했다. 나는 무릎을 꿇고 입을 열어 하나님께 기도를 드렸다.

"자비로우신 하나님, 길 잃고 목말라 헤매는 양 한 마리를 몰고 왔습니다. 제가 어찌 이 여자를 만족하게 해 줄 수 있겠습니까. 오직 하나님만 하실 수 있다고 믿습니다. 이제는 더 이상 제가 책임지지 못합니다. 하나님 뜻대로 하시옵소서. 예수님 이름으로 기도합니다"

이 짧은 기도가 내가 할 수 있는 기도의 전부였다. 처음으로 입을 열어 하나님께 기도를 드렸다. 나에게는 매우 뜻 있는 기도였다.

목사님은 한 시간이 넘도록 열심히 설교를 하셨고 그녀는 듣는지 안 듣는지 고개를 옆으로 꼰 채 푹 떨구고 꼼짝하지 않았다. 나는 속으로 안됐다는 생각도 했고 미안하다는 생각도 했다. 그러면서도 '하나님 내 기도 버리시면 안 됩니다' 하고 마음을 태우고 있었다.

예배가 끝나자 성도들이 여의도 광장을 향해 줄을 섰다. 광장 입구까지 그녀가 뒤에 따라오는 것만 힐끔거리면서 앞서 걸었다. 그녀가 가까이 오더니 속삭였다.

"나 좀 안아 주세요."

나는 깜짝 놀랐다. 그 많은 교인들이 앞뒤로 몰려가고 있는데 거기가 어디라고 안는단 말인가.

"창피하게 무슨 짓을 해?"

"누가 뭐래도 좋아요. 좀 안아주세요. 나 넘어져요."

"왜?"

"나는 지금 하늘을 나는 것보다도 더 황홀하고 기뻐요. 내 가슴은 기쁨이 넘쳐서 터질 것만 같아요. 정말 나는 만족해요. 이렇게 만족하고 기쁜 경험은 인간을 통해서는 느낄 수 없는 기쁨이에요. 나는 한 시간 동안 얼마나 울었는지 몰라요. 내 가슴에 쌓이고 쌓인 한이 다 눈물 콧물로 쏟아져 나갔어요. 내가 이 세상에서 그렇게 많은 죄를 짓고 살았다는 것도 오늘에서야 알았어요. 내 죄를 뉘우치고 내가 잘못 살아왔다는 것도 알았어요. 어제 당신이 하신 말, 다르게 사는 방법을 알겠어요. 나는 뛰고 싶고 소리라도 지르고 싶을 정도로 가슴이 시원해요. 그래도 나를 이해하지 못하겠어요."

나는 속으로 얼마나 기뻤는지 모른다. 하나님은 내 기도를 들어주셨고 내가 할 수 없는 것을 해결해 주신 것을 알았기 때문이다. 나는 남들을 의식해 그녀의 요구를 다 들어 줄 수는 없었다. 그래서 왼팔을 내밀면서 말했다.

"이 팔에라도 매달려 보시오."

"고마워요."

여자는 내 왼팔에 매달려 얼굴도 묻고 가슴도 묻었다. 그렇게 매달린 채 광장을 건너 정거장에 다다랐다. 헤어질 시간이 되었다. 나는 그녀를 그대로 보내면 안 된다는 생각을 했다.

"정말로 만족하셨소?"

"정말로 만족하고요, 고마워요. 나는 다시 태어난 거예요. 앞으로는 하나님만 모시고 교회에 잘 다니는 사람이 되기로 결심했어요. 지금 내가 느끼는 기쁨은 아무도 모를 거예요."

"좋아요. 오늘은 수요 예배였지만 다음 주일 예배는 오전에 있어요. 교회에서 몇 번 더 만나 교회생활에 대하여 설명해 드릴 테니 다음 주일에 다시 만나기로 해요."

이렇게 하여 그 주일 아침 예배 직전에 교회에서 만났다. 나는 신학교에 다니는 아내와 함께 나갔고 그녀는 상상 외로 시집간 스무 살짜리 딸과 3일 뒤에 군에 입대하기로 된 아들과 외손자를 데리고 새 찬송가 책과 성경을 준비해 가지고 나왔다. 아들과 딸은 독같이 나에게 인사를 했고 아들은 이렇게 말했다.

"고맙습니다. 어머니께서는 늘 외로워하시면서 의지할 곳을 몰라 방황하고 계셔서 걱정하고 있었는데 선생님 덕분에 어머니가 마음을 잡으시고 교회에 나가기로 하셨다고 했습니다. 우리들도 다 하나님을 믿어야 한다고 하시면서 오늘 이렇게 데리고 오셨습니다. 저는 앞으로 마음 편히 군에 가서 군복무를 마칠 수 있겠습니다."

그들 네 식구와 나와 아내는 그 사이에 끼어 앉아 예배를 드렸다. 그 다음 주일 아들은 군에 가고 그들 모녀와 우리 부부는 한 달 동안 만나 교회 의식을 가르쳐주고 신앙생활을 인도했다. 모녀가 열심히 믿기로 한 것을 확인한 나는 그녀에게 말했다.

"동작대교구로 안내해 드리겠습니다. 거기 가시면 사시는 동네 이름이 써 있고 전도사님이 계실 테니 전도사님을 만나 새로 믿기로 했다고 하세요. 그러면 나보다 친절하게 도와주실 겁니다. 우리는 이제 더 이상 만나면 안 됩니다. 나는 당신을 천당 문앞까지 인도한 천사입니다. 더 이상 만나면 천사가 도로 사람이 되고 말아요. 다시는 나를 찾지 마시고 하나님만 찾으세요. 자매님을 하나님께 맡깁니다."

그들을 동작교구 안으로 들여보내고 나는 교인들이 몰려가는 틈에 끼여 밖으로 나왔다.

증인을 세우신 하나님

내 곁에서 숨소리까지도 세시는 하나님은 친절하시다. 하나님은 나를 크게 도우시고 지키시며 사랑하시고 계시다는 것을 알았다. 그녀를 데리고 교회를 처음 가던 다음 날 우리 집에 한 동네에 사는 집사님이 찾아오셨단다. 그 집사님이 오시더니 우리 집사람(지금은 전도사) 눈치를 살피다가 심각한 얼굴로,

"내가 이 말을 해서 좋은 일인지……, 내가 왜 왔지, 그럴 수가 없는 일인데, 어떡하지……"

하고 말끝을 흐리시더란다.

"무슨 일이신대요?"

"글쎄, 말을 해야 좋을지 가만히 있어야 좋을지……"

"뭔데요?"

"집의 바깥양반을 그렇게 보지 않았는데…… 내가 입을 열지 않으면 더 큰 사고가 날 테니, 이왕 여기까지 온 김에 말씀드리겠어요. 잘 들으시고 지혜롭게 하세요."

"뭔데요?"

집사님은 매우 심각한 얼굴로 말하더란다.

"어제 말입니다. 교회에서 댁의 바깥양반을 보았어요. 그런데 웬예쁜 여자와 팔짱을 끼고 들어와 정답게 앉아서 예배를 드리고 나가

지 뭐예요. 나가서는 사람들이 보는 앞에서 이보란 듯이 그 여자와 꼭 붙어 걷지 않겠어요. 얼마나 가까운 여자면 그렇게까지 했겠어요. 나는 그만 기가 막혀서…… 그걸 내 눈으로 봤으니 말을 안 할 수도 없고 하자니 집안에 평지풍파가 일 것만 같아서 밤새 생각다가 아무래도 가만히 있어서는 안 될 일 같아서 이렇게 말씀을 드립니다."

그 집사님은 심각하게 일러바치는데 우리 집사람은 손뼉을 치면서 웃음을 터뜨렸단다. 그러자 집사님은 자기 속도 모르고 웃는 것이 불쾌하다는 듯이

"아니, 남은 심각하게 하는 말인데 어떻게 웃음으로 받아들일 수가 있어요?"

하고 항의를 하더라는 것이다. 아내는

"정말 고마우세요. 그런데 더욱 고마운 것은 하나님이 집사님을 우리 집에 보내 주신 거예요. 사실은 어제 아침에 우리집 양반이 나가면서 오늘 굉장한 시험을 보는 날이라고 했어요. 우연히 만난 여자를 교회로 인도하면 자기가 승리한 것이고 그 여자에게 유혹 당하면 지는 것이라고 했는데 오늘 아침에 자기가 승리를 했다고 자랑을 했거든요. 여자를 데리고 교회를 갔었다는 거예요. 그렇지만 남자 마음을 누가 알아요. 뒤로 호박씨 까고 거짓말을 하는지. 그러잖아도 정말 교회 근처라도 같이 갔을까 하고 의심을 버리지 못하고 있었거든요. 그런데 집사님께서 교회에서 분명히 만나셨다면 그이가 승리한 것이 맞아요. 집사님은 하나님이 세우신 증인이셨어요."

"난 그런 줄도 모르고 오해를 했었네요. 정말 미안하게 되었어요. 제 눈으로 똑똑히 보았어요. 두 분은 분명히 예배를 드렸어요. 나 같은 것을 하나님께서 증인으로 세우시다니 정말 감사합니다."

이렇게 하여 아내의 의심도 말끔히 씻어 주셨고 나와 협동하여 그들을 믿음으로 이끄는 데 힘이 되어 주었던 것이다.

7년 전, 그러니까 그녀를 전도하고 3년 뒤에 나는 그녀가 예배드

리는 것을 보았다. 그의 믿음을 지켜주신 하나님께 감사의 기도를 드렸다. 한 영혼을 구원하기 위하여 나같이 허물 많은 것도 앞세워 잃은 양을 몰고 오는 목동으로 사용하시고 돌보시는 하나님께 감사를 드린다.

다섯 번째 이야기 / 말씀의 능력

천당이 그렇게 아름답습니까

교회도 안 다니면서 하나님을 만난 사람

종교도 없고 교회도 다녀 보지 못했으면서 자기는 죽으면 반드시 천국에 갈 것이라는 기대로 기쁨에 넘쳐 죽는 날을 기다린다는 80 가까운 집안노인(항렬이 나보다 낮아서 노인은 나를 대부라고 부름)이 나를 찾아왔다.

"대부님, 우리 주변에는 교회에 다니는 사람이 없어서 뭘 좀 물어 보려고 해도 물어볼 데가 없어서 이렇게 찾아왔습니다."

팔십이 가깝다면서 허리도 꼿꼿하고 꼬장꼬장해 보이는 집안노인 이 들려주는 이야기는 이러했다.

"저는 이리 역장을 지내고 정년이 되어 물러났습니다. 전라도에는 제가 써 준 비석만도 삼사백 개는 됩니다. 어려서부터 한학을 해서 젊어서는 책이라는 책은 안 읽어 본 것이 없었지요. 공자 맹자 사서 삼경 동서양 철학서 일본의 선학 등 책이라는 책은 다 읽어보았습니 다. 그런데 딱 하나 성경책만은 읽어보지 못했습니다. 이유는 내가 종교가 없고 그 책에는 관심이 없었기 때문입니다. 그런데 어느 날 우리 집 옆에 교회가 하나 생겼는데 목사라는 사람이 지나가며 들여 다보더니 이 책 읽고 천당 가세요 하고는 책 한 권을 주고 가는 거예요. 그게 성경책이었지요. 나는 심심하기에 그 책은 읽어본 적이 없었으니 어디 한번 심심풀이 삼아 읽어볼까 하고 뒤적거리며 한번을 다 읽었습니다."

노인은 당시를 생각하며 고개를 끄떡이더니 계속했다.

"처음에 한 번을 읽고 나니 참 허무하대요. 뭐한테 속은 기분이었어요. 도대체 무슨 책이 그렇게 싱겁고 내용이 없나 하는 생각이 들어서였지요. 그러면서 의문이 생기더군요. 도대체 그런 책이 뭐기에 그렇게 많은 사람들이 그 책에 빠져 예수를 믿고 야단들인가 하는 것이었어요. 재미도 없고 내용도 논어나 맹자, 불경만도 못한 거예요. 내가 절에는 안 갔어도 불경은 환히 알지요. 비문을 쓰자면 그런 것을 알아야 하니까요. 성경책에 있는 글로 비문 쓴다는 사람은 일찍이 본 적도 없고 써 달라는 사람도 없었으니……"

노인은 말을 그쳤다가 이었다.

"아무리 생각해도 성경책은 별것이 아닌데 왜들 그 책을 그렇게 대단한 것처럼 믿는지 궁금한 생각이 떠나질 않았어요. 그래서 할 일도 없는데 한번 더 읽어보리라 하고 두 번째 일기 시작했지요. 그런데 이게 어찌된 일인지 처음 읽을 때는 그렇게 싱겁던 책이 두 번째 읽으니 어렵기가 말로 할 수 없었어요. 한 구절을 몇 번씩 읽어도 이해가 안 되는 거였지요. 그래도 나 나름으로 이해하면서 억지로 그것을 다 읽어 버렸습니다. 두 번 읽고 나니 무엇인가 해냈다는 생각은 드는데 이 세상에서 가장 어려운 책이라는 것을 알았습니다. 일반 철학가가 쓴 책은 얼마든지 이해가 쉬웠는데 성경은 그게 아니더라고요. 그래서……"

노인은 약간 상기된 눈으로 나를 빤히 바라보는 것이었다. 눈빛이 맑고 밝았다.

"그 해 겨울이었습니다. 내가 성경을 세 번째 읽기 시작했을 때는 초겨울부터 눈이 많이 내렸는데 온 세상이 하얀 눈으로 덮인 채 녹을 줄을 몰랐습니다. 세 번째 읽으니 성경책은 또 다른 책이었습니다. 그렇게 어렵던 글들이 읽을수록 재미있고 읽을수록 뜻이 깊었습니다. 말씀은 꿀송이처럼 달다는 구절이 있었는데 그 말이 참말이라는 것을 느낄 수 있었습니다. 이 세상에서 그렇게 좋은 책이 있는 줄은 처음 알게 되었고 책을 잡으면 한밤중이 되어도 잘 생각이 들지 않는 거예요. 나 혼자 사랑채에서 성경을 읽고 있는데 밖에는 보름달이 환히 비쳐서 창 밖이 환하였지요. 밤 3시쯤 되었을까? 성경이 너무 꿀맛 같아서 깊이 취해 읽고 있을 때 갑자기 하늘에서 뜨거운 불이 화로를 확 쏟아 붓는 거처럼 내 머리를 치는 거예요. 나는 너무 뜨거워서 후닥닥 일어나 밖으로 나갔지요. 그리고 눈밭에서 뒹굴었습니다. 그러다가 엎어져서 하나님을 불렀습니다. 그런데 이게 어찌된 일인지 혀가 뒤틀리면서 벙어리가 된 듯 이상한 소리가 나오는 거예요. 나는 그 소리로 '아이고 나 죽는다. 내가 이제 미치는구나. 하나님 나 좀 살려 주시오' 했지요. 그런데 갑자기 내가 젊었을 때 지은 죄들이 머릿속에 떠오르는데 웬 잘못이 그렇게 많은지 그만 '제가 잘못했습니다. 잘못했습니다' 하고 빌었지요. 그 소리가 다 이상한 소리로 혀를 비틀면서 나오는 거예요. 얼마를 눈밭에서 뒹굴다가 일어났지요. 내가 꼭 미친 사람 같았어요. 그러나 밤중이라 아무도 보지 못하니 마음은 놓이더라고요. 나는 눈이 환하게 밝아진 것을 느꼈습니다. 이상하다 싶어서 성경책을 들여다보았지요. 보통 때는 두꺼운 돋보기를 써야 보이던 글씨들이 안경을 안 쓰고도 보이는 거예요. 젊었을 때처럼 글자들이 또렷이 보이는 거였지요. 이게 꿈인가 생시인가 생각하다가 잠이 들었어요."

노인은 지금도 자기는 안경을 쓰지 않고 책을 읽을 수 있다면서 내 앞에서 작은 소책자 성경을 줄줄 읽어 보였다.

"그게 꿈인지 뭔지 알 수 없지만 하나님이 나에게 장차 네가 죽어서 올 곳이니 잘 보아두거라 하시면서 천당을 보여주시는데 그곳의 아름다움은 말로 할 수 없지요. 거기가 바로 내가 죽으면 갈 곳이라는데 이 세상 어디에도 그런 곳은 없고 그런 좋은 곳에서 나가라고 한다면 누구도 나가려고 하지 않을 것이구면요. 정말 아름다운 곳이었습니다. 동산에는 루비로 된 두 대문이 있고, 그 옆에는 구원의 천사들이 서 있고 그들의 얼굴에서 비치는 광채는 마치 창공에 빛나는 태양과 같았어요. 그들은 내가 이 세상에서 입고 있던 옷들을 벗기고 영광의 구름으로 만든 여덟 예복을 입히고, 머리에는 왕관을 씌우는데 그 중 하나는 보석과 진주로 만든 것이고, 다른 하나는 금으로 만든 것이었어요. 그들은 나를 데리고 팔백 가지 장미와 도금양으로 둘러싸인 시냇물가로 가 각 사람의 공로에 따라 주는 방을 보여 주었어요. 거기는 네 개의 냇물이 흘러오는데 우유, 포도주, 발삼향 그리고 꿀이었습니다. 각 방 위에는 서른 개의 진주가 박힌 금포도나무가 있고 그것들은 샛별처럼 찬란하게 빛나고 각 방 안에는 보석과 진주로 만든 탁자가 있고 각 사람에게는 시중드는 60명의 천사가 있었어요. 그들은 '즐겁게 꿀을 드십시오. 당신은 꿀에 비할 수 있는 사람이기 때문입니다. 그리고 포도주를 마십시오.' 하고 또 보여주는데 동산 구석구석에는 팔십만 가지의 나무들이 있고 그것들 중 가장 나쁜 것이라 해도 이 세상에서 가장 향기 높은 나무보다 좋았습니다. 그리고 곳곳에는 아름다운 목소리로 노래를 부르는 구원의 천사들이 있고 중앙에는 생명 나무가 있고 그 가지는 동산 전체를 덮고 있으며 서로 다른 맛을 내는 50만 가지의 과일들이 주렁주렁 달려 있고 그 나무 위에는 영광의 구름이 떠 있고 그 향기가 석구석까지 퍼지도록 사방에서 바람이 불어 그것을 퍼뜨렸습니다. 그 나무 밑에는 현인들과 제자들이 있는데 주고받는 이야기가 아무리 들어도 지루하지 않은 귀한 말이었습니다. 각 방들 사이에는 영광의 구름으로 커튼이 드리워져 있으며……"

노인은 황홀한 광경을 생각하면서 다음 말을 이었다.

"그것을 보고 제 정신으로 돌아와 보니 아침이 되었더군요. 그래서 일어나 밖으로 나가 세수를 하고 아침상을 받으니 아이들이 '아버님 어찌된 일이십니까?'하고 물어요, '뭣이 말이냐?' 하니 '아버님이 지팡이를 짚지 않고 다니시지 않았습니까?' 하는 거예요. 일고 보니 지팡이 없이는 한 발도 돌아다니지 못하던 나였는데 그게 어디 있는지 생각이 나지 않아요. 나중에 알고 보니 사랑채 밖에 버려져 있었고 그 날 이후 이렇게 꾸부러졌던 허리가 쭉 펴지고 정정하게 걸을 수가 있게 되었지요."

노인은 또 허리를 펴고 걸어 보이면서 말을 이었다.

"나는 그 날부터 이 세상이 시시해 보이고 이 세상살이가 아무 의미가 없다는 것을 알게 되었지요. 그래서 이것도 병이지 하는 생각이 들어서 성경책을 가져다 준 교회를 찾아갔지요. 그 목사님이 반갑게 맞아 주면서 교회에서 예배를 드리자는 거예요. 저는 공손히 따라 들어가 예배를 드리는데 목사님이 기도합시다 하기에 고개를 숙였더니 갑자기 입에서 그 소리가 나오는 거예요. 벙어리 소리 같기도 하고 알 수 없는 소리가 혀를 내 맘대로 놀리지 못하게 하고 나와요. 그 날 나는 목사님으로부터 예배 시간에 그러는 것이 아니라는 말을 듣고 다시는 그러지 않겠다고 했지요. 그리고 또 그 다음 주일에 교회를 갔어요. 또 그렇게 소리가 나와요. 목사님은 또 못하게 하면서 그러시려면 나오지 말라는 거예요. 그래서 교회도 안 나가고 집에서 나 혼자 문을 잠그고 아무도 모르게 기도를 하였지요. 식구들도 내 속을 모릅니다. 단지 내가 지팡이를 내던지고 이 두발로 잘 다니는 것과 안경을 쓰지 않고 성경책을 읽는 것만 보고 눈이 좋아지셨다면서 좋아하지요. 그러니 이 심정을 누구한테도 말할 수가 없어 혼자 고생했답니다. 그런데 우연히 듣자 하니 대부께서 하나님을 믿으신다기에 이렇게 찾아뵈었습니다. 가까운 친척에게 이런 말을 했다가는 늙은이가 노망이 났다고 할 테니 물어볼

수도 없었는데 마침 대부는 우리 고향과 거리도 멀고 아는 사람도
별로 없으실 테니 소문이 날 리도 없을 것이 아닙니까……"

노인의 말을 다 듣고 나는 놀랐다. 벤허를 쓴 작가가 하나님은 안
계시다는 것을 증명하기 위해 성경을 읽으면서 그 모순점을 찾으려
다가 세 번 읽고 하나님 앞에 엎드려 자기의 잘못을 회개하고 하나
님은 엄존하시다는 것을 증언하기 위해 벤허를 썼다는 이야기는 들
어 봤어도 교회에도 못 가 본 채 말씀으로만 구원받는다는 말은 들
어본 적이 없었다. 노인의 말을 듣고 '말씀은 살아 운동력이 있고'
하신 성경을 생각했다. 참으로 부러운 하나님의 은총을 받은 노인
이 아닌가.

"대부님, 나 같은 사람은 어떻게 해야 하지요?"

"제가 가르쳐드리는 교회를 찾아가세요. 그러시면 목사님이 아주
반가워하실 거예요. 뜨거운 불은 성령 세례를 받으신 거예요. 기도
하고 싶을 때 이상한 소리가 나오는 것은 성경에도 있는 방언이라
는 것입니다. 세상에는 여러 교회가 있습니다. 거룩하게 예배를 드
려야 한다고 방언이나 손뼉 치고 찬송하는 것을 못하게 하는 교회
가 있고 방언 받는 성도가 되라고 권하고 방언으로 기도하는 교회
가 있어요. 이리(익산)에 가시거든 순복음교회가 어디에 있는지
알아보세요. 그러면 거기는 역장님처럼 방언 기도하는 사람들이
많이 있을 것입니다. 하나님의 구원하심을 받고 은혜를 입으셨습
니다. 천국에 가는 날까지 하나님을 잘 믿으시고 교회에 가셔서 교
회에서 하실 수 있는 일이 무엇인가 알아서 봉사도 하시고 교회직
분도 받으세요."

노인은 내 말을 듣고 여간 기뻐하지 않았다. 그리고 나 만나기를
잘했다면서 고마워했다. 그 후 교회에서 간증 집회가 있어서 그분을
모시려고 알아 봤더니 노인은 익산 어느 교회에 나가 10년 동안 믿
음 생활 잘하고 장로님이 된 후에 소천하셨다고 했다.

여섯 번째 이야기 / 예비하는 하나님

처음 바친 십일조

　교회는 오래 나갔어도 주일 헌금만 겨우 바쳤을 뿐 십일조는 전혀 생각하지 않던 나였다. 십일조 낼 돈이 있으면 한 푼이라도 거래처에 지불해야 한다는 것이 나의 철저한 사고 방식이었다.

　그렇게 해도 결국은 내 욕심대로 되지 않았다. 1986년 여름 큰 장마에 서고에 물이 들어 출고하려고 만들어 놓은 책이 다 젖어 못쓰게 되었다. 그로 인해 나는 철저히 무너졌다. 제작비를 주지 못하니 더 이상 책을 발행할 수 없었고 밀린 제작비에 치어 곤경에 처했다. 서점은 그때나 지금이나 신간이 나오지 않으면 지불이 없다. 신간을 내놓지 못하고 뽑아만 먹으니 돈을 받는 것이 아니라 과입이 되어 오히려 갖다 갚아야 할 지경이었다.

　그렇게 경제적으로 곤경에 빠진 어느 주일 아침이었다. 아내도 아침 일찍 교회에 가고 아이들은 3부 예배에 가겠다고 늦잠을 잔다. 아침 식사를 하려고 뒤져보았지만 밥도 없고 쌀도 없었다. 내 주머니에는 동전밖에 없었다. 아침을 굶은 채 교회로 갔다. 내가 소속된 선교회에서 할 일이 있으므로 주일은 평일보다 바쁜 게 내 일상이다. 교회에서 바쁘게 하루를 보내도 걱정이 머릿속에서 떠나지 않았다.

　'쌀도 없고 돈도 떨어졌는데 저녁은 어떻게 한담?'

　이름만 허울 좋은 사장이지 이런 딱한 사정을 누가 알겠는가. 속은 텅텅 비었어도 나는 허허거리고 여유 있게 웃으며 궁색한 빛을 보이지 않았다. 겉모양으로는 내 속을 아무도 모른다. 어려운 가운데서도 내가 봉사하는 일에는 충실했다.

가슴에는 근심이 가득한 채 오후 4시까지 선교회 사무실에서 일을 하고 있자니 '신앙세계'라는 잡지를 맡아 일하시는 김 목사님 급히 들어서시면서

"집사님 아직도 계셨군요. 들어가셨으면 어떻게 하나 하고 급히 오는 길입니다."

하고 동그랗고 맑은 얼굴로 다가와 손을 내미셨다.

"무슨 일이 있습니까? 이렇게 급히 오시게요."

목사님은 내 맞은편에 앉으시면서

"우선 이것부터 받으십시오."

하고 봉투를 내미셨다.

"이게 뭡니까?"

"전에 제가 원고 부탁드린 적이 있었지요. 이것 먼저 받으시고 제 이야기를 들어주셨으면 합니다."

"네, 그것이군요."

나는 직감적으로 그 원고를 게재하지 못하여 도로 가져왔다는 것으로 알고 받아 들었다.

"집사님, 죄송하게 되었습니다. 원고는 잘 쓰셨지만 내용상 잡지에 실었다가는 거부 반응이 있을 것 같아서 실을 수가 없다는 편집진의 합의에 따라 원고는 우리가 보관하기로 하고 고료는 지불해 드리기로 하여 오늘 가져왔습니다. 봉투 속의 금액을 확인하시고 영수증에 날인이나 좀 해주십시오."

"그런 거라면 원고료를 받아서는 안 되지 않습니까. 사양하겠습니다."

"그렇게는 안 되십니다. 제가 이렇게 수령해 가지고 왔는데 도로

입금시킬 수는 없습니다. 양해하시고 받아 주십시오."

나는 순간 매우 착잡했다. 원고를 되돌려 받는 것이 옳다고 생각하면서도 '하나님 이걸 받아야 합니까 안 받아야 합니까. 오늘은 제게 돈이 절실히 필요하기는 합니다' 하고 강력히 사양하지 못했다.

늘 웃는 얼굴에 다정한 목사님의 눈이 받으라는 빛을 보냈다.

"주저하실 것 없습니다. 하나님이 주시는 것으로 알고 받으세요."

나는 또 망설였다. 원고가 탐탁지 않아 게재하지 못한 것을 고료만 받아먹다니…… 원고 잘못 쓴 것도 스스로가 미운 일이 아닌가. 나는 그 원고를 되새기면서 역시 잘 못 쓴 것은 어쩔 수 없지 하고 자신을 꾸짖었다.

그 날부터 2개월 전에 원고 청탁을 받았다. 두 달이나 지난 일이라 내가 원고를 넘긴 것조차 기억에서 사라질 즈음이었다. 김 목사님께서 '교회 발전을 위한 제안'이라는 내용으로 30매 분량의 글을 써 달라는 것이었다. 나는 평소에 어려운 논리를 펴가면서 받아들이기 어려운 이론보다는 이해하기 쉽고 행하기 쉽고 실제적인 의견 제시를 하고 싶어했기 때문에 오늘의 교회가 잘하는 것도 많지만 이런 점은 이렇게 고쳐 주었으면 하는 것에 대하여 글을 쓰기로 했다.

그래서 예수님께서 초라한 거지 차림으로 오셔서 교회 이곳저곳 돌아다니시면서 살피고 본 이야기를 가상해서 쓰면서 나의 견해를 썼다. 그 긴 이야기를 쓸 수는 없고 간단히 한 예만 소개한다면 이런 것이었다.

— 처음에 교회를 찾아오신 예수님은 교회당 안으로 들어가 보시겠다고 교회 안으로 들어간다. 잘 꾸미고 훌륭하게 지은 건물이다. 창문으로 들여다보니 예수님 얼굴을 그려서 벽에 걸어놓았지만 문은 커다란 자물쇠로 잠겨서 들어갈 수가 없다. 그날 따라 날씨가 너무 추워서 어디라도 의지하고 싶다. 그래서 건물을 빙빙 돌다가 따뜻한 석양이 내리 쬐는 벽에 기대 서 있었다. 경비원이 와서 '그런 차림으로 거룩한 성전에 와서 무슨 짓이냐고

꾸짖으며 내쫓는다.

교회에서 쫓겨난 예수님은 교회 문 밖 목사님의 차고 앞에 추위에 떨며 웅크리고 앉아 있다. 해가 지자 목사님이 들어오고 차고 문이 열리며 차가 안으로 들어간다. 거지 차림의 예수님은 차고 안으로 들어가 하룻밤만 자게 해 달라고 사정한다. 그러나 목사님은 들은 체도 않고 안으로 들어가며 경비원을 힐책한다. '저런 사람이 함부로 들어오게 두었다'고. 화가 난 경비원은 욕을 하며 예수님을 내쫓는다. 인정이라곤 손톱만큼도 없는 것들이 내 이름으로 사랑한다고 떠들어대는구나. 내가 일찍이 '너희가 소자에게 물 한 그릇을 대접한 것이 내게 한 것이니라'고 그렇게 가르쳤건만 너희가 할 수 있는 것이 이것뿐이란 말이냐 하고 '차는 밖에 세워 두더라도 지나가는 거지 하나를 위하여 차고에다 연탄 한 장에 안 덮는 담요 한 장만 내어 주어도 거지는 따뜻한 하룻밤을 하나님의 집에서 하나님의 은혜로 잘 잤다고 하지 않겠느냐'고 입으로만 사랑을 베푸는 사람을 향해 한탄하신다. 교회만 해도 그렇다. 문을 열어 놓고 기도하고 싶은 사람은 언제나 올 수 있도록 개방하고 지나가는 나그네가 자고 쉴 곳을 못 얻어 노숙할 지경이 되면 교회에 들어와 쉴 수 있도록 문을 열어 두든지 아니면 그러한 자선 대책을 세우는 것이 교회가 할 일이 아니겠느냐고 썼다. 그리고 우리 나라에서 기독교가 전파되지 못하는 큰 원인 중 하나가 제사문제이다. 그래서 예수님이 한 성도의 가정을 찾아가 그 문제에 대한 성도의 이야기를 들어 주신다.

"하루는 목사님께서 주일 설교를 하시면서, '여기 있는 사람들 가운데 아직도 짬뽕 교인이 수두룩해요. 절에 가면 절하고 보름이면 고사 지내고 정월, 추석이면 제사상 차려놓고 꾸벅꾸벅 절하고 도대체 그게 무슨 예수 교인입니까? 예수를 믿으려면 똑바로 믿어야 해요. 짬뽕 교인들은 회개하고 하나님을 바로 믿어야 해요.' 이렇게 시작된 설교가 이런 사람은 이렇게 잘못하고 저런 사람은 저렇게 잘못하여 하나님을 잘못 믿는다며 30분 동안 크게 꾸짖어댔습니다. 교인들은 크게 잘못한 것이 무엇인지도 모르는 채 고개를 푹 숙이고 아무 소리도 못합니다. 그래서 나는 설교가 끝나고 교인들이 다 나가고 난 다음 목사님께 찾아갔습니다. '목사님, 저는 짬뽕 교인이 되고 싶지 않습니다. 그러나 어떻게 하는 것이 짬뽕 교인이 되지 않는 것인지를 모르고 있습니다. 많은 사람들이 다 짬뽕 교인이 되고 싶어서 되는 것이 아나라 몰라서 그럴지 모릅니다. 저는 지금까지 교회를 다녔지만 한번도 제사 문제나 기독교적인 제사법에 대하여 시원하게 구체적으로 들어 본 일이 없습니다. 저를 위해서 한 번만 제사 문제와 기독교인이 바르게 사는 예법에 대하여 설교해 주십시오.' 했지요. '아, 그래요? 그것 참 좋은 의견이오. 다음에 한번 설교 시간을 통하여 제사 문제에 대한 설교를 해 드리지요.' 하셨습니다. 나는 아주 기분이 좋았습니다. 교회는 다녔지만 제사는 기독교식으로 어떻게 지내는 것일까 해서 늘 궁금했기 때문입니다. 목사님이 설교해 주시면 기록을 해야지 하고 기대를 걸고 그 날부터 날마다 기다렸습니다. 혹시 수요 예배 시간에 하면 어떻게 하나 해서 수요 예배도 빠지지 않았습니다. 그 후 1년이 지나고 2년, 3년이 지나도 주보에 제사 문제에 대한 설교 제목은 나오지 않았습니다. 몇 년을 결석도 하지 않고 열심히 나가 기다렸지만 끝내 목사님은 잊으셨는지 다른 설교만 하셨습니다. 그 후 6년이 지나도 목사님은 내 기대를 외면하셨습니다. 그러다가 군대를 가고 교회를 나가지 못하게 되었습니다. 혹시 나 없는 사이에 설교를 하시거든 꼭 기록했다가 알려 달라고 아는 사람에게 부탁하고 기다렸지만 그도 역시 그런 설교를 듣지 못했다고 했습니다. 나는 그 뒤에 다른 교회를 다니면서 혹시나 목사님께서 그에 관한 설교를 해 주지나 않을까 하고 늘 기다려 보았지만 끝내 그런 설교는 들어보지 못했습니다. 나이가 들고 성경을 조금 읽다 보니 목사님들이 설교를 하지 않는 이유를 알 것 같았습니다. 그런 설교를 하지 않는 이유는 성경적으로 보면 모든 제사 행위는 십계명 중 제2계명을 범하는 것이 되기 때문이라는 것을 알고 그런 문제는 알아서 처리해야 될 것이라고 생각하기 때문이고, 두 번째 이유로는 목회자들이 안고 있는 가장 큰 애로는 제사문제에 대하여 잘못 말했다가는 당장에 이단으로 몰려 교회에서 추방당하는 사태까지 이른다는 심각한 문제 때문입니다. 어떻게 하는 것이 짬뽕 교인이 되지 않는 길인가를 생각해야 했습니다. 교인들에게 물어도 선배 교인도 그 문제에 대해서만은 제사를 지내면 안 되는 것이라는 대답 외에 다른 답은 없습니다. 목회자와 기독교 지도자들이 제사 문제에 대하여 훌륭한 방안을 만들어 놓든지 성경적 해석을 하여 이 땅에는 이 땅대로의 백성들이 받아들일 만한 대안을 내놓아야 한다고 생각합니다. 우리나라에서 기독교가 빨리 전파되지 못하는 이유는 제사 문제입니다. 그것을 알면서도 그 문제에 대한 대안은 마련하지 못했습니다. 지금 예수님이 계시다면 어떤 대답을 주실까요? 몇 해 전에 교황청에서는 선교 지역에서 지켜지고 있는 민속 의식을 수렴하여 받아들이는 쪽으로 방침을 세워 줌으로써 비성경적이라는 비판은 받지만 대안을 세워 주었습니다. 카톨릭은 이미 술 담배 문제는 시비의 대상에서 벗어난 지 오래고 이제는 제사문제에 대하여도 한국적 제사를 허용하는 단계에까지 왔습니다. 유교 사상이 강한 사람들에게 매우 환영받는 조치를 취한 것입니다. 그런 시류를 따라 가며 사람들을 교세 안으로 끌어들이려는 방법에 대하여 환영할 수는 없지만 기독교회도 재고해 보아야 할 과제입니다. 선량한 사람이 조상 제사를 모셨다는 것이 죄가 되어 지옥으로 가야 한다면 어떻게 되겠습니까? 한국은 제사라는 장벽을 빨리 허무는 대안을 내놓아야 합니다.

　지금 예수님께서 이 땅에 오신다면 예수님이 율법의 제약에서 개혁적인 답을 주셨듯이 우리에게 맞는 대답을 주실 것입니다. 제사문제는 제5계명을 지키는 한 효행으로 보면 될 것입니다. 누구나 제사를 지내면서 죽은 조상신이 와서 차려 놓은 음식을 먹고 간다든가 흠향한다고 믿지는 않습니다. 다만 돌아가신 분을 추도하는 행사로 봅니다. (여기서 하고자 하는 말은 유교식 제사법을 기독교가 수용할 것을 제안하는 것이 아니라 기독교 지도자들이 그 문제를 깊이 연구해야 할 것을 건의하는 내용이었다) ―

　대략 이러한 글을 썼는데 그 글이 잡지에 나가면…… 해서 게재치 못하니 이해해 달라는 말씀이었다. 좋은 글을 써 주고 고료를 받아야 하는 건데 부끄럽고 미안했다. 돈을 받으면 안 된다는 생각이 담처럼 앞을 막았지만 나는 갈등을 느끼면서도 '하나님께서는 우리 식구를 굶기시지 않으려고 두 달 전에 준비하셨군요' 하고 감사드리면서 봉투를 받고 영수증에 날인하였다. 그 날 나는 처음으로 십일조 6천 원을 떼어 하나님께 바쳤다. 그 날 이후 십일조를 떼기 시작하였는데 그렇게 어려운 속에서도 그 다음 달부터 매월 6만원 이하는 바쳐 본 적이 없었다. 매월 10만원은 넘었고 이제는 50만원을 넘어섰다. 매월 100만 원 이상 드리게 해 주세요 하는 것이 기도 제목이다.

제2부

간증을 전하는 사명

일곱 번째 이야기 / 감옥에 계신 하나님

내 곁에서 숨소리까지도 세시는 하나님
은 친절하시다. 하나님은 구치소 간증
집회 예배에 나를 참석시키시고 구치소
에서도 일하고 계신 하나님의 은혜를
알게 하셨으며 어느 모범수의 간증을
들어 글로 쓰게 하셨다. 구치소에서도
역사하시는 하나님과 모범수의 간증을
《나는 가짜 크리스찬이었다》라는 책
으로 내며 이하연이라는 필명을 썼었
다. 기독교 잡지나 방송국에서 이하연
을 찾았고 간증집회에 나와 달라는 교
회의 청도 있었지만 나는 언제나 이하
연은 미국에 가서 없다고 속여 왔다. 혹
시라도 그 사실을 알고 섭섭히 생각할
분이 있지 않을까 염려되어 여기서는
이실직고하기로 했다. 많은 이해 있으
시기 바란다.

'감옥에 계신하나님'은 바로 《나는 가
짜 크리스찬이었다》를 그대로 전재한
것이다. 이하연은 본서 저자이면서 발
행자로서 부끄러움 때문에 감히 본명을
못 쓰다가 거짓말을 세상 떠날 때까지
할 수 없어서 이 책을 통하여 밝히기로
했다.

어느 죄수의 고백

감옥에 계신 하나님

내 재주로 산다

예수를 믿지 않던 나는 크리스천이 공연히 미웠습니다.

여러분도 아마 믿음 없이 살던 때는 나와 똑같았으리라 생각됩니다. 무슨 일에건 비위가 틀리면 나는 하늘을 향하여 쑥떡을 먹이며 외쳤습니다.

"야! 하나님, 정말 있다면 당장에 내 마빡에다 벼락을 쳐봐! 사람들은 예수와 하나님이라는 존재 때문에 이만저만 불편한 게 아니야! 대답하라, 하늘이여 예수여! 이 세상에 수십 억 인구가 살고 있지만 하나님도 예수도 본 사람이 하나도 없었다. 역사책에도 하나님이 어떻게 나타났다는 기록이 없단 말이다."

술이 취하면 하나님의 존재가 더 미워져서 예수라는 이름에 침을 뱉었습니다.

"하나님이 살아 있다면 왜 그 무능해 빠진 모습으로 세상의 온갖 비웃음을 받고만 있나 말이다. 나 같으면 당장에 벼락을 치고 말았을 것이다. 악한 놈은 돈을 많이 벌어서 큰 양옥에 살고 고급 승용차에 첩을 몇씩 거느리고 여행이다 골프다 회희낙락 사는데 예수만 믿고 주여! 주여! 하는 것들은 다 어떻게 살고 있나 보라. 그 사는 꼴들이 꼴이 아니란 말이다. 가난뱅이 예수꾼한테 큰 부자 놈 돈 좀 뭉텅 떼어다가 주는 것만 본다면 나도 믿겠다."

나는 아무 때나 어디서나 화가 나고 술기가 돌면 하나님을 향해 악담을 수없이 해댔습니다. 그리고 혼자 하나님이 있단 말인가 하고 자문도 해보았습니다. 아무리 머리를 돌리고 생각해 보아도 하나님은 없다는 확신밖에 얻을 수가 없었습니다.

나는 직업이 없습니다. 굳이 직업을 말하라 한다면 별 일곱 개에 감방 출입이나 하는 전문 도둑놈입니다. 도둑놈이 무슨 직업입니까. 하지만 내가 벌이가 좋을 때는 일류 직업 못지 않게 다른 사람보다 더 잘 쓰고 더 잘 놀아났습니다. 나는 한국에서 오토바이 도둑질로 랭킹 1위의 악명 높은 도둑놈이었습니다. 무려 340대나 되는 오토바이를 훔쳐 타고 다니다 돈하고 바꾸었으니까요.

제가 별 일곱 개 달던 날 전국 일간지 3면은 온통 오토바이 도둑놈의 기사로 가득 메워졌습니다. 나는 별 일곱 개를 달기까지 언제나 하나님을 한두 번씩은 생각해 보았습니다. 극히 불편스럽고 생각하기 싫은 존재가 바로 하나님이라는 보이지 않는 존재였습니다. 역시 보이지 않는 하나님이듯이 그는 아무 것도 모르고 있는 것이 확실했습니다. 왜냐? 내가 340대의 오토바이를 훔칠 때마다 하나님은 한번도 내 앞에 나타나 "이놈! 무슨 짓이냐!"하고 가로막아 준 적이 없기 때문입니다.

여러분, 안 그렇습니까? 자전거도 아니고 비싼 오토바이를 한두 대도 아니고 340대나 훔쳐대는 이놈을 그냥 두고 있다니, 하나님의 속은 알다가도 모를 일입니다. 하나님이 눈이 멀어도 한참 멀었다고 생각했습니다. 도둑질에 성공하여 돈이 두둑이 주머니에 차면 하늘을 보고 더 비웃어 주었지요.

"야! 하나님, 예수! 봤어? 알아? 안다면 당장에 내 목을 쳐봐! 내가 도둑질할 때마다 축복이나 하라고! 하하하……"

나는 하나님이 못마땅하여 욕을 실컷 퍼부어 주고 늘 가는 악의 소굴로 향했습니다. 거기에 가면 나를 기둥서방으로 모시는 계집이 하나 있었고 그 계집은 누구에게나 주머니에 돈이 있는 기색만 보이면 서비스가 이만저만이 아닙니다. 거머리처럼 빨아먹고 돈 떨어지면 토해 버립니다. 나는 그래도 그 계집이 좋아서 돈이 떨어지면 오토바이를 훔치러 길로 나섰습니다.

서울에는 어디나 오토바이가 즐비하게 서 있습니다. 주인은 없고 자물쇠로 잠근 채 오토바이 혼자 있는 것은 백 퍼센트 내 것이 됩니다. 나는 어떤 자물쇠도 풀 수 있고 오토바이를 모는 기술은 누구도 못 당합니다. 주인이 저만큼에서 알아채고 도둑이야! 하고 외치면 그 소리가 끝나기도 전에 나는 그 사람의 시야에서 사라지는 기술이 있습니다. 어디든 타고 가다가 기름이 다 되면 가까이 있는 적당한 곳에 가서 팔아 치웁니다. 돈이 금방 두둑해지지요.

그리고 예쁘고 여우같은 여자를 찾아가 오토바이 판돈을 다 주고 며칠이고 같이 살 계약을 하고 그 동안은 마시고 자고 엉망으로 세월을 보냈습니다. 돈걱정 없겠다, 예쁜 여자가 24시간 시중들겠다, 무엇이 부족합니까? 그러니까 나는 잡히지만 않으면 세상 것이 다 내 것입니다. 또 잡히면 들어가 쉬는 거지요. 나는 한가한 틈만 나면 트집잡을 건덕지가 없어서 하나님을 상태로 투정을 합니다.

"이봐! 하나님, 봤어? 다 이렇게 사는 거야. 죽으면 폭 썩어 없어지는 게 인생이라구. 양심이 무슨 양심, 양심이 밥먹여 주냐. 나같이 사는 놈이 한두 놈이냐 말야. 다 벼락을 쳐서 죽여라. 하나도 남김없이 죽이란 말이다. 무능한 것들."

340번 도둑질을 하면서 일곱 번이나 잡혔고 이 여자 저 여자 같아 치우며 뒷골목으로 헤맬 때 꾀인 여자 숫자는 헤아릴 수가 없습니다. 별 여자 다 유인하여 인심 쓰는 척 접근하다 건드리고 유부녀까지도 유혹했습니다. 그리고 여자들을 실컷 농락한 다음에는 하나님을 비웃었습니다.

"하나님, 보시오. 내가 오토바이 한 대만 가지면 여자 하나를 꾀어 내고 내 맘대로 하는 것 알지 않수? 유부녀를 감쪽같이 건드려도 누가 뭐랍디까? 당신이 보고 계시다구요? 정말 당신이 있고 그렇게 훌륭한 분이라면 어쩌자고 눈을 감고만 계신단 말입니까. 나보다 더 악랄한 놈들도 그냥 두느냐 이겁니다."

나는 무슨 말로든 하나님을 공격했고 하나님은 존재하지 않는다는 증거를 마음속에 정리도 하였습니다. 왜 나는 도둑질을 할 때마다 하나님이라는 상대를 놓고 불평을 했는지 알 수가 없습니다. 아마 내 속에 겨자씨 만한 양심이 몸부림을 치고 있었기 때문이었을 것입니다. 세상에는 신도 많고 부처도 많습니다. 절에 가서 절도 해본 내가 왜 죄를 짓고 나면 부처나 다른 신에는 관심을 두지 않고 하나님만 상대로 내 죄와 허물을 가리고 싶어했는지 알 수 없는 일이었습니다.

나는 교회에 다녀본 경험은 없고 6·25때 구제품 타는 재미로 교회를 갔습니다. 그렇지만 하나님께 기도는 해본 일이 없습니다. 절에는 가면 근엄하게 생긴 부처가 두려워서 절을 했지만 하나님은 보이지 않기 때문에 막연한 공격 목표였습니다.

내가 스물 일곱 살 때였습니다. 이미 그때는 별이 두서너 개 붙은 뒤였지요. (별은 감방 들어간 숫자를 말함) 모 여대 앞에 가서 대학생처럼 하고 앉아 주머니에 든 돈을 헤아리다가 여학생을 꾀었습니다. 나는 여자를 꾀는 덴 명수입니다. 요새 여학생들은 한문 지식이 약합니다. 그리고 불경이나 유교에서 흔히 사용하는 한문투 용어들을 그럴 싸하게 씨부렁거리면 어느 대학 누구인지 묻지도 않고 실력 있는 인물로 알고 좋다 합니다. 그것을 안 나는 한자는 제대로 모르면서 논어, 맹자, 불경의 교훈 등에는 빠삭합니다. 귀동냥으로 배운 것을 써먹는 것이지요.

여자를 꼬실 때 피해야 할 것이 무엇인지 아십니까? 성경 말씀과 예수님 이야기입니다. 아무 것도 모르고 사귀었다가 일이 잘 되려 할 찰나 성경 말씀이나 예수님 이야기가 나오면 모든 것이 수포로 돌아갑니다. 여자를 벗겨 놓고도 그 말에 둘이 다 불 맞은 기둥처럼 옷을 도로 입은 경험이 있습니다. 그러나 이불을 쫙 펴고 쏙 들어가서 논어, 맹자가 어떻고 부처님이 어떻고 하면 그냥 넘어갑니다.

그러나 죄 짓는 대가로 살아온 나에게 가장 거추장스러운 존재는 보지도 못한 예수님입니다. 정말 ×맛 다 떨어지는 이름이 예수입니다. 도둑놈들 치고 예수 욕하지 않는 놈은 하나도 보지 못했습니다. 도둑질하는 동안 예수가 길을 막은 것도 아니고 소리를 지른 것도 아닌데 제 재주껏 할 짓 다하고 나서는 예수님 이름만 들리면 불평을 합니다. 나는 하나님 앞에 대들며 하고 싶은 말이 너무 많습니다. 내가 도둑질하는 모습을 340번이나 보았을 것이고 내 감방 친구들 중에 별이 열 둘이나 되는 사람이 있는데 그 열두 번을 그냥 보고도 못 본 체했단 말입니다. 그게 하나님입니까? 차라리 부처 앞에서 그 모양이라도 보며 절을 하는 것이 낫지 않겠습니까? 더 표현할 능력이 없어서 못하지만 하나님의 존재와 능력에 대하여 나는 스무 살 적부터 서른 여섯이 되도록 부인해 왔습니다. 부모와 조상도 역시 대대로 불교 집안이었습니다. 불공드리며 살아오는 것을 보았고 하나님에 대하여 말하는 것은 듣지 못했습니다. 우리 어머니는 하나님 이야기라면 펄쩍 뛰는 분이었습니다. 내가 죄를 하도 짓고 사니까 어머니는 절에도 가지 않습니다. 불공도 다 허사라는 것이지요. 안 믿던 예수님을 새삼스럽게 믿을 수도 없고, 예수를 믿는 것은 자존심이 깨지는 줄로 생각하는 분들이 우리 부모님이십니다. 언젠가 집에서 형사에게 수갑을 받고 나오던 날 어머니가 노여움을 못 이겨

"하나님도 눈이 삐었지, 저런 놈 안 잡아가고 누굴 잡아가. 저놈을 잡아가면 내가 하나님을 믿지……" 하고 오열하시던 모습이 생생합니다. 나는 어떤 나쁜 일을 해도 하나님의 방해나 제지를 받아본

일이 없습니다. 그래서 이따금 하나님을 향해 불만을 했습니다.

"하나님, 당신이 정말 있다면 우리 집을 왜 이 지경으로 만들어 놓으셨습니까. 무슨 죄를 지었기에 공부도 제대로 못하게 버려 두고 가난한 집에서 고생을 하다 이 꼴이 되게 버려 둡니까?"

나는 운명이 잘못된 것도 하나님 탓으로 돌렸습니다. 하나님은 내 불만의 상대였습니다. 그러다가 별 여섯 개를 달고 나와 오토바이를 훔쳐 비싼 값에 팔던 날 딱 한번 하나님께 좋은 값에 팔아주셔서 고맙다고 했습니다. 그리고도 나는 돈을 좋은 일에 쓸 줄을 몰랐습니다. 남한테 못할 일 하여 만든 돈을 쓸 때는 여자와 술과 죄짓는 일을 위해 썼습니다. 부모님한테 한푼도 드린 적 없고 친구를 도와준 적도 없습니다. 오직 나 일신의 즐거움을 위해 썼습니다.

하루는 주머니에 돈이 두둑한데 어디에 가서 멋지게 쓸까 궁리중이었지요. 그때 모 여자 대학 앞에 있는 다방에 가 앉아 있자니 예쁜 여자가 하나 나타난 것입니다. 나는 길에 세워둔 오토바이만 보면 마음에 결정된 뒤에 어떤 일이 있어도 그것은 내 것을 만들었습니다. 여자도 마찬가지입니다. 유부녀만 아니면 다 내 맘먹기에 달려 있는 것이었습니다. 저 여자는 바로 내 것이다 하고 찍으면 나는 물러나지 않습니다. 그러나 여자는 흔해도 내 눈에 쏙 드는 여자는 흔하지 않았습니다. 여자 편력이 많은 나는 여자를 보는 눈이 남다릅니다. 그러한 내 앞에 천사처럼 예쁜 여자가 나타난 것입니다. 나는 한참 동안 넋을 잃고 그녀를 바라보았습니다. 볼수록 귀엽고 아름다운 여자였습니다. 하나님이 만들어 놓은 작품 중에 가장 성공적으로 빚어낸 여자가 저 여자가 아닐까 생각했습니다. 그리고 저 아름다운 여자는 과연 누구의 소유가 될 것인가 하고 주인이 될 사람을 생각해 보기도 했습니다. 그 청초하고 요염해 보이기까지 하던 모습은 내 머릿속에서 늙지도 않고 생생합니다. 그녀는 그날 노을 빛이 젖어들고 있는 창가에 앉아 있었습니다. 갸름하고 뽀얀 피부에 매끄럽게 흐르는 목덜미의 선이 그렇고, 곱고 오뚝한 콧날에 새침한 눈썹이 노을 빛을 받아 활짝 핀 꽃처럼 아름답게 보였습니다. 나의 강심장은 그녀의 가슴을 흘러내린 가냘픈 선에 감겨 숨이 멎을 것만 같았습니다. 나는 그 여자의 어디에 흠이 하나라도 있을까 찾으려고 눈에 불을 켜고 찾았습니다. 어느 한곳도 흠잡을 곳이 없었습니다. 내가 넋을 잃고 있을 때 그녀는 사뿐히 일어섰습니다. 쭉 뻗어 내린 다리의 선이 나를 꼼짝 못하게 했습니다. 그녀는 사뿐 사뿐 계단을 내려갔습니다. 나는 따라가서 꽉 잡고 싶었으나 용기가 나지 않았습니다.

나는 그날 그 여자 생각으로만 밤을 지냈습니다. 그 이튿날입니다. 그 다방에 가 있으면 그녀가 나타날 것만 같아 하릴없이 온종일 기다려 보았지요. 오후 4시쯤이었는데 그녀가 또 나타났습니다. 석양에 날아드는 백조의 하얀 날개처럼 그녀는 화사한 모습으로 어제와 같이 그 자리에 날개를 접고 앉았습니다. 나는 가슴이 뛰었습니다. 좀처럼 가슴이 뛸 만큼 충격을 받을 내가 아니었습니다. 그런 내가 그 여자 앞에서는 맥을 추지 못했습니다.

시간이 꽤 흘렀는데도 그녀를 만나러 오는 사람이 보이지 않았습니다. 나는 누구도 나타나지 않기만 빌고 있다가 그녀가 한참 지루하게 느끼고 있을 때쯤 해서 가까이 다가갔습니다.

"실례합니다. 기다리는 분이 아직도 오지 않나 보지요?"

하고 자리에 함께 앉아도 좋겠느냐고 했습니다. 그녀는 상상외로 친절하게 앉기를 허락했습니다. 나는 그때부터 거짓말을 시작했습니다.

"나도 친구를 기다리고 있는데 웬일로 오지 않아 바람을 맞고 있는 중이었습니다. 보니 아가씨도 만날 사람이 오지 않더군요. 무례를 용서하십시오."

"아니에요, 저도 심심하고 지루한 중이었으니까요. 어떤 친구분이신데 약속을 많이 어기시는 것 같군요."

"네, 얼마 전에 나와 함께 S대 같은 과에서 공부를 하다가 미국으로 유학을 간 친구가 있는데 어제 귀국하겠다며 오늘 여기서 만나기로 했습니다. 무슨 일이 있는지 연락도 없고……"

이런 새빨간 거짓말을 하고 있는데 그녀는 눈이 빛나는 것이었습니다. S대라고 한 말에 충격을 받은 게 확실했습니다. 여자 치고 S대 대학생이라고 하면 좋아하지 않는 사람이 어디 있습니까? 더구나 나같이 겉만 치장하는 멋쟁이 건달이 S대라고 하자 그녀의 관심을 끌기에 족한 것이었지요. 그날은 둘이 해가 지도록 앉아 이야기를 나누며 사람을 기다렸습니다. 그러나 끝내 그녀가 기다리는 상대는 오지 않았습니다. 나는 기다리는 사람이 없으니 오지 않을 것이 당연했지요. 그러나 그녀가 기다리는 사람도 누군지 몰라도 오지 않았습니다. 내가 궁금하여 그가 누구냐고 물었습니다. 그녀는 대답하지 않았고 우리는 자리에서 일어섰습니다. 둘이는 누가 시키지도 않는데 자연스럽게 일식집으로 들어갔습니다. 그리고 조용하고 아늑한 밀실로 들어가 마주 앉았습니다.

예쁜 여자와 함께 있으려니 공연히 어깨가 으쓱하였는데 종업원 아가씨들도 부러워하는 눈으로 그녀와 나를 곁눈질해 보는 것이었습니다. 나는 최고급으로 대접했지요. 그녀는 나에게 호감을 보였습니다. 그날은 정말 기분 좋은 하루였습니다. 그녀는 나에게 여러 가지를 물었습니다. 나는 멋지게 거짓말을 해놓았습니다. 나는 S대 철학과에서 동양철학을 한다고 해놓았습니다. 그래야만 안전하니까요. 그리고 가정 형편에 대해서도 말해 두었지요. 아버지가 인천에서 큰 회사를 운영하고 계신데 사업을 목적으로 어른들끼리 정략 결혼을 시키려고 해서 집을 뛰쳐나왔다고 했습니다.

생활비는 어머니가 아버지 모르게 다달이 보내주어 넉넉히 쓰고 있다고 했고 집에는 가지 않을 결심이라고도 해두었습니다. 그 날 우리는 헤어지면서 다음 날 다시 만날 약속을 했습니다. 다음에 만나면 그녀에게 내가 궁금한 것을 물어보겠다고 농담까지 던졌습니다. 그녀가 보고 싶어서 하룻밤을 거의 뜬눈으로 보내고 이튿날 아침에는 일찍이 목욕하고 이발까지 하고 멋지게 차리고 나갔습니다.

그녀는 약속대로 나왔습니다. 그 날은 빨간 원피스를 입고 있었는데 그냥 끌어안고 싶은 충동을 억지로 참았습니다. 빨간 색이 곱게 흘러내린 가슴이며 무릎에 남실거리던 뽀얀 속살, 웃을 때마다 하얀 향기처럼 드러났다가 숨는 가지런한 치열, 그건 보지 않고는 그릴 수 없는 수채화였습니다. 그날 나는 그녀에 대하여 이것저것 물었습니다.

그녀의 고향은 서울이고 부모님은 부산에서 큰 공장을 하고 있는 부잣집 둘째 딸이었습니다. 일류 고등학교를 나왔으며 A대학 가정과 4학년이었습니다. 나하고 비교하기엔 너무 어울리지 않는 훌륭한 가정의 딸이었습니다. 그녀는 내가 묻지 않는 사항에 대하여도 말했습니다. 자기와 사귀고 있는 남자도 역시 미국에 유학 중이라는 것과 서울에 도착하는 대로 가겠으니 공항으로 나오지 말고 그 다방에서 기다리라고 하여 나갔지만 바람을 맞았다는 것입니다.

두 번씩이나 바람맞은 그녀 앞에 나타난 나는 그녀의 허탈한 심사를 달래주기에 충분했던 것입니다. 그녀가 나를 좋아하게 된 것은 당연한 결과였는지도 모릅니다. 아무튼 우리는 그날 이후 하루도 거르지 않고 오후 5시에 그 다방에서 만났습니다. 봄이 가고 여름이 되었습니다. 사랑한다는 말만 하지 않았을 뿐 우리는 이미 사랑의 늪에 빠진 상태였습니다. 나는 날마다 그녀가 만족해 할 만큼 좋은 것을 사주었습니다. 그러기 위해서는 이틀에 한번쯤 오토바이를 끌고 달아나야 했습니다. 사랑하는 여자를 위하여 쓰는 돈을 만든다고 생각하면 그 생활도 즐거웠습니다. 그녀는 감쪽같이 속고 있었습니다. 낮에는 학교 강의가 있어서 못 만난다고 해놓고 돈 모으기에 바빴지요. 열심히 거두어 나는 어느 깨끗한 양옥 이층에 셋방 하나를 얻었습니다. 그리고 가구며 살림도구도 새로 장만했지요. 그녀를 초청하여 보여 주려는 것이었습니다.

6월 더위가 시작될 무렵 우리는 토요일 오후 고속버스를 타고 온양을 갔습니다. 거기서 각자가 목욕을 하고 저녁 식사를 멋지게 한후 댄스홀에 가서 신나게 놀았지요. 그러다가 서울 차를 놓쳐서 여관에 들게 되었습니다. 나는 점잖게 방 둘을 얻어 각각 잤습니다. 이튿날 아침 그녀는 굉장한 호감을 보였습니다. 신사답다는 거였지요. 나는 엉뚱한 말을 한 마디 해놓았습니다.

"참 좋은 친구였는데…… 전에 내가 바람맞던 날, 미국서 온다던 친구가 그만 비행장엘 가다가 교통사고로 죽었다는 겁니다. 그럴 수도 있습니까? 참 좋은 사람이었는데……"

그날 그녀는 내 말을 듣고 순간적이나마 어두운 그림자가 그녀의 눈가를 스치고 있었습니다. 우리는 서울로 올라왔고 세월은 흘러 한여름이 되었습니다. 뜨거운 해가 달아올라 사람들을 모두 해수욕장으로 끌어내었습니다. 그녀는 이제 기다렸던 사람을 완전히 잊은 듯 나와 만나는 것을 즐거워했습니다. 나는 언제나 귀동냥으로 들은 논어, 맹자 등등을 엮어가며 역학 이야기를 늘어놓았고 그녀는 무슨 얘기든 잘 듣고 즐거워했습니다.

돈을 펑펑 쓰는 이 수상한 인간의 비밀을 모르는 순진한 그녀는 그저 내가 부잣집 도령으로만 믿는 것이지요. 바캉스는 우리들을 해변가로 끌어냈습니다. 값비싼 텐트를 사고 간이침대며 취사도구와 음식을 준비해 가지고 바닷가로 갔습니다. 바닷가에서 4일 동안 먹고 마시고 잘 때도 한 텐트에서 잤지만 나는 바닥에 눕고 그녀는 침대에 재웠습니다. 그녀가 이상하게 느낄 정도로 우리는 순수하게 지냈습니다. 4일째 되던 마지막 날 밤이었습니다. 텐트 밖에는 파도만 밀려왔다 돌아가는 물소리뿐, 조용한 그런 밤이었습니다. 그녀가 나를 잡아당기며 가슴을 열었습니다.

"제게 비밀이 하나 있었어요. 우리가 떠나던 전날 미국에 있다는 남자 친구 소식이 왔었어요."

"그래요?"

"그 친구가 그만……"

그녀는 말끝을 흐렸습니다.

"그 친구가 어떻다는 거지요? 무슨 일이라도?"

"네, 교통사고가 났대요."

"그래요?"

"세상을 떠난 거 같아요."

"그 친구 이름이 뭐지요?"

"박……"

"박?"

"네, 박규철이라고……"

"박규철? 그럼 규철이가 죽었다구요?"

"죽었대요. 그런데 어떻게 아는 사이인가요?"

"알다마다요. 바로 그게 내가 기다렸다는 그 친구였는데요."

"네? 정말 그럴 수가 있을까요?"

"그런데 그 일을 왜 이제서야 알았지요?"

"친구들을 통하여 전해 오느라고 오래 걸린 거예요. 그때 친구 분이 교통 사고로 죽었다던 그 무렵이었으니까요."

"오! 그럴 수가, 그럴 수가."

그녀는 내가 가슴 아파 지껄이는 줄 천진스럽게 받아들이고 있지만 나는 내 거짓말이 신기하게 적중하여 무언가 일이 제대로 될 것만 같아서 즐거운 비명을 지르고 있는 중이었습니다. 남의 애인이 죽었다는데 내가 좋아하다니, 이놈의 속은 속속들이 도둑놈 맘뽀로 차 있는 것이었습니다. 나는 그날 밤 슬퍼하는 척하면서 속으로는 쾌재의 축배를 들었습니다. 그리고 술기운 속에 그녀의 입술을 가졌습니다.

그녀는 기다리고 있었던 듯 쉽게 그리고 뜨겁게 입술을 주었습니다. 하지만 그날 밤도 우리는 순결했습니다. 그녀를 위로하며 어쩌면 우리는 운명적으로 만난 것인지도 모른다고 속삭여 주었습니다.

그 후 그녀는 잃어버린 남자 친구 대신에 친구의 친구라는 나를 더욱 가깝게 그리고 뜨겁게 사랑해 왔습니다. 그리고 둘이는 약속을 했습니다. 간 사람은 이미 떠났으니 다시는 입에 올리지 말자고. 대신에 둘은 서로 잃어버린 친구에게 쏟은 사랑을 나누자고 했습니다.

이 후로는 더 이상 그 사나이의 이야기를 하지 않았습니다. 그녀 역시 나를 좋아하게 되어서인지 옛날을 까맣게 잊은 듯 나와의 사랑에만 푹 빠졌습니다. 나는 정당하지 못한 방법으로 주머니에 돈을 두둑이 넣었고 통장에도 백 만원 이상을 예금해 두었습니다. 언젠가는 그녀에게 보여주어 내가 막강한 부잣집 아들이라는 것을 과시하기 위해서였습니다. 그해 여름 우리는 인천에 있는 해수욕장을 갔습니다. 많은 사람들이 모래밭에 누드로 뒹굴며 태양욕을 즐기기도 하고 수영을 하기도 했습니다. 그녀는 내가 선물해 준 고급 선그라스를 끼고 분홍빛 수영복을 입고 있었습니다. 세상에서 가장 행복한 모습으로 모래사장을 둘이 달렸습니다. 그리고 다시 되돌아올 때 모 영화사의 감독이며 카메라맨이라는 사람이 접근해 왔습니다. 그녀의 아름다운 얼굴과 쭉 빠진 몸매가 예술적이라면서 영상소설 모델이 되든지 영화로 출연하든지 재고해 달라는 것이었습니다.

나는 딱 한 마디로 거절했습니다. 그녀도 거절했습니다. 그날 해변가에 있던 사람들은 누구 하나 그녀의 몸매에 눈길을 주지 않는 이가 없었습니다. 여자들까지도 저희끼리 소곤소곤 우리 쪽을 가리키며 눈길을 보냈습니다. 나는 그녀와 함께 수영복 차림으로 하루 종일 뒹굴고 뛰며 즐겁게 놀았습니다. 남들이 부러운 눈으로 바라볼 때 그것은 내 기쁨의 모두였습니다.

나도 그녀를 저만큼 가만히 서서 움직이지 말라고 해놓고 바라보

았습니다. 그녀의 우유 빛 피부와 백옥 빛듯 흘러 뻗은 전신의 곡선
은 살아 있는 예술작품이었습니다. 그녀가 먼바다를 바라보며 환하
게 웃을 때 그 아카시아 향이라도 나는 듯 벌린 입술은 너무 아름다
웠습니다. 그 아름다운 여자가 나의 것이 되어 간다고 생각할 때 내
가슴은 기쁨으로 터질 것만 같았습니다.

그날 해가 기울고 어둠이 바다를 서서히 잠식하고 있을 때 나는
그녀의 흩날리는 머리채를 팔 안에 받아 안고 눈감은 하얀 얼굴을 들
여다보았습니다. 그녀는 나의 입술을 기다리고 있었습니다. 바다의
파도가 밀려왔다 돌아갈 때 모래밭을 핥는 그 진한 아쉬움을 꼭 문
채 긴 시간 우리의 뜨거운 키스는 그치지 않았습니다. 희미하게 잠깐
떴다 지는 눈썹 같은 초승달을 바다가 삼킨 뒤에 우리는 한없는 즐거
움을 밟고 돌아왔습니다.

그녀는 입술의 선물을 서슴없이 했고 하루도 만나지 않고는 못 견
디겠다며 내가 사는 집에도 가보고 싶다고 했습니다. 혼자서 자취를
한다고 해놓았기 때문에 그녀는 내 생활이 궁금했던 것입니다. 나는
그녀의 청에 못 이기는 척하고 말했습니다.

"내가 지금 살고 있는 곳은 허름하고 너절해서 보여주기 싫어. 있
는 것이라곤 책과 헌 옷가지뿐이니까. 우리의 밀회를 위해 좋은 곳을
하나 마련해 놓을게. 기다려, 일주일 뒤에는 영주와 내가 단둘이만
숨을 수 있는 비둘기 집을 준비할 테니까."

하고 말했습니다. 그녀는 놀란 듯 "그렇게 돈이 있어요?" 했습니
다. 나는 이미 각본을 짜놓고 그녀를 함정으로 끌고 가는 중이었으나
그녀는 아무 것도 모른 채 끌려오고 있었습니다.

"영주, 우리를 위한 사랑의 비둘기 집을 마련하고 결혼할 때까지
거기서 즐기자. 그러다가 어른들께 승낙 받고 결혼식을 하고. 응?"
"좋아요. 홍일 씨만 좋으시다면 무슨 일이든지 좋아요."
이렇게 되어 우리는 결혼을 약속했고 사랑의 보금자리를 갖게 되

었습니다. 나는 책이라곤 없습니다. 그녀는 내가 사는 집이 보고 싶
다고 했지만 왔다가 책 한 권 없는 것을 안다면 어찌되겠습니까. 나
는 부천에 있는 초라한 집에 살면서 그녀에겐 혼자 지낸다고 했기 때
문에 가짜 대학생이라는 것이 탄로날까 두려워 새 집을 정하자고 했
던 것입니다.

순진한 그녀는 내 말을 무조건 믿었습니다. 마침내 우리는 내가
얻어둔 이층집 깨끗한 방에서 비밀 살림을 차렸습니다. 그리고 밤마
다 만났습니다. 나는 그녀와 함 방에서 잤지만 달콤한 입술만 즐겼을
뿐 그녀의 깊은 곳은 소중히 아끼고 있었습니다. 바로 그 점 때문에
그녀의 애정은 더 깊었고 가뭄에 비를 기다리는 논바닥처럼 활짝 열
려 있었습니다.

그녀는 내가 정상적인 사람인가 궁금했던 모양입니다. 어느 날 밤
내가 잠든 사이에 확인하는 것을 알았습니다. 그리고부터 그녀는 애
를 태우며 나의 욕망에 불을 붙이려 몸부림을 쳤습니다. 사실 나는
그녀의 타는 속보다 더 뜨겁고 폭 넓게 타고 있었습니다. 그러나 느
긋하게 견디며 그녀를 온전히 정신적으로 내 아내로 만드는 계획을
진행했습니다. 나는 깊은 사랑에 빠졌고 그녀를 위해서 돈을 더 많이
모아야 했습니다. 내가 그럴수록 오토바이는 많은 주인을 잃고 내 주
머니 속으로 들어왔습니다.

그녀와 나는 밤마다 순 나체로 뒹굴며 사랑의 늪에 빠져 입술로
영혼을 불태웠습니다. 그녀는 밤마다 몸살이었습니다. 낮에는 그렇
게 얌전하게 보이는 그 깔끔한 여자가 밤을 넘기는 몸부림은 성난 동
물 같았습니다. 나는 누드로 애무하며 금욕하는 그 깊은 욕망의 늪에
언제나 머물고 싶었습니다.

가을이 가까운 달 밝은 밤이었습니다. 그녀와 나는 긴 목마름의
터널을 지나 깊고 뜨겁고 황홀한 육체의 결합을 이루었습니다. 나는
창녀굴에서 별 짓을 다해 가며 살아온 야생 동물입니다. 그렇기 때문

에 그녀를 그토록 사랑의 문을 끈질기게 닫아 놓고 마음 태워 줄 수 있었던 것입니다. 그녀는 첫 경험이었고 그 첫 경험이 노련한 나의 테크닉에 천 갈래 만 갈래로 찢어져 불길로 타는 절정의 도가니에 빠져 버둥거렸습니다. 역시 나도 애정 없는 살을 섞던 창녀와의 밤에서는 도저히 맛볼 수 없는 극한 황홀감에 빠졌습니다. 우리는 24시간 행복했습니다. 밤도 낮도 없이 안고 뒹굴었고 그 다음엔 밤거리로 어디로든 즐길 수 있는 곳에서 행복을 만끽했습니다. 나는 낮에는 오토바이를 훔쳐 타고 나갔다가 오후엔 태연하게 돈을 세면서 귀가했고 그녀는 요부가 되어 밤을 기다리는 승냥이로 변했습니다. 그녀는 내가 낮에 무슨 짓을 하다가 돌아오는지를 전혀 깨닫지 못했습니다. 학교에 갔다가 강의가 끝나면 도서관 등에서 공부를 하고 오는 줄로만 알았던 것입니다.

돈은 고향에서 무한정 쓰는 대로 부쳐주는 줄 알고 그녀는 돈 아까운 줄 모르고 썼습니다. 그녀는 학교에 언제 갔다가 언제 오는지 알 수 없지만 요새는 학교도 제대로 나가지 않는 게 아닌가 의심한 적이 있지만 그것에 대하여 말하지 않았습니다. 솔직한 내 심정은 그녀가 학교를 중단하고 집에서 살림만 잘 해주는 여자이기를 바랐습니다. 그렇지 않아도 학벌과 실력으로 내가 뚝 떨어져서 이따금 자격지심으로 고민스런 일이 있었지만 나는 그것쯤하고 넘겼습니다.

내 배짱은 그 정도에 당혹해 하거나 껄끄러워할 정도로 허약한 것이 아니었습니다. 도둑놈 배짱이 바로 그것이 아닌가 생각합니다. 숨기는 데까지 숨기고 들통나면 뛰고, 잡히면 여여들어 가는 것이 내 운명이니까요. 아무튼 우리는 꿈속을 헤매는 듯한 달콤한 애정 속에서 1년을 보냈습니다. 그 동안 그녀의 뱃속에는 우리 사랑의 씨가 잉태되었습니다. 배가 나오기 전에 대책을 세운다며 그녀는 휴학 신청을 했습니다. 나는 그녀의 배가 나올수록 행복했습니다. 이제 이 여자가 내 자식을 하나 낳아놓기만 하면 그 순간부터는 나의 완전한 아내가 될 것이기 때문입니다. 아기를 가지면 그녀의 미모에 반한 사람들이 다 떠나갈 것이 즐거웠습니다. 그녀는 부잣집 딸이고 좋은 학교에 다니기 때문에 기업체를 가진 사람들이 며느리 삼자가 수없이 청혼해 왔습니다. 그때마다 그녀는 우리의 관계를 비밀로 해놓고 이 핑계 저 핑계로 부모님 청을 물리쳤습니다. 그러던 중에 임신을 하게 되자 부모님께 거짓말을 하고 친구네 집에서 학교에 다니기로 했다고 하고 살림을 완전히 내게로 옮겼습니다.

우리는 육체적으로 정신적으로 하나가 되었으며 살림도구까지도 하나가 되었습니다. 그녀의 임신 기간은 쉽게 지나갔고 그녀는 귀여운 아들을 낳았습니다. 아기 엄마가 된 그녀는 친정 어머니에게만 비밀리에 우리의 사정을 고백했습니다. 그 사실을 안 어머니는 그날 밤으로 서울에 와 우리를 찾았습니다.

나는 꿈꾸는 생활을 하다가 그녀 어머니를 만나는 순간 현실로 돌아온 것입니다. 내 모습이 너무 초라하게 느껴졌습니다. 무직자, 무식자, 도둑놈이 귀한 집 딸을 속였고 품위 있고 점잖은 어른들을 속이고 거짓말 행복의 집을 꾸미고 있다는 자책감을 떨쳐버릴 수 없었습니다. 그녀의 어머니는 품위 있고 교양 있는 분이었으며 딸을 깊이 이해하고 사랑하는 분이었습니다. 껍데기가 멀쩡하게 생긴 나를 미워하기보다 대견하게 바라보시며 간단하고 조리 있게 몇 마디 물어보시고는 더 깊이 캐묻지 않았습니다. 진심으로 존경스런 분이었습니다.

두 모녀는 나 모르게 무슨 이야기인지 나누었고 부산으로 가셨습니다. 나는 그날부터 양심의 가책을 받았습니다. 도둑질을 하고 싶은 생각이 달아났습니다. 점잖은 집안의 딸을 농락해 놓고 도둑질로 밥을 먹이다니 어찌 괴롭지 않겠습니까. 도둑놈도 때가 되면 철이 드나 봅니다. 날마다 귀엽게 자라나는 아기가 나를 보고 세상을 정정당당히 사세요 하는 것 같고 도둑놈 아빠 싫어요 하고 말하는 것만 같

있습니다. 나는 그녀 모르게 고민하기 시작했습니다.

낮이면 오토바이를 노리는 사냥개가 되고 싶지 않았습니다. 어딘가 가서 당당히 일하고 싶었습니다. 그래서 이력서를 써 가지고 이 공장 저 공장 헤매도 보았습니다. 그러나 어디를 가든 전과자라는 것을 알고 채용을 거절했습니다. 어디를 가든 주민등록 등본이 필요했고 거기엔 내 더러운 과거가 적혀 있었습니다. 한번 올라간 그 몇 자가 내 일생 어디를 가도 붙어 다니며 거머리처럼 나를 괴롭힐 것을 생각하면 차라리 죽어버리고 싶었습니다. 그러나 어디든 들어가 밥벌이 할 곳을 찾지 않으면 안되었습니다. 사랑하는 여자와 자식을 가진 내가 도둑질만 일삼는다는 것은 한심한 일입니다. 나 혼자 떠돌며 방황한다면 죽을 때까지 도둑질을 하든 내 좋은 대로 살겠는데 그녀의 청순한 모습과 아기의 순진한 눈동자를 볼 때마다 강심장으로 자부한 나도 눈앞이 캄캄했습니다.

취직을 하려고 헤맸지만 취직은 도저히 불가능했습니다. 노동판에 가서 일을 하려 했지만 그 수입으로는 지금까지 누려온 풍족한 생활을 할 수가 없었습니다. 속도 모르는 그녀는 내가 학교를 나오면 큰 회사에 유능한 직원으로 입사할 것이라고 큰 기대를 하고 있었고 그 어머니에게도 나를 장래가 촉망되는 인물이라고 소개했습니다.

아기는 날로 커 가고 그녀는 더욱 나를 사랑했습니다. 세상을 잊고 그녀 품에 안겨 있으면 그 이상 행복할 수가 없었습니다. 그러나 전과자라는 자신의 비밀을 혼자 씹고 있는 나는 날이 갈수록 불안했습니다. 어떤 때는 그녀에게 나의 모든 것을 탁 털어놓고 사과를 할까 생각도 했습니다. 그러나 그것은 죽으면 그냥 죽었지 도저히 할 수 없는 노릇이었습니다.

나는 갈등 속에 살면서도 돈은 계속 필요했습니다. 당당한 방법으로는 단 십 원도 벌 능력이 없었습니다. 그래서 도둑질을 손에서 떠나 보낼 수가 없었습니다. 적당히 돈이 필요한 만큼씩은 오토바이를 끌어다 팔았습니다. 도둑에게는 양심이라는 것이 가슴에 남아 있으면 안됩니다. 그러나 그 양심이 내게는 없는 줄 알았는데 사랑하는 여자와 귀여운 아들을 갖고부터는 양심이 가슴을 할퀴고 있습니다. 나는 그것을 이기기 위하여 술을 마셨습니다. 옛날에는 폭주는 하지 않았으나 어느새 나는 술에 이성을 잃을 만큼 마셨습니다. 그래도 가슴속은 답답하기만 했습니다.

이런 정신적 고뇌에 시달리고 있을 때 그녀는 내게 더 없이 따뜻하고 친절했습니다. 고민이 있으면 함께 나누자고 했고, 함께 교회에 가서 하나님께 기도하고 신앙생활을 하자고 했습니다.

교회! 거기가 어딘데 이 도둑놈이 갈 수 있단 말입니까. 그녀는 내 속도 모르고 아픈 가슴에다 교회라는 말뚝까지 박았습니다. 나는 한 마디로 거절했습니다.

"교회는 안가겠어. 거긴 밤낮 할 일 없는 사람들이나 가는 곳이지 우리 같은 사람들은 갈 필요가 없어요. 하나님이 어디 있소. 하나님이 밥 먹여 주는 것 보았소? 하나님이 있다고 믿는 것은 어리석은 짓거리지. 하나님이 한번만 내게 모습을 보여 준다면 믿을까 그렇지 않으면 믿을 수 없소."

그녀는 내게 하나님 믿기를 몇 번 권하다가 그만 두었습니다. 여전히 돈을 잘 가져다주었고 옛날에 예금해 둔 통장도 그녀의 손에 있으며 쓰다 남은 돈을 더 많이 저축하고 있었습니다. 그녀는 이따금 우리 집에도 가자고 했고 부모님께 인사도 드리자고 했습니다. 그러나 그때마다 집에 가면 아버지와 사업 관계로 언약이 다 되어 있는 여자한테 장가를 들어야 하기 때문에 갈 수 없다고 핑계를 댔습니다.

언젠가는 기회를 보아 전격적으로 결혼 발표를 하고 결혼식을 올릴 것이라고 했습니다. 순진한 그녀는 자기 사정과 똑같다고 웃으며 내 말을 받아들였습니다. 아들이 백일이 되었습니다. 그녀와 나는 외부와의 체면과 비밀이라는 구실로 아무에게도 알리지 않고 백일

기념 사진을 찍고 비싼 호텔 식당에서 식사를 하고 호텔에서 밤을 보냈습니다. 서울이 한눈에 내려다보이는 호텔 창가에서 우리는 밤이 깊도록 미래의 설계를 했습니다. 그녀는 내 어깨에 볼을 올려놓고 속삭였습니다.

"여보, 난 행복해요. 저 반짝반짝 빛나는 넓은 서울을 다 준대도 당신하고는 바꿀 수 없어요. 당신은 멋져요. 이 다음에 우리 결혼식도 이 호텔 스페셜 룸에서 해요. 우리 아빠 좋으신 분이에요. 우리 결혼식 여기서 한다면 부산에서 오는 사람만으로도 이 호텔이 꽉 찰 거예요. 당신 부모님도 많은 분들이 와서 축하해 줄 것 아니어요. 나는 우리의 결혼식이 끝나면 저기 숲이 우거진 산밑에 커다란 집을 선물로 사달라고 할 거예요. 아빠는 내 말을 들어줄 것이고요. 정원도 넓은 집으로 살 거예요. 마당에는 작은 못을 만들고 고기를 키우고 그 옆에는 수영장을 만들어서 여름이면 동수(아들)와 수영도 할 거예요. 돈이면 다 되는 게 아녀요? 그렇지요? 마음은 돈으로 살 수 없지만 큰집과 뜰과 수영장, 정구장이 있는 집은 돈만 있으면 얼마든지 사는 거예요. 나는 당신같이 좋은 사람이 곁에 있으니 나머지 문제들은 아빠한테 돈으로 해달라고 할 거예요. 생각해 봐요. 얼마나 멋진 우리들의 스위트 홈이 만들어지겠어요. 우리 아빠가 하려고 들면 이 호텔을 살 수도 있어요. 놀랍지요?"

"……"

"거짓말 같아요? 정말이에요. 서울에는 나 혼자 동생들과 가정부와 이모님이 살고 있지만 우리 집도 좋아요. 부산에 부모님이 내려가서 사시는 집도 좋고요. 당신은 이 다음에 다 돌아보고 놀라실 거예요. 그러나 그 집들보다 나는 당신이 더 좋아요. 그러니까 내가 비둘기 집 같은 작은 방에서 살아도 불만이 없는 거라고요. 어쩌면 내년 봄쯤에는 아버지의 승낙을 받고 우리가 서울 집으로 이사를 하도록 하라는 엄마의 말을 듣게 될지도 몰라요."

나는 이 여자가 하는 말이 다 거짓이었으면 하고 생각했습니다. 그녀의 말대로라면 얼마나 멋지고 부러운 일이겠습니까. 그러나 나는 이미 그런 환경에 살 만한 자격도 없고 내 사정이 거기에 맞지도 않았습니다. 사랑한다는 이유와 예쁜 여자였다는 이유 하나로 막연히 접근하여 아내가 되어 있는 이 여자를 어떻게 합니까. 나는 그녀의 하는 모든 것이 예쁘고 귀여워 견딜 수가 없었습니다. 나는 한 달에 오토바이를 열 대 이상타고 달아났습니다. 그리고 백 만원 이상 돈을 만들어 그녀 앞에 놓았습니다. 그녀는 그런 내가 부모님의 사랑과 신뢰를 받아 꼬박꼬박 돈을 받고 있는 줄 믿고 의지했습니다.

가을도 깊어 가는 어느 날이었습니다. 밖에서 돌아오니 그녀가 걱정스런 모습으로 나를 맞았습니다. 나는 불길한 예감이 들었습니다. 그러나 태연하게 그녀의 뺨에 입을 맞추었습니다. 그녀는 밤이 깊도록 말이 없다가 입을 열었습니다.

"혹시 이 집에 한홍규라는 사람이 있나요?"

나는 가슴이 쾅하고 내려앉았습니다. 한홍규란 이름이 그녀 입에서 나오다니! 그 이름은 이놈의 진짜 이름이기 때문입니다. 한홍규란 이름은 나와 영원히 떨어져 나갔으면 하는 내 저주의 이름이었습니다. 그녀가 내 이름을 댔다는 사실은 심각한 문제가 다가오는 조짐입니다. 그러나 나는 태연하게 대답했습니다.

"한홍규? 많이 들어본 것도 같은데…… 잘 생각이 나지 않는군."

"혹시 친구 중에 그런 사람이 없었나요?"

"잘 기억이 나지 않아. 무슨 일인데 그런 사람을 찾지?"

"아무 것도 아니에요. 나는 괜히 불길한 생각이 들어서 그랬어요. 어떤 사람이 낮에 찾아와서 이 집에 그런 사람이 없느냐고 묻기에 모른다고 했어요. 그랬더니 그냥 가던데요."

"응, 아무 일도 아닐 거야. 상관없는 일 가지고 마음쓰지 말라고. 자, 오늘 밤 당신의 기분을 위해서 한잔!"

　우리는 맥주를 놓고 마시며 조금 전의 일은 싹 잊었습니다. 그녀는 안도되는 듯 전처럼 밝고 아름답게 그 밤을 즐겼습니다. 나도 다른 날 밤보다 특수한 방법으로 그녀를 행복하게 해주었습니다. 그 후 며칠이 지나도록 내 가슴팍은 못에 찔린 도마뱀처럼 고민의 늪에서 벗어나지 못했습니다. 어느 놈이 냄새를 맡은 게 틀림없었습니다. 나는 밖에서 들어올 때마다 가슴을 죄었습니다. 누가 덥석 잡지나 않나, 그녀의 표정에 구름이 끼지나 않나……

　그녀가 웃는 얼굴로 맞을 때마다 나는 한숨을 토하곤 했습니다. 산다는 것이 가시방석 같았습니다. 나는 태연하게 웃으며 술도 마시고 그녀의 육체를 마음껏 애무해 주었습니다. 그러나 마음은 문 밖을 방황했습니다. 아래층 주인이 문을 열고 들어오는 소리만 들려도 한 줄기 불안의 칼이 가슴을 저미고 맴돌았습니다. 그녀를 품고 누워 번민했습니다.

　'이대로 달아나서 아무의 눈에도 띄지 않게 할까? 아니다, 슬퍼하는 영주의 모습은 생각하기도 싫다.…… 내 과거를 다 털어놓고 용서를 빌까?…… 안될 말, 그녀의 실망이 얼마나 크며 이런 나를 용서할 리가 없어……'

　나는 똑같은 생각들로 밤을 보냈습니다. 그러는 동안 오토바이 도둑질도 되지 않았습니다. 길에 나서면 누군가 뒤를 바짝 따라와 목을 감아 챌 것만 같은 불안감이 들었습니다. 그래서 가다가도 서서 주위를 살피고 또 가다가 살핍니다. 나는 어느새 약해빠진 인간이 되어 당당하지도 못하고 담대한 도둑도 아닌 겁쟁이가 되어 있었습니다. 그래서 밥맛도 없었습니다. 나가기가 싫어서 방구석에 처박혀 있는 날도 있었습니다. 아무도 모르게 죽어버렸으면 하고 생각하다가 밖으로 나가 집 주위를 살피다가 돌아오곤 했지만 그녀는 전혀 눈치 채지 못하는 것 같았습니다.

　하루는 그녀가 시장에 가고 없을 때 나 혼자 있는데 밖에서 누가 노크를 하며 누구 있느냐고 찾았습니다. 나는 올 것이 왔구나 싶어 질린 채 문을 열어주지 못하고 주저했습니다. 누군지 온 사람은 쉽게 돌아가지 않고 계속 문을 두드리며 찾았습니다. 나는 끝내 대답을 못 하고 웅크리고 있었고 찾던 사람은 10여 분이나 밖에서 서성거리다 갔습니다. 나는 그가 떠난 것을 확인하고서야 마음을 놓았지만 불안한 마음은 계속 암이 자라듯 마음을 괴롭혔습니다. 잠시 후 그녀가 돌아왔습니다.

"뭘 하고 계셨어요. 나 없는 동안 손님이 왔다 갔나 보던데요."

"응, 잤어."

"좋은 소식이 왔어요. 아까 우체부가 와서 문을 두드려도 열어주지 않아서 그 속달 등기우편물을 아래층 주인한테 맡기고 갔어요."

"무슨 소식이기에."

"엄마가요, 자요, 여기 보세요, 당신이 읽어봐요."

그 편지 내용은 이랬습니다.

〈사랑하는 영주 보아라.

네 비밀이 나에겐 큰 걱정거리였단다. 외손자까지 보고 엘리트 사위까지 본 너를 두고 내려온 뒤 밤잠을 못 잤지. 그간 이리저리 궁리 끝에 너의 아버지께 모든 것을 고백했다. 어차피 알 일이 아니냐? 그래서 다 털어놓았다. 너의 아버지가 너를 얼마나 사랑하는지 알지? 그렇잖아도 보고 싶은데 왜 한번도 오지 않느냐며 궁금해 하셨는데 그런 경사가 있었느냐고 기뻐하시며 사윗감을 빨리 보고 싶으시다는구나. 손자도 보고 싶다시며 더 이상 우리 비밀이 남에게 알려지기 전에 식을 올리도록 하자시는구나. 어떠냐? 나는 이제 날아갈 듯한 기분이다. 돌아오는 일요일에 아버지 차로 서울에 가기로 했다. 너희 남편 감과 집 비우지 말고 기다려주기 바란다. 자세한 이야기는 만나서 하자〉

영주는 기뻐서 어쩔 줄을 몰라했습니다. 이제부터 그녀는 행복의 보금자리에 축복 받으며 날개를 펴고 싶어진 것입니다. 그러나 나는 그 편지를 읽고 난 뒤로는 전신의 맥이 쏙 빠져나갔고 가슴이 텅 비었습니다. 성대한 결혼식을 올리고 귀빈 앞에 하얀 드레스에 면사포를 쓰고 부모님과 축하객의 박수 소리를 기다리며 가슴이 부풀어 가는 그녀와는 정반대 상황이었습니다. 나는 차라리 이것이 꿈이었으면 싶었고, 꿈이면 깨어나고 싶었습니다. 그러나 꿈이 아니었습니다. 그녀의 부모님이 오신다는 일요일이 성큼성큼 다가오고 있었습니다. 나에게는 빨리 오는 일요일이 그녀에게는 늦게 느껴지는 듯 낮이면 밤이 빨리 오기를 기다리고 밤이면 낮이 빨리 오기를 기다리며 재롱이 늘어가는 동수를 들여다보고 즐거워했습니다.

나는 밤에 차가 문 밖에 삐익 하고 서는 소리만 들어도 가슴이 털썩 주저앉았습니다. 문소리도 듣기 싫었습니다. 옆집 사람이 밤늦게 귀가하여 대문을 쾅쾅 두드리면 나는 형사가 아닌가 하여 잠이 번쩍 깨었고 아침이 되도록 잠을 이루지 못했습니다.

분명히 행복이 오고 있고 내가 원하던 행복이 주먹 안에 잡혀 있는데 나는 그것이 두려웠습니다. 그녀의 아버지가 오시기 전에 달아나 버릴까도 생각했지만 티 없이 마음씨 고운 그녀를 두고 달아날 수는 없었습니다.

경찰이 잡으러 오기 전에 피신하는 것이 그녀를 위하는 길이 아니냐 하는 생각으로 고민도 했습니다. 내가 여기 있는 것을 누군가는 알고 있는 것이 분명합니다. 그러나 그 자가 시간을 끌며 나를 완벽하게 체포할 수 있는 기회를 노리고 있는 것입니다.

나는 누군가에게 감시당하고 있으며 순간순간 목을 죄고 있다는 사실 앞에 도주도 못한 채 그녀 마음을 다칠까봐 고민했습니다. 그 두려운 일요일이 왔습니다. 그녀는 음식도 장만하고 미장원도 다녀왔습니다. 나에게도 목욕이며 이발을 하고 오라고 했지만 밖에 나서기가 싫어서 나가지 않았습니다.

낮 열 두 시, 문을 두드리는 소리가 났습니다. 그 소리가 내 귀에는 형사대의 돌입처럼 들렸습니다. 그러나 그것은 그녀의 부모님이 오시는 소리였습니다.

이층 우리들의 방으로 오시는 두 분 어른을 맞으며 나는 내 모습이 얼마나 추하고 초라한가를 느꼈습니다. 두 어른은 내가 장인 장모라고 부르기에는 너무 어울리지 않는 품위 있는 분들이었습니다. 그러나 어쩝니까. 태연하게 두 분을 모셔 놓고 큰절을 드렸지요.

큰 회사 사장이신 아버지는 과묵하게 그러면서도 인자한 모습으로 나를 보셨습니다. 어머니는 좋아서 환히 웃으시며 우리를 보았고, 그녀는 아버지 앞에 얌전하게 큰절을 올리었습니다. 아버지는 조금도 나무라는 기색 없이 사랑이 가득한 눈으로 딸을 바라보았습니다. 내 꼴이 좀 초라하게 느껴졌던지 그녀는 아버지에게

"이 사람은 늘 이렇게 수수한 차림으로 살아요."

"요새 사람 다 그렇지 않느냐. 소박한 차림은 좋은 것이다."

그 날 그녀는 부모님을 만난 기쁨에 어린애가 된 듯 즐거워했습니다. 그러나 나는 이 행복한 순간에 경찰이 나타나서 나를 엮어 가면 어떻게 되겠나 하여 긴장해 있었습니다. 경찰이 올 때 오더라도 오늘만은 참아다오 하고 빌었습니다. 두 어른들은 딸과 여러 가지 의논을 하고 떠나셨습니다. 나는 주눅이 들었지만 태연하게 그녀 앞에 버티었습니다. 그녀는 자기의 즐거움에 빠져 내 사정은 모르고 있었고 그것이 나를 편하게 해주었습니다.

그 날 밤 그녀는 늦도록 뒹굴다가 나직이 말했습니다.

"여보, 우리 결혼식 10월 15일에 시킨대요. 그 안에 엄마 아빠가 당신 부모님 한번 만나고 싶대요. 두 달 조금 더 남았어요. 어때요?"

"그렇게 빨리? 생각 좀 해 보고……"

나는 당황했습니다. 우리 부모님을 그녀의 부모님과 만나게 한다면 내가 저지른 거짓말이 드러날 것이기 때문입니다. 그리고 우리 부

모님은 그녀의 부모님처럼 큰 회사 사장도 아니고 그렇게 풍모를 지닌 부모님도 아닙니다. 우리 부모님은 그들과 비교할 수 없는 처지입니다. 내가 그녀와 비교한다면 말이 안 되듯이 부모님끼리의 비교도 그렇습니다. 사실 우리 집은 말할 수 없이 가난합니다. 부천 산모퉁이에 대지 50평에 허름한 기와집 하나가 우리 재산의 전부입니다. 어머니는 근처 야채 밭에서 일을 해주고 저녁나절이면 배추나 무, 상추 등 야채를 받아다 시장에서 파는 일을 하십니다. 농사일을 하는 것인지 장사를 하는 것인지 구분도 안 되지요. 아버지는 노동판을 찾아다니며 일하시고 저녁이면 몇 푼 받은 것을 다 술로 마시고 빈털터리로 돌아오시는 날이 더 많습니다.

그래서 부모님께서는 한 달에 보름은 싸움질을 하십니다. 어머니가 가까스로 구한 돈으로 밥 짓고 국 끓여 놓으면 아버지는 투정을 하셨지요. 그때마다 돈도 못 벌어 오면서 무슨 낯으로 밥투정이냐며 밥상머리에서 싸움은 시작됩니다. 그런 날이면 나는 말없이 물러나 뒷산 나무 아래 가서 울기도 하고 몸부림도 쳤습니다.

나는 부모님이 싸우는 모습이 너무도 싫고 부끄러웠습니다. 그런 환경에서 자란 나이기 때문에 가슴속에는 돈에 대한 한과 부모님에 대한 불만으로 꽉 차서 늘 불량 소년으로 살았습니다. 세상이 다 행복해 보이는데 오직 우리 부모님만은 불행하게 살아가는 것입니다.

평생을 구질구질한 직업에 눌리고 밤마다 찡그리고 싸우는 부모님은 남에게 우리 부모님은 이런 분이시다 하고 자랑할 만큼 품위를 갖추지 못했습니다. 나는 어린 동생들과 같이 공부도 제대로 못했고 늘 우울하게 컸습니다.

그러나 다행이 동생들은 지금 공장에서 건실하게 기술자로 바르게 살고 있습니다. 지금 우리 집 사정은 전보다 좋아졌습니다. 동생들이 벌어들이기 때문에 어머니도 허리를 펴시게 되었지만 내가 문제입니다.

　오토바이 도둑질이 잘하는 것이라고는 생각되지 않습니다. 그러나 전과자라는 딱지가 붙고부터는 살아갈 길이 막혔습니다. 어디를 가나 주민등록 등본을 요구했고 그 다음은 집으로 가 보라는 멸시뿐이었습니다. 나는 불행한 생활에서 더 이상 벗어날 수 없다고 생각했습니다. 그러다가 영주라는 여자를 만나 비로소 삶이 무엇이며 행복이 어떤 것이고 정상적인 생활이 어떤 것인가를 알게 된 것입니다.

　나는 그 짓에서 손떼고 건실하게 살고 싶었습니다. 사랑하는 여자와 귀여운 아들을 위해서라도 건실하게 살고자 발버둥쳤지만 어디서나 전과자의 길엔 빨간 줄이 가로막혀 있었습니다.

　그 후 우리는 평범한 생활로 반달 이상을 보냈고 우리의 정은 더욱 깊어만 갔습니다. 그러나 양쪽 부모님을 언제 만나게 할까를 묻는 그녀의 말에는 가슴이 막혔습니다. 나는 모든 것을 고백할 결심을 했습니다. 그녀는 모든 것을 이해하고 용서할 것만 같은 느낌이 들기도 했습니다. 그렇지만 그 말을 쉽게 할 수는 없었습니다.

　며칠을 두고 무슨 말로 어떻게 시작하여 그녀 앞에 나의 모든 비밀을 말할까 궁리했습니다. 어차피 일은 벌어진 것입니다. 결혼식까지 올리자는데 무엇을 어떻게 숨기겠습니까. 하루는 술을 마시고 그녀 앞에 자연스럽게 다가앉으며 입을 열었습니다.

　"영주, 나 고백할 게 있어."

　"당신 왜 이래요? 고백할 게 따로 있어요?"

　"있어. 아주 심각한 비밀이야. 영주가 알면 크게 놀랄……"

　"저는 놀라지 않아요. 우리 사이에 비밀이 무슨 비밀이 있겠어요. 당신 옛날 애인 얘기?"

　"아니."

　"그럼……?"

　"영주는 상상도 못해. 내 개인의 문제니까."

　"말해 봐요. 하지만 꼭 알아야 할 일이 아니면 그냥 넘어 가구요."

"아냐, 말하지 않을 수 없는 비밀이야."

"겁이 나는데요?"

그녀는 생긋이 웃었습니다. 그 얼굴이 너무도 천진해 보여 마치 천사 같았습니다. 그런 여자 앞에 비밀을 털어놓으려 입이 열리지 않았습니다. 그러나 마음을 굳히고 말하지 않으면 안 되었습니다.

"영주, 말하기 어려운 비밀이 있어. 다 말해도 용서할 수 있을까?"

"용서할 수 있어요."

"나는 나쁜 사람이었어. 그렇지만 어차피 알 건 알아야 하니까."

그녀는 내 굳어진 표정에서 불안한 느낌이 든 듯 어두운 표정으로 바뀌었습니다.

"영주, 나는 영주를 속이고 있었어. 우리는 큰 부자가 아니야."

"……"

"부잣집 아들이라고 한 것부터가 거짓말이었어……"

"그게 비밀이에요?"

"비밀이 아니면."

"꼭 부자여야 한다는 법이 어디 있어요. 당신 집이 큰 부자가 아니래도 좋아요. 그저 살만하면 되지요. 우리한테 뭐 그리 큰돈이 필요해요. 필요하면 그건 제가 해결할 수 있어요. 그런 염려는 하지 않아도 돼요."

나는 기가 막혔습니다. 그녀가 너무 쉽게 이해하여 주었기 때문입니다. 큰 부잣집 딸이라 그런지 돈 문제에 대하여는 아무 걱정도 하지 않았습니다. 그녀는 나를 더욱 놀라게 해주었습니다.

"당신 내 통장에 돈이 얼마나 있는지 알아요?"

"얼마? 백 만원?"

"아니……"

"그보다 더?"

"더"

"더라니 어디서 그보다 더 많은 돈이 생겼지?"

"당신이 가져다 준 돈이 얼만데…… 우리 생활비에 쓰고 남은 돈을 저축한 것이 오 백 만원이고요, 엄마가 지난번에 가시면서 내 통장을 보시더니 알뜰하기도 하다 하시고 상금으로 내 통장 액수와 똑같이 주시겠다며 오 백 만원을 더 주셨어요. 천만 원이에요."

"천만 원?"

나는 놀랐습니다. 내가 어느새 쓰고도 남을 만큼 도둑질을 그렇게 많이 했을까? 그리고 더욱 놀란 것은 그녀의 알뜰한 마음입니다. 겉으로 보기에는 사치나 하고 화려하며 낭비가 심할 것 같은 그녀가 상상외로 알뜰하다는 점이었습니다.

그 날 밤은 그것으로 끝났습니다. 내가 어떤 처지에 있든지 부모가 어려운 집안이라 해도 문제시하지 않는 그녀의 마음을 안 것으로 족했습니다. 며칠이 더 지났지만 나는 고백해야 할 중요한 것이 더 남아 있어서 견딜 수가 없었습니다. 나는 가짜 S대 재학중이라고 했기 때문입니다. 학벌이라곤 초등학교밖에 못 다닌 건달이 대졸이라고 속였노라 말하면 그녀는 어떤 표정이 되겠습니까. 생각만 해도 아찔합니다. 겨우 초등학교 졸업생이 나를 속이고……! 하고 화를 내며 무시하고 놀랄 그녀를 생각해 보았습니다. 아이 분해! 분해! 나를 속이고……! 하며 눈을 크게 뜨고 바라볼 그녀. 그래서 며칠을 더 망설이다가 어느 날 입을 열었습니다.

"영주, 나 또 비밀이 있어."

"또요?"

"내 비밀을 다 말하지 않고는 도저히 편히 살 수가 없어. 영주를 사랑하기 때문이야. 적당히 살다가 헤어져 버리고 싶다면 끝까지 비밀을 숨긴 채 살고 싶지만……"

"다 말해 봐요. 무엇이든지 이해할 수만 있으면 이해하겠어요."

"나 말이야……"

"나 S대 재학생도 아니고…… 학벌이 보잘것없는 사람이야."

"당신은 나를 속였지만 솔직히 말해 줘서 고마워요. 나는 얼마 전 당신이 학벌을 속이고 있다는 것을 알았어요. 하지만 학벌이 그리 대단한 것은 아니잖아요. 성실하면 돼요. 당신 입으로 솔직한 고백을 하여 주셔서 좋아요. 저는 당신이 학벌보다 성실한 사람으로 사는 것이 더 소중하다는 것을 느끼고 있어요. 학벌이 부부 생활하는데 문제될 것은 없어요. 당신, 이제는 더는 말하지 말아요."

"알았어."

나는 그녀가 조금도 변함 없이 대해 주는 것에 더 큰 감동을 받았습니다. 이런 일은 소설 속에서나 있는 일이 아닙니까. 아무튼 나는 가슴속에 컴컴하던 구석이 환히 밝아오는 것 같은 기분이었습니다. 그녀는 나를 위해 더욱 뜨거운 밤을 제공해 주었습니다. 나도 전에 없이 완전한 내 아내가 되어가고 있는 그녀를 즐겁게 해주었습니다. 그 동안 몇 날이 가고 내 가슴엔 또 못 다한 고백이 남아 암처럼 고통을 주기 시작했습니다. 결혼을 하면 혼인신고를 해야 하고 그러자면 주민등록을 맞추고, 그러다가 드러날 전과자라는 기록이 내 가슴에 끌로 파듯 저며 들어온 것입니다.

나는 마지막으로 더 용서받고 싶었습니다. 그녀는 내가 어떤 신분인지도 모르고 있는 것이 분명했습니다. 결혼식 날이 바싹 바싹 다가왔습니다. 나는 또 이를 악물고 말했습니다.

"영주, 나 또 마지막으로 용서받고 싶은 게 있어."

"용서는 다 했는데요."

"어차피 언젠가는 꼭 알게 될 일이야……"

"무슨 일이 또 있어서 그래요?"

"나……, 호적등본 떼어 보면…… 전과자야. 전과 6범."

"네에?!"

그 순간 그녀는 새파랗게 질렸습니다. 이 세상에 살아 있는 사람이 그렇게 죽는 모습을 하는 것도 처음 보았습니다. 그녀는 갑자기 큰 뱀에게 놀라기라도 하듯 눈을 동그랗게 떴습니다. 그리고 두 손을 닭싸움하듯 올려 뒤로 미끄러지듯 물러나며 나를 피했습니다. 나는 하나님을 원망했습니다.

"오! 하나님, 이럴 수가 있습니까? 당신은 나에게 너무 잔인한 멍에를 씌우셨습니다. 그것까지도 용서해 줄줄 알고 입을 연 내 머리에 벼락을 때려 주십시오."

나는 속으로 이렇게 절규했고, 그녀는 입을 열지 못했습니다. 나를 징그러운 벌레라도 보듯 피하며 물러나더니 무릎걸음으로 어린아이를 안고 문을 빠져나갔습니다. 그리고 남긴 한 마디,

"전과자는 싫어요."

나는 기가 막히고 하늘이 무너져 내리는 절망으로 전신에 힘이 빠져 주저앉고 말았습니다. 그녀는 놀라서 달아났습니다. 나는 넋 빠진 모습으로 멍하니 앉아 있었습니다. 이럴 수가 있나 싶어 눈을 가리고 귀를 막고 엎드려 울었습니다. 밖에는 아무 소리도 없었습니다. 그녀는 어린것을 안고 나가더니 오지 않았습니다. 나는 절망하여 울다가 술을 마셨습니다. 세상을 다 부수어 버리고 싶었습니다.

이튿날도 사흘이 지나도 그녀는 오지 않았습니다. 나는 밥도 먹지 않고 미친 듯이 술에 취하여 방에서 뒹굴고 울었습니다. 그러나 그녀를 원망하지 않았습니다. 전과자라는 말에 그렇게 충격을 받을 줄 알았다면 나는 그녀 모르게 어디론가 떠나버렸어야 했습니다.

전과자! 그건 영원히 내게서 씻지 못할 오명입니다.

감옥에 계신 하나님

나는 세상이 실어졌습니다. 죽고 싶었습니다. 누가 와서 잡아가도 두려운 것이 없었습니다.

어느 날인가 밤이었습니다. 문을 두드리는 소리가 났습니다. 혹시 그녀가 다시 오지 않았을까 하는 실낱같은 기대를 가지고 문을 열었습니다. 찾아온 사람은 의외로 건장하게 생긴 두 형사였습니다.

"한홍규, 맞지?"

이 한 마디에 나는 올 것이 왔구나 하고 모든 것을 포기한 채 수갑을 받았습니다. 나는 경찰에 잡히면 어떻게 된다는 것을 환하게 압니다. 형사에게 어떻게 해야 한 대라도 덜 맞는 것도 압니다. 그러나 차라리 누군가에게 맞아죽었으면 싶은 충동에 경찰서에서는 괜한 악다구니도 썼습니다.

며칠 동안 마신 술이 깨고 경찰서에서 구치소로 왔고 구치소에서는 별 일곱 개를 자랑하며 몇 개의 감방을 거쳤습니다. 그리고 나는 감호에다 재범이 받아야 할 형기까지 합쳐서 감옥살이로 일생을 마쳐야 하는 신세가 되었습니다.

감방에서 썩는 동안 세월을 갔고, 나는 감방장이 되어 한 방의 왕이 되었습니다. 나는 강도, 절도, 강간범 등 강력범만 수용되는 감방에서 악질 감방장으로 세상에서 못 다한 화풀이를 여지없이 했습니다. 신입자가 입방하면 다른 죄수들이 입을 열지 못하게 하고 신고를 받았습니다. 나는 모포로 쌓아올린 용상(?)에 앉아 입을 다물고 노려봅니다. 그리고 침묵이 반시간 이상 흐르게 둡니다. 그 동안 신입자는 절절 맵니다. 이때 나는 기발한 신고 방법은 없나 생각하다가,

"죄수 선서 하나!"

합니다. 이때 머뭇거리거나 대답하지 않으면 바로 앞 선배 죄수를 불러 마주 세웁니다. 그리고 새 식구에게 하루 먼저 온 죄수의 따귀를 때리라고 명령합니다. 그러면 새 식구가 된 죄수는 감히 손을 대지 못하고 머뭇거리다가 살짝 아프지 않게 때립니다. 그때 나는 번개같이 일어나 그를 머리가 돌아갈 정도로 벼락치듯 때리며

"이렇게 때리란 말이다. 알겠나?" 하고 정신이 번쩍 들게 해줍니

다. 깜짝 놀라 그는 얼결에 선배 따귀를 때리고, 얻어맞은 선배는 더 힘을 주어 따귀를 칩니다. 둘이 열대씩 때리기를 나누고 나면 그치게 하고 선배를 향하여 "죄수 선서 하나!" 하고 말하면 선배 죄수가 얼른 받습니다.

"주면 주는 대로 먹는다."

그리고 이어서 새 식구에게

"죄수 선서 둘!" 하고 명합니다. 이때 빨리 대답이 안 나오면 또 내 주먹이 날아갑니다. 그리고 선배에게 선서 둘을 복창시킵니다. 선배가 새 죄수를 향해, "신나게 때리면 ×나게 맞는다!" 합니다. 그것을 새 죄수가 복창하면 선배가 "알았지" 하며 따귀를 때립니다. 이때 죄수가 얼결에 맞 때리는 날이면 그는 그 날 장사 치릅니다.

열 대고 스무 대고 선배가 때리고 싶은 대로 실컷 때리도록 둡니다. 새 죄수는 차렷 자세로 ×나게 터지는 것입니다. 나는 그렇게 해 놓고 비스듬히 누워 몇 대나 때리는지 세어 봅니다. 죄수들은 말 한 마디 못하고 그것을 바라보기만 합니다. 선배의 화풀이가 끝나면,

"죄수 선서 셋!" 하고 명합니다. 이때는 죄수가 별이 많을수록 재빠르게 댑니다.

"하루 선배를 조상같이 모신다!"

나는 그에게 명합니다.

"다시"

"하루 선배를 조상같이 모신다!"

"다시"

"하루 선배를……"

나는 계속해서 다시, 다시 반복합니다. 새 죄수는 그때마다 복창하면서 방안의 선배들을 향하여 절을 합니다. 신고식이 끝나면 곧장 뼁끼통(변소) 앞으로 보냅니다. 무료한 시간을 이런 행사로 보내는 것은 매우 재미있는 일이었습니다. 우리 감방에는 입실은 고참인데

만년 뻥끼통 앞에서 자는 신세를 면하지 못하는 죄수가 있습니다. 그리고 바로 그 곁에 역시 하나가 그 자리를 뜨지 못하고 있었습니다. 뻥끼통 앞에서 수문장 노릇을 하는 죄수는 1179번이었는데 지독한 예수쟁이였습니다. 그리고 두 번째 수문장 1280번 죄수도 예수쟁이였는데 엉터리입니다.

1179번이 입실하던 날이었습니다. 푸르딩딩한 죄수복을 입혀놓으면 세상에서 아무리 잘난 사람도 별 볼일 없는 꼴이 됩니다. 그러나 그 1179번은 어딘지 모르게 사람을 보는 눈빛이며 행동거지가 천하지 않고 다르게 느껴졌습니다.

그의 그런 특성이 방장인 내 눈에 거슬렸던 것입니다. 나는 그 인품에 열등의식을 느꼈습니다. 그래서 더욱 가혹하게 해주고 싶었습니다. 따귀 때리기 신고식을 마친 뒤에 물었습니다.

"종교는?"

"……"

"종교!"

"기독교입니다."

"기독교라? 예수쟁이?"

"……"

"안 들려? 복창해 나는 예수쟁이입니다."

그는 대답하지 않았습니다. 나는 번개같이 달려들어 별이 튀도록 따귀를 올려붙이고 "복창!" 했습니다. 1179번은 나직이

"나는 예수쟁이입니다."

하는 것이었습니다. 나는 모포로 쌓아올린 용상(나 혼자 부르는 이름)에 앉아

"예수! 나를 똑바로 봐. 네가 예수쟁이라구? 나는 부처다!"

그리고 책상다리로 꼬고 앉아 오른팔을 올리고 좌선하는 자세를 취했습니다.

"여기는 교회가 아니다. 살아 있는 이 부처님의 대웅전이다. 자, 이 앞에 절을 해."

나는 말하고 눈을 지그시 감고 기다렸습니다. 그러나 1179번은 눈을 돌린 채 따르지 않았습니다.

"야, 1179번 졸고 있나?"

"......"

"절을 하지 않겠다고?"

"예, 절은 못합니다."

"왜 못해?"

"방장님 개인으로 절을 하라면 할 수 있습니다. 그러나 부처라는 이름으로 절을 강요하면 절대 못합니다."

"좋아, 절대 못 하겠다구?"

"못합니다."

"이 새끼 정신 있나, 없나?"

순간적으로 주먹이 몇 차례 올라갔고 나는 그의 기를 꺾고 종교심을 무너트리기 위하여 악랄한 수법을 썼습니다.

"3003번!"

"네!"

"이 예수쟁이를 너한테 맡긴다."

"명령만 하십시오."

"벼락 30!"

그 말이 떨어지기 무섭게 3003번은 손을 날렸고, 1179번은 볼이 빨갛게 부어오르도록 맞았습니다. 나는 다시

"1179번. 이건 맛보기다. 빨리 이 부처님 앞에 절하지 않으면 또 죽어. 알겠나? 고분고분 따르면 너는 편한 자리에 두고 식사당번도 안 시키겠다. 알겠나?"

"못합니다."

"그으래? 야, 3003번, 1280번, 2095번 일어서."

나는 그 죄수를 1179번으로 부르지 않고 예수라고 부르기 시작했습니다.

"너희 셋이 저 예수를 십자가에 매달아."

감방 안에는 십자가 틀이 없으므로 예수를 두 사람이 양쪽에서 각각 팔을 잡고 벽에 기대이게 해놓고 한 사람은 젓가락으로 못을 박았습니다. 예수는 벽에 팔을 벌리고 섰고 죄수 한 사람이 젓가락을 손바닥에 대고 쑤십니다. 예수는 아파서 이를 악물고 몸을 꼬았습니다. 나는 그 턱을 툭툭 치면서 조롱했습니다.

"예수, 이래도 내 말 안 들어?"

예수는 입을 다문 채 말이 없었습니다. 나는 젓가락 못을 그 이마에도 꽉꽉 쳤습니다. 이마에 피가 맺히고 양손은 부어 올랐습니다. 무척 아플 텐데 예수는 굴복하지 않았습니다.

"3003번!"

"예!"

"저 예수 발가락 사이에 젓가락을 끼고 조여!"

"예"

예수는 큰 수난을 당했습니다. 발가락 사이에 젓가락을 끼고 조이자 그는 울었습니다. 몸을 틀며 주여! 주여! 하는 것이었습니다.

그 날은 정말 멋진 신고식이었습니다. 예수는 끝까지 내 앞에 절하지 않았습니다. 나는 그를 뺑끼통 앞에 자게 했고 나한테 절을 하는 날 인간 대우를 하겠다고 했습니다. 그러나 그는 조금도 굽히지 않았습니다. 예수는 입방한 날부터 틈만 나면 기도를 했습니다. 그리고 찬송가와 성경책을 손에서 놓지 않았습니다. 나는 그에게 또 다른 고통을 주었습니다.

"예수, 네가 읽는 책은 뭐냐?"

"성경입니다. 하나님의 말씀입니다."

"야, 여기가 어딘데 네 맘대로 하나님이야. 하나님은 너희 집에나 가서 불러. 그 두꺼운 책 이리 내."

"안 됩니다."

"왜? 나는 읽으면 안 되냐?"

"읽으시겠다면 드리겠습니다."

"가져와 냉큼!"

예수는 조심스럽게 성경책을 내 앞에 두 손으로 내밀었습니다.

"이봐 예수, 부처한테 절 한번 해서 안 될 게 뭐 있어. 또 내가 진짜 부처냐?"

"그래도 안 됩니다."

나는 성경을 잡아 한가운데를 쫙 찢을 자세를 취하며 명했습니다.

"예수, 당장에 부처에게 절하지 않으면 이거 알지?"

"방장님 그것만은······"

"말이 많다. 절 한번 하기가 그렇게 어렵냐?"

"부처님이니까 절하라고 하는 한은 죽어도 안 됩니다."

"죽어도? 좋다. 난 부처가 아니라 한홍규다 내 앞에 절해 봐라."

"안 됩니다. 방장님 속은 그렇지 않으십니다."

"너 끝내 이 핑계 저 핑계로 거절할 거야?"

순간 찌지직 소리와 함께 성경은 두 조각이 났습니다. 예수는 자기 팔이라도 찢긴 듯 안타까운 얼굴로

"방장님 참으십시오."

하며 팔을 내밀어 찢은 성경을 받아들 자세를 취했습니다.

"손 치워! 예수."

"제게 그대로 주십시오."

"안 돼. 줄 수 없어 이건 내 뺑끼통 밑씨개감이야. 알았나 예수?"

"안 됩니다. 하나님 말씀을 그러시면 큰일납니다."

"웃기지 마라, 큰일은 네가 났을 뿐이야. 이 종이로 밑을 씻으면

얼마나 좋은지 아냐?"

예수는 애걸하는 눈으로 나를 바라보았습니다. 나는 잔인하게,

"그렇게 중하면 부처한테 절 한 번만 꾸벅 하면 되잖아."

입가에 미소를 지어 보였습니다. 곁에 있던 1280번이,

"예수, 절 한번 하기가 뭐 그리 어려워. 성경으로 밑을 닦으면 어떻게 되는지 알아. 그냥 보고 있을래? 방장이 진짜 부처도 아닌데."

나는 이 말을 받았습니다.

"예수, 너만 예수가 아니야. 이 1280번도 예수였다구. 이놈도 예수쟁이가 아니었다면 식사당번은 면했을 텐데."

1280번 죄수도 크리스천이었습니다. 그러나 엉터리 교인이고 바퀴같이 약삭빠른 놈이었습니다. 내 방에 나까지 열 한 명의 죄수가 있었는데 두 사람만 빼놓고는 다 불신자였습니다. 그래서 예수라고 부르며 두 사람을 놀리기도 하고 가혹하게 들볶기도 하면 다른 것들은 좋아하는 것이었습니다. 세상의 불신자들 중에는 크리스천을 공연히 미워하거나 따돌리려는 하는 사람이 많은데 그렇기는 감방도 마찬가지입니다. 나는 예수의 성경을 내 머리맡에 놓고 아침마다 몇 장씩 찢어내어 밑을 닦았습니다. 예수는 그때마다 마음 아파했고 1280번은 예수에게 더 뜯겨져 나가기 전에 절을 하라고 했습니다.

그러나 예수는 굽히지 않았습니다. 1280번은 처음 신고하던 날 종교를 물으니 기독교라고 하기에 용상에 앉아 내가 부처라고 절하라고 하자 서슴없이 했습니다. 나는 바로 그 점이 미워서 1280번은 변소 앞 두 번째에 두고 설거지를 예수와 돌아가며 하도록 했습니다.

1280번은 제가 편할 수만 있다면 무슨 짓이든지 했습니다. 그도 처음에는 성경책을 가지고 들어왔으나 내가 바치라고 하자 한 마디에 바쳤습니다. 그의 믿음이 너무 엉터리라 그에게 주는 벌이 한두 가지가 아니었지만 예수보다는 가벼운 것이었습니다.

어느 날 밤인가 자는 척하고 누워 있자니 예수가 내 머리맡에 있

는 성경책을 살짝 가져가는 것이었습니다. 어떻게 하나 보자고 가만
히 있었습니다. 그것을 가지고 가서 매일 아침 떨어져 나갈 책장들을
모조리 읽는 것이었습니다. 그리고 아무도 모르는 줄 알고 내 곁에
놓더니 엎드려서 나직하게 기도를 하는 것이었습니다.

"하나님 아버지, 우리 불쌍한 인생들을 건강으로 지켜주시니 감사
합니다. 우리는 죄인 중에 죄인입니다. 특히 이 어리석은 것 주님 앞
에 부끄러운 죄인이 되었습니다. 갇혀서 고생하는 동안 더욱 하나님
가까이 가는 믿음 주시옵소서. 이 감방 안에는 하나님을 모르는 사람
이 많습니다. 하나님을 모르기 때문에 저들이 하는 죄도 깨닫지 못합
니다. 방장님의 허물을 용서하여 주옵소서. 그는 하나님을 알지 못
하여 주님의 말씀이 귀한 줄 모르고 휴지로 사용하고 있습니다. 하나
님 말씀은 살아 운동하는 능력인 줄을 믿사오니 비록 그가 눈으로 주
님의 말씀을 보지 못하고 뒤로 받아쓰지만 그에게 말씀의 능력이 그
육신의 깊은 곳으로 배어나는 기적을 주옵소서. 주여, 방장님의 죄
를 용서하여 주옵소서……"

나는 그가 가느다란 소리로 드리는 기도 소리를 어렴풋이 듣다가
잠이 들었습니다. 그리고 이튿날 여전히 성경으로 뻥끼통문제를 해
결했습니다. 하나님도 없는데 꼭 곁에 있기라도 한 듯 나직하고 정성
스런 소리로 기도하는 예수가 너무 불쌍하다는 생각이 들었습니다.
미쳐도 많이 미친 것입니다. 그렇게 믿음 좋은 예수쟁이가 왜 하나님
의 도움으로 감옥에서 벗어나지 못하고 갇혀 있단 말입니까?

나는 예수가 입방한 날로부터 그를 골려주는 것이 낙이었습니다.
그리고 그가 나를 위하여 용서를 비는 기도를 한다는 것이 가소롭게
느껴졌습니다. 보이지도 않는 하나님이 어떻게 나 같은 죄수를 용서
해 주라 한다고 용서하겠습니까? 말도 안 되는 소리라고 생각하면서
다시는 나를 용서하라는 기도 따위는 하지 말라고 했습니다. 예수는
아침에도 일찍 일어나 엎드려 기도합니다. 밥을 받아 놓고도 기도했

습니다. 물 한잔을 마셔도 기도했습니다. 자기 전에는 남들이 다 자도록 기도했습니다. 무슨 기도할 걸이가 그리도 많은지 이해가 가지 않았습니다.

어느 날 예수는 믿지 않는 사람 하나를 두고 믿음에 대하여 이야기하고 있었습니다.

"우리가 감옥에 갇힌 것은 죄를 지은 때문입니다. 죄가 없으면 여기에 왔겠습니까. 그러나 하나님은 우리가 죄를 회개하면 곧 용서하여 주십니다. 하나님의 용서에는 형기가 없습니다. 진심으로 죄를 고백하고 회개하는 순간 용서하고 구원해 주십니다."

"어디 그런 증거라도 있소?"

"있지요."

"어디 있소?"

"성경에 있습니다. 성경 마가복음 15장 27절에서 32절까지 에는 예수께서 십자가에 못 박히던 날 있었던 사건이 기록되어 있습니다. 예수께서 못 박히시던 십자가 옆에 강도들이 양편에 하나씩 함께 달렸습니다. 이때 지나가던 자들 중에는 예수를 모욕하며 성전을 헐고 사흘에 짓는 자여 네가 너를 구원하여 십자가에서 내려오라 하였고 그와 같이 있던 대제사장들도 서기관들과 함께 희롱하며 저가 남은 구원한다면서 자기는 구원하지 못하는구나 하고 이스라엘 왕 그리스도가 지금 십자가에 내려와 우리가 보고 믿게 하라 할 때 십자가에 달린 양편의 죄수 중 한 사람도 예수를 향해 욕을 했습니다. 이때 같이 달린 죄수 중 다른 하나가 예수를 향하여, 네가 그리스도가 아니냐? 너와 우리를 구원하라. 그것도 못하는 것이 무슨 구세주냐? 너와 우리를 구원하라. 그것도 못하는 것이 무슨 구세주냐? 하였습니다. 또 누가복음 23장 39절에서 43절에는 이런 기록이 있습니다. 이때 다른 강도가 그 사람을 꾸짖었습니다. 네가 동일한 정죄를 받고서도 하나님을 두려워하지 않느냐? 우리는 우리가 지은 죄에 마땅한

죄 값을 받는 것이니 이는 당연하거니와 이 사람의 행한 것은 옳지
않은 것이 없느니라. 하고 예수를 향하여, 당신의 나라에 임할 때에
나를 생각하소서 예수가 그에게 대답했습니다. 진실로 내가 이르노
니 오늘 네가 나와 함께 낙원에 있으리라 했습니다."

"하지만 나 같은 죄인이 예수를 믿는다고 구원을 받을 수 있겠소?"

"사람들은 일생을 통하여 선을 행해야만 그것이 오랫동안 공적으
로 쌓여서 구원받는 것이라고 억측들을 하지만 그것은 잘못된 생각
일 수도 있습니다. 60년 동안 애쓰고 노력한 좋은 공적이 있었는데
어느 날 의외의 사건으로 큰 죄를 지었을 때 그 공로를 인정하여 당
장 지은 죄를 다 용서하느냐 하면 그렇지 않습니다. 아무리 큰 공로
를 쌓은 착한 사람도 큰 죄 하나만 지으면 그 순간부터 죄인이 되는
것입니다. 그렇듯 평생을 좋은 일 한번 못해 보고 죄만 지은 죄수가
그 죄의 용서를 받는데 그렇게 긴 시간이 필요하냐 하면 그렇지 않습
니다. 아무리 무겁고 큰 죄도 하나님 앞에서 진심으로 회개하고 용서
를 빌면 그 순간 구원을 받는 것입니다. 평생 선을 행한 사람이 한
순간 실수 하나로 죄인이 되듯 평생 죄인도 한 순간의 회개만 바로
하면 죄인의 멍에를 벗는 것입니다."

나는 두 사람이 주고받는 대화를 듣다가 비위가 뒤틀렸습니다.

"1179번, 5000번, 입 다물어."

죄를 짓고 들어온 죄수 주제에 무슨 설교까지 하나 싶어서 1179
번이 무슨 죄를 지었나 알아보고 싶어졌습니다.

"1179번 죄명은?"

"사기죄였습니다."

"예수도 사기를 치나?"

"진실은 하나님만 아십니다."

"변명인가?"

"아닙니다."

"죄인은 죄를 지었으니까 구속되는 법. 일단 감방 신세를 지고 있는 한은 죄수야."

"……"

감방 안은 늘 냉랭하고 메마르고 답답한 곳입니다. 큰 소리로 떠들어낼 수도 없고 제 맘대로 기지개 한번 높이 뛰기 한번 할 수 없는 곳입니다. 새 소식도 없고 새로운 사건도 없습니다. 열 한 명에게 일어나고 있는 신상 사건이 다이고 새 식구가 늘면 그를 맞아 짓궂게 괴롭히는 신고식이 재미일 수도 있습니다.

"1179번, 네가 믿는 하나님이 세상에 있다는 증거가 있나?"

"있습니다."

"있어?"

"인간의 가운데 계십니다."

"인간의 가운데라니 사타구니 밑에 있는 물건 말인가?"

다른 죄수들이 재미있다는 듯이 일그러진 미소를 지었습니다.

"이봐, 눈 똑바로 뜨고 제대로 살라구. 종교라는 거추장스런 것을 달고 살다 보면 인생 낙오자 되기 쉬워. 네가 뺑끼통 신세를 못 면하는 이유가 무엇 때문인지 아냐?"

"압니다."

"아는데도 하나님인가?"

"영광입니다. 누군가가 그 자리에 있어야 할 테니까요."

"저런 머저리. 생김새는 그럴 듯하게 생겼는데 하는 짓은 맹꽁이야. 이봐 예수! 내가 성경 몇 권이나 뒷구멍에 처발랐는지 알겠나?"

"……"

"내가 감방 신세 십 수년에 성경 찬송가 백 권도 더 밑 썼어 버렸을 거다. 하지만 성경 책장 하나도 찌르는 것 못 봤다. 하나님이 계시다면 그걸 그냥 두겠냐. 내가 하나님이라면 그런 놈은 벼락을 쳐죽이겠다. 그래도 하나님이 있다고 욱이겠냐?"

"네, 계십니다. 하나님은 죄를 주시기 전에 회개하기를 기다리고 매를 들기 전에 몇 번씩 용서를 하십니다."

"하나님 보기나 했나?"

"하나님은 바람과 같고 소리와 같고 냄새와 같은 분이며 우리의 숨소리까지 세시며 심령 속에 운행하시는 분입니다."

"그따위 되지 않는 소리 마. 보았나, 못 보았나?"

"하나님이 보일 때는 연기와 같은 것이기도 합니다."

"거짓말 지껄이지마!"

"꼭 보아야만 믿는 믿음은 보지 않고 믿는 믿음만 못한 것입니다. 우리에겐 분명히 와 닿으면서도 보이지 않는 바람이 있다는 것을 사람들은 믿습니다. 바람이 있다고 하는 것은 보았기 때문에 있다고 하는 것이 아니라 그것을 우리가 느꼈기 때문에 인정하는 것입니다. 소리도 보이지 않으나 분명히 우리 청각을 통하여 존재하고 있고 냄새도 우리의 취각을 통하여 존재하지만 보이지는 않습니다. 사람이 서로 사랑하거나 미워할 때 마음이 오고 가는 것을 우리는 보지 못하지만 분명히 보이지 않는 어떤 존재에 의하여 기뻐하기도 하고 괴로워하기도 합니다. 바로 그와 같이 우리를 크고 부드러운 손으로 다스리는 분이 하나님이십니다."

"시끄럽다. 되는 소리를 해야지 예수, 오늘밤은 이불 없이 자봐! 하나님이 그래도 좋은가."

그 날 밤부터 그에게 덮는 이불을 주지 않았습니다. 내가 얼마나 폭군 황제 같으냐 하면 누구도 내 말에 대꾸를 하면 반드시 벌이 내려지고 상당한 고통을 당해야 했습니다. 추운 겨울에 나는 담요를 모두 거두어 내 침상을 높이 쌓고 그 위에 누워 자면서 다른 죄수들에게는 모포 두서너 장만 주었습니다. 한 장은 깔고 한 장은 덮고 자게 해놓고 보면 가관입니다. 서로 잡아당겨 덮으려고 합니다. 추워서 웅크리고 자는 것을 보면서도 내 몸 따뜻한 것만 생각했습니다.

나 같은 감방장을 만나면 죄수들은 고생 위에 고생을 더 합니다. 나는 남들을 괴롭히면서 조금도 양심의 가책을 받거나 동정을 하지 않습니다. 적어도 나는 출옥하자면 23년이 걸립니다. 61세가 되어야 감옥문을 열고 나가는 신세였습니다. 61세에 머리 허옇게 세어 가지고 나가서 뭘 합니까. 차라리 콩밥이나 먹다 죽는 편이 낳은 것입니다. 그래서 나는 삶의 희망을 포기했습니다.

누구를 동정하고 누구의 눈치를 보는 것이 대단하지 않습니다. 내가 지키는 감방에 들어왔다가 나가는 사람들은 나를 다시는 보지 못할 것입니다. 다 늙어서 나가면 지금 함께 있던 사람을 만난다 해도 알아볼 수 없거니와 알아보면 어쩌겠습니까. 나이가 많든 적든 따질 것도 없고 돈이 많든 적든 학식이 높든 낮든 나하고는 상관이 없는 것들입니다.

나는 날로 횡포해졌습니다. 들어왔다가 나가는 죄수, 또 어디선가 굴러 들어오는 죄수, 감방은 비울 날이 없습니다. 나는 어떤 사람에게도 정을 둘 수 없었고 정을 줄만큼 마음이 유하지도 않았습니다. 나는 몽둥이같이 무섭고 돌같이 차가운 인간이었습니다. 인정이 안 통하는 내 가슴에 신인들 통하겠습니까. 불교도 기독교도 소용없는 것이었습니다. 그저 내 배만 부르고 내 등만 따듯하면 되었지 곁에 사람이 굶어죽든지 얼어죽든지 알 바가 아니었습니다.

다른 죄수들은 나에게 말도 못 건네게 할 만큼 나는 험악한 황제였습니다. 다만 예수만은 그나마 말대답을 해도 크게 나무라지 않았습니다. 이상하게 예수와는 마음이 열려지는 느낌을 가졌지만 절대 겉으로 표시한 일이 없고 밤마다 아침마다 나는 지독한 황제로 악하게 살다가 이 방에서 죽어야 한다고 다짐을 하고 있었습니다.

세상이라는 것이 출옥하는 사람들에겐 좋을 것이지만 나 같은 장기 죄수에게는 세상이 없는 것이나 마찬가지입니다. 내일 보자라던가 내일 무슨 기적이 있을까 하는 등의 기대나 희망이 없는 나였습니다. 그러므로 내 방에 들어오는 죄인은 나에게 이를 갈다가 나갑니다. 어쩌면 자는 나를 목 졸라 죽이고 싶은 죄수도 있을 것입니다.

그러나 아무도 나에게 불만하고 복수하지 못했습니다. 나는 혹독하게 죄수들을 괴롭히면서 어떤 놈이고 나를 죽이고 싶으면 죽여라 나는 살고 싶어서 사는 것이 아니라 못 죽어서 사는 신세라고 못을 박았습니다. 내가 아무리 가혹하게 해도 하루 선배를 조상같이 모신다는 죄수들만의 수칙이 지켜지는 한 나는 폭군이었습니다. 범털(돈 있는 죄수)이 들어오면 괴롭혀서 좋은 것이 들어오게 강요하고 개털(무전)이 들어오면 개 취급을 했습니다.

장기수 악질 방장으로 유명한 것은 교도관들도 알 정도였습니다. 그래서 질이 나쁜 범죄자들이 주로 내 방으로 들어옵니다. 아무리 세상에서 악질이고 주먹이 세었어도 내 방에 들어오는 자는 바닥에 엎드려야 했습니다. 나는 무서운 게 아무 것도 없었고 아쉬운 게 아무 것도 없었습니다.

세월이 가면 갈수록 감방 안에서의 나의 생활은 편안하고 좋았습니다. 그러나 나는 불만이 하나 있었습니다. 먹고 자는 것은 다 좋았지만 여자를 끼고 자지 못하는 것이 문제였습니다. 어떻게 하면 여자 궁둥이라도 볼 수 있을까 하는 것이 소망이었습니다. 벌써 여자 구경 못한 지가 몇 년 되었습니다. 여자를 만져보는 것은 고사하고 멀리서나마 어떻게 생겼는지 보기만 해도 좋겠다는 생각이 들기 시작했습니다. 나는 다른 죄수들에게 어떻게 하면 여자 구경을 할 수 있느냐고 물었습니다. 1280번이 말했습니다.

"이 안에서 남자와 여자가 만나는 곳이 딱 한 군데 있습니다."
"어디냐?"
"교회입니다."
"교회?"
"그렇습니다. 거기 가면 여자 간수도 있고 여자 죄수들이 있어서

볼 수가 있습니다."

"그래? 거기는 어떻게 하면 가나?"

"예수를 믿으시면 됩니다."

"예수를 믿어?"

"여자 구경하려면 그 길밖에 더 있습니까?"

"임마, 여자 보자고 믿기 싫은 예수까지 믿어?"

여자 구경. 그것 참 기가 막힌 것입니다. 나는 61세가 되어서야 다 일그러진 육신으로 나가므로 여자를 주어도 필요가 없을 것입니다. 여자가 좋은 것도 젊었을 때가 아닙니까? 늙기 전에는 여자 구경도 못해 보는 신세가 되었으니 문제였습니다.

그까짓 여자 보면 뭘 해! 그림의 떡인데…… 그걸 보자고 믿지도 않는 하나님을 믿어? 안될 말…….

나는 이런 생각을 하며 몇 달을 보냈습니다. 부러운 게 아무 것도 없는데 그 야리야리한 허리며 하얀 얼굴이 보고 싶어 견딜 수가 없었습니다. 하도 감방 출입을 많이 하여 집에서 면회도 오지 않습니다. 온 종일 보는 것은 푸르딩딩한 옷에 찌든 얼굴로 하루하루를 세고 앉아 감방 나가기를 고대하고 있는 것들의 모습뿐입니다. 그것들 바라보기도 지쳤습니다. 새로 들어오는 죄수도 없고 무료한 날이 계속될 뿐이었습니다. 이상하게도 여자가 보고 싶다는 생각이 계속 들어서 견딜 수가 없었습니다. 그러나 여자 구경이라도 하자면 교회밖에는 더 없으니 하나님을 믿을 수는 없고 참으로 답답한 노릇이었습니다. 나는 1280번을 불렀습니다.

"야, 누구한테 들었어? 교회가 교도소 안에 있단 말, 정말이냐?"

"네, 있습니다. 어디든지 있지요. 교회에 가고 싶은 사람은 교도관한테 신청을 하면 되는 걸요."

나는 교도소 밥을 많이 먹고살았지만 감방 안에 교회가 있다는 말은 처음 들었습니다. 지금까지 감방살이 몇 년씩을 하면서도 교회에

간다는 죄수는 본 일이 없었기 때문입니다. 나는 예수를 향해,

"예수, 너는 교회는 안 가는 예수꾼인가?"

"아닙니다."

"그런데 왜 한번도 교회에 가지 않았나?"

"여기서 혼자 하나님께 기도했습니다."

"편리한 예수군."

"1280번, 너는 교회에 가 보았나?"

"안 갔습니다. 하나님을 믿긴 했어도 적당히 믿었으니까요. 별 것 있습니까. 하나님도 인간을 위하여 있는 건데 편리하고 유리한 대로 믿으면 되는 거지요."

"가짜 새끼, 그럼 못써!"

"못 쓰긴요. 가짜로 믿어도 안 믿는 사람보다는 낫지요."

"이 새끼. 여물통 닥쳐"

"예수, 찬송가 이리 가져와 봐."

나는 찬송가를 빼앗아 무릎에 놓고 들여다보았습니다. 아무 것도 아는 곡이 없었습니다. 그 날부터 경호원이 지나며 들여다볼 때는 찬송가를 들여다보며 믿는 척을 했습니다. 듣기는 싫었지만 예수와 1280번에게 찬송가도 불러보라고 했습니다.

"1280번, 이제부터 나는 가짜 예수쟁이가 된다. 심심한데 교회에라도 나가서 바람 좀 쐬고 오겠다."

"정말입니까?"

"정말이지."

나는 착실한 가짜 크리스천이 되었습니다. 예수가 다시 들여온 성경책을 들치고 들여다보기도 했습니다. 그러면서도 밑 닦는 종이는 찬송가며 성경책을 썼습니다.

예수는 새 성경책을 나에게 맡기고 은근히 걱정하는 눈치였습니다. 또 뜯어서 밑 씻는 게 아닌가 해서 걱정을 안 할 수가 없었던 것

입니다. 사실 나는 쓰던 것 다 떨어지면 아무리 예수의 것이라 해도 또 뜯을 생각을 하고 있었습니다. 교도관이 보는 앞에서 성경, 찬송을 들여다보는 모습을 6개월 동안 보여주었습니다. 그러나 찬송도 부를 줄 모르고 성경도 여기저기 들춰보았지만 아무 것도 알 수가 없었습니다. 성경책을 펴들고 앉았으면 잠이 먼저 왔습니다. 그래도 졸면서 가짜 예수쟁이 노릇을 했습니다.

하루는 1280번을 시켜서 교회 가는 신청을 하라고 했습니다. 한 방에서 한 달에 한 명씩만 교회에 나갈 수 있다는 것이었습니다. 나는 교회에 출석할 수 있는 기회를 얻었습니다.

1982년 6월 어느 주일날입니다. 가짜 예수쟁이가 된 나는 교회에 나가는 예수쟁이들의 뒤를 따라 교회에 발을 들여놓았습니다. 세상에 태어나서 처음으로 교회에 발을 들여놓은 것입니다. 진짜도 아닌 가짜로 여자 구경하자고 들어선 나는 부끄러운 것도 몰랐습니다.

한쪽 구석에 자리를 배정 받고 앉았습니다. 잠시 후 여자 죄수들이 수십 명씩 줄을 서서 들어오고 그 뒤를 여자 교도관들이 또 한 줄 들어왔습니다. 맨 마지막으로 남자 교도관들이 들어와 입구 쪽을 메웠습니다. 무서운 교도관들 중에 예수쟁이가 생각 외로 많았습니다.

그 날은 교도관중에 계급이 높은 분이 설교를 맡아 했습니다. 죄수 수백 명에 교도관 수십 명이 모여 찬송을 부르기도 하고 기도도 하였습니다. 나는 기도도 할 줄 모르고 찬송도 부를 줄 모르기 때문에 눈길을 이리저리 보내며 여자들 쪽만 눈이 돌아갈 정도 바라보았습니다.

참 오랫동안 보는 여자들은 모두 미인으로 보였습니다. 몸에는 푸르딩딩한 죄수복을 걸쳤지만 피부는 모두가 곱고 예뻤습니다. 처음 보는 여자들도 아닌데 그렇게도 아름답게 보일 수 있을까 싶었습니다. 얼마 동안 찬송이 진행되고 기도를 하더니 높은 분이 단상에 서서 성경을 펼쳐 놓고 설교를 시작했습니다. 처음에는 그 설교가 한 마디도 마음에 들어올 것 같지 않았습니다. 날마다 하는 소리 그 소리겠지 하고 여자들 얼굴 보기만 열심이었는데 어느새 그 집사(추후 알고 보니 그 고위 교도관은 집사였음)의 설교 소리가 귀로 파고들기 시작했습니다.

무슨 말로 시작을 했는지는 기억에 없으나 그 집사님의 설교중 내 가슴을 후비고 들어와 나를 감동시키는 대목이 있었습니다.

"사랑하는 형제 여러분! 여러분은 지금 누가 뭐라고 해도 죄인이라는 레텔 외에는 없습니다. 여러분은 죄인 중에 죄인이며 감옥에 갇힌 죄수입니다. 아무리 애쓰고 힘들여 이곳을 탈출하려 해도 한 개인의 힘으로는 한 발자국도 못 나갑니다. 그러나 여러분. 당신들은 이 감옥에서 인생의 모든 것을 잃은 것으로 생각하고 있을지 모르나 그것은 잘못 생각입니다. 이제부터 여러분은 새로운 삶의 출발점에 서 있는 것입니다. 이 감옥 이외의 벌은 더 이상 줄 수 없는 것이 이 세상의 형벌입니다. 여기서 형기를 마치고 나가는 것은 일단 세상에서의 죄과를 몸으로 치렀다는 것입니다. 그러나 육신이 지은 죄를 육체가 갚았다고 하지만 영적으로 죄를 다 갚은 것은 아닙니다. 영적으로 지은 죄는 영적으로 갚아야 되는 것입니다."

그 집사 얘기가 귀에 들려오다가 그쳤습니다. 내 눈이 어떤 예쁜 여죄수의 얼굴에 머물렀기 때문입니다. 나는 그녀의 해쓱하고 맑은 피부와 죄인답지 않게 예쁜 얼굴에 마음을 빼앗기고 있었습니다. 곁에 사람들이야 어떻게 생각하든 나는 그녀에게 눈길을 떼지 못하고 있었는데 갑자기 집사님의 음성이 벼락같이 들려오기 시작했습니다.

"여러분, 세상에 죄인 아닌 사람이 어디 있습니까. 예수님도 세상 법으로 따지면 민심을 소란케 한 범죄로 갇히었던 전과자였습니다. 또 옥에 갇혔던 선지자가 많았습니다. 야곱이 감옥에 갇히어 하나님의 지혜와 계시를 받았고 바울 선생이 감옥에 갇힘으로써 그 신앙의 열매가 크게 달렸고 결실이 많았던 것입니다."

　　나는 예수도 전과자였다는 소리와 누군지는 모르나 바울이 옥에
갇혀 있었다는 소리에 귀가 열렸습니다. 집사님의 설교는 내 머릿속
을 파고 들어왔다가 그치고 눈으로 들어오는 여자들 모습에 빠져들
곤 하였습니다.

　　"바울 선생은 옥에 갇히어 그의 참 믿음과 삶을 깨달았고 하나님의
계시를 받아 전체 교회에 편지로서 사도의 역할을 다했습니다. 감옥
은 사람만 가두어 놓고 육체적인 고통이나 주고 억압하자는 곳이 아
닙니다. 강력한 통제 속에서 자기의 죄를 뉘우치고 삶의 진정한 의미
가 어떤 것인가를 찾아내어 새로운 인간성을 회복시켜 세상에서 새
롭게 살게 하기 위한 역할을 하는 곳입니다. 여러분은 지금 요나가
스올(큰 물고기)의 배속에 갇히어 있듯 높고 깊은 담 안에 갇혀 있는
것입니다. 스올의 배속에서 요나는 절망하지 않고 기도했습니다. 물
이 나를 둘렀으되 영혼까지 하였사오며 깊음이 나를 에웠고 바다풀
이 내 머리를 쌌나이다. 내가 산의 뿌리까지 내려갔사오며 땅이 그
빗장으로 나를 오래도록 막았사오나 나의 하나님 야훼여 주께서 내
생명을 구덩이에서 건지셨나이다. 내 영혼이 내 속에서 피곤할 때에
내가 야훼를 생각하였삽더니 내 기도가 주께 이르렀사오며 주의 상
전에 미쳤나이다. 무릇 거짓되고 헛된 것을 숭상하는 자는 자기에게
베푸신 은혜를 버렸사오나 나는 감사하는 목소리로 주께 제사를 드
리며 나의 서원을 주께 갚겠나이다. 구원은 야훼께로서 말미암나이
다 하고 기도할 때에 하나님께서 그 고기에게 명하여 요나를 육지로
토해내게 하였습니다. 이 자리에 참석하신 형제 여러분, 여러분은
어떻게 기도를 드리고 계십니까. 이 감옥의 담이 아무리 높고 법의
형벌이 아무리 무거워도 하나님께 상달하는 기도와 믿음만 있으면
여러분은 이 담을 무너뜨리고 법을 초월하여 이 자리에서 하나님의
구원을 받을 것입니다. 오직 믿음과 기도만이 여러분을 구원하실 것
입니다. 안으로 영적인 평안을 얻는 길도 이 길밖에 없고 밖으로 육

신의 자유를 누리는 것도 하나님의 구원밖엔 없습니다. 세상적인 방법으로는 여러분은 영원한 죄인입니다. 아무도 여러분의 선고된 형량을 줄일 수 없습니다. 오직 하나님의 역사하심을 받는 자만이 이세상 법을 이기고 구원을 받을 수 있습니다. 지금 고통 중에 신음하는 형제 자매 여러분, 여러분을 향하신 예수 그리스도의 음성을 들으십시오. 수고하고 무거운 짐진 자들아 다 내게로 오라. 내가 너희를 쉬게 하리라."

나는 이 말이 내 귀청을 찢는 듯이 크게 들려왔습니다. 내가 너희를 쉬게 하리라 하시는 한 마디가 가슴 밑바닥을 깊이 찌르고 위에서 쏟아져 내리는 듯 화끈화끈하게 전신을 때렸습니다.

나는 깜짝 놀라 의자에서 내려앉아 무릎을 꿇고 좁은 틈바구니에 머리를 박았습니다. 옆에 누가 있는 것도 깨닫지 못했습니다. 나도 모르게 눈물이 펑펑 쏟아지면서 가슴속이 불타듯 뜨거워 오르면서 내가 지은 죄들이 물을 퍼붓듯 눈앞에 모여들었습니다. 나는 자신도 모르는 새에 눈물 콧물이 범벅이 된 채 입을 열어 기도를 했습니다.

"하나님 아버지 잘못했습니다. 죄인을 용서하여 주옵소서. 저는 죄인입니다. 용서받을 수 없는 죄인입니다. 부모님께 효도한번 하지 못하고 부모님을 원망하며 살았습니다. 마음이 음란하여 지은 죄도 용서하여 주옵소서. 도둑질한 죄 천 번 죽어도 못다 갚을 이 죄인을 벌하여 주옵소서."

나는 무슨 말들을 얼마나 하면서 기도했는지 모릅니다. 나도 잊었던 죄가 수없이 떠오르고 그것이 모두 죽을죄가 된다는 것을 일시에 깨달았습니다. 전신이 땀에 흠뻑 젖었고 뜨거운 풀무불에 빠졌다 나온 것 같은 느낌이 들었습니다. 내 정신이 돌아왔을 때는 가슴속이 후련하고 가슴에 겹겹이 쌓였던 암덩이를 도려내고 무엇으로 씻어낸 것만 같았습니다.

예배가 끝나고 모두 밖으로 나가고 있었습니다. 그러나 나는 한참 동안 자리를 뜨지 못하고 가슴을 풀어놓은 기분으로 앉아 있었습니다. 이것은 기적이었습니다. 지금까지 느껴보지 못한 시원함과 내가 그럴 수 있나 싶을 정도로 이상한 행동을 한 것입니다. 그 날 나는 방으로 돌아와 찢어 벌려놓았던 성경책이며 찬송가를 모두 정리하였습니다. 그리고 예수를 불렀습니다.

"예수님, 이리 오시오."

내가 갑자기 예수님, 하고 존경어를 쓰고 찢어진 성경책과 찬송가 책을 정리하자 모두들 놀라서 이상한 눈으로 보았습니다. 나는 지금까지 알 수 없는 두꺼운 각질의 껍데기를 쓰고 살았던 것입니다. 그것은 사람으로는 벗길 수 없던 껍데기였습니다. 어떤 사람의 충고나 법으로도 그 껍질은 벗겨지지 않던 강하게 씌워진 각질이었습니다.

내가 갑자기 변하니 미친 사람으로 보일는지 모르겠지만 나는 정말로 내 본래의 모습으로 돌아온 것입니다. 나는 1179번 예수님 앞에 무릎을 꿇었습니다.

"예수님, 그동안 내가 무례하게 한 것을 용서해 주십시오. 그리고 나를 위하여 기도해 주십시오. 특히 나의 죄와 허물을 용서해 달라고 하나님께 기도해 주십시오."

예수는 침착하게 좌중을 둘러보았습니다.

"여러분, 우리 다같이 무릎을 꿇고 방장님을 위하여 기도합시다. 그리고 믿지 않던 분들도 따라 엎드리십시오."

예수의 위엄 있는 음성으로 사람들은 꿇어 엎드렸습니다.

"사랑과 은혜가 충만하신 하나님 아버지, 우리 죄 많은 인간들을 끝까지 버리지 않으시고 주님의 품안에 안아 주시니 감사합니다. 죄와 허물로 세상에서 버림받고 죽을 수밖에 없는 우리들, 삶의 의미마저 잃고 방황하고 고뇌하는 우리가 어느 곳에서든 하나님을 부를 수 있고 사정을 아뢸 수 있는 자녀로 삼아주신 은혜 진심으로 감사드립니다. 하나님 아버지 굽어보시옵소서. 길잃은 양의 무리가 엎드려

비옵니다. 사랑을 기다리는 형제가 있고 죄악 중에 멀리 떠났다가 돌아온 탕자 같은 아들이 간구하는 기도를 들어주소서. 이 감옥의 주인이시고 세상 만물의 주인이신 하나님 아버지, 오늘은 참으로 기쁘고 기쁜 날이옵니다. 우리를 거느리시는 방장님에게 하나님의 크신 사랑의 은총을 내려 새 사람으로 탄생시켜 주신 역사에 찬송과 영광을 올리옵니다. 지금 임재하신 하나님 아버지, 오늘의 큰 영광이 방장님 중심에서 떠나지 마시옵고 이 세상 다 하는 날까지 주님 모시고 영광 돌리다 하늘 보좌에 들어가는 구원의 역사를 이루어 주옵소서. 그 동안 지은 죄가 너무 많아서 그것들을 모두 육신으로 갚고 감당하기에는 모자랍니다. 이 시간 용서를 빌고 간구하오니 십자가 위에서 회개하고 주님을 따랐던 도둑에게 영생을 허락하고 구원하신 권능으로 방장님의 죄를 사하시고 축복해 주시옵소서. 이제부터 영원히 주님 말씀대로 선한 길 가다가 출옥하는 날 참 사람의 모습을 세상 사람이 다 보고 믿음의 증거 되게 하옵소서. 예수 그리스도의 이름으로 비옵니다. 아멘"

나는 기도를 정성된 마음으로 드렸습니다. 그리고 감방 안의 죄수들을 둘러보며 지난 날 가혹하게 했던 잘못을 사과했습니다.

"1280번, 내가 그 동안 잘못한 것을 용서하겠소?"

"방장님, 무슨 잘못이 있었습니까. 아무 잘못도 없었습니다."

"미안했소. 내가 어리석어서 그런 잘못을 저질렀소."

이때 말수가 적고 뚱뚱한 몸집의 경상도 사내가 끼여들었습니다.

"방장님예. 참말로 얄궂십니더. 나는 아무리 생각해도 이해가 안 갑니더. 남들은 예배당엘 십년 이십년 댕겨도 방장님같이 변하지는 안테예. 거 별난 일도 다 있심더."

나는 그를 오랜만에 보는 것처럼 느껴졌습니다. 며칠 전만 해도 그 사람뿐 아니라 한 방에 있는 죄수들을 모두 내 부하처럼 생각했는데 다시 보니 모두들 딴 사람처럼 보이고 나보다 나이도 높게 여겨지고 학식도 경험도 많은 사람들로 보였습니다.

"308번, 잘 들으시오. 나도 왜 이렇게 되었는지 모르겠소. 사람의 힘으로는 도저히 이런 마음을 갖게 할 수가 없을 것이오."

죄수 308번은 아무래도 납득이 되지 않는 듯 농까지 했습니다.

"방장님, 억케 된 것 아입니까? 우찌 한번에 딴 사람이 됐능기요. 얄궂십니더. 하나님이 정말 계신교? 보신교?"

"보지는 못했지만 하나님은 엄연히 계시고 그분의 뜻대로 사람을 잡아나꾼다는 것을 알았소. 얼마 전 1179번이 말했듯 하나님은 바람 같고 소리 같은 분이오."

"저리 하나님 믿기 쉽다하마 나도 교회 한번 가보고 싶지 않은가."

죄수 308번은 신기해하는 것이 말로 해서 확실하지만 다른 죄수들은 나를 진심으로 믿어야 되는 것인지 아닌지가 궁금한 눈치였습니다. 인간이란 언제나 겉 사람만 보이기 마련입니다. 본래 하나님이 심어주신 영적 자아는 육체와 혼(마음)으로 싸여 있고 그 자기 중심으로만 생각하고 행동하는 혼과 육은 영의 활동을 가로막고 있습니다. 나는 체험으로 그것을 분류할 수 있다고 생각합니다.

그 날 이후부터 나에게는 행동의 변화만 있는 것이 아니라 속에 깊이 갇혀있던 영의 활동을 깨달았습니다. 울지 않고자 해도 눈물이 펑펑 쏟아집니다. 아무 것도 아닌 일이 감사하게 생각되고 즐겁습니다. 내가 언제부터 이렇게 인정이 많고 겸손하고 감사하는 생활을 익혀 두었는지 모를 만큼 모든 것이 가슴속으로부터 울어나는 것이었습니다. 한 마리의 병아리가 탄생하기 위하여 계란은 껍데기를 깨는 기적을 체험하듯이 겉 사람은 깨지고 속 사람이 태어난 것입니다. 그래서 껍데기로 버티던 위세며 허구가 모두 사라지고 온유하고 겸손하며 사랑이 가득한 마음이 얼굴까지 솟아나는 것이었습니다.

나는 하루종일 성경책을 읽었습니다. 그 책 안에는 나를 새롭게 성숙시키는 힘이 있었고 달고 오묘한 교훈이 가득 들어 있었습니다.

나는 하루에도 몇 번씩 성경책을 읽다가 덮어놓고 기도를 했습니다.

"하나님 아버지, 이 죽을 죄인을 벌하여 주옵소서. 하나님의 말씀을 10년이 넘도록 저주하며 밑 닦아 버린 죄 천 번 죽어 마땅합니다. 이 보잘것없는 것이 감히 하나님의 말씀을 경히 여기고 휴지로 삼았으니 어찌 용서함을 받겠습니까. 세상 살 동안 하나님께 지은 죄 세상에 지은 죄 부모님과 형제에게 지은 죄, 영주를 속이고 그 가슴에 한을 안겨준 죄, 용서하여 주옵소서. 칭찬 받을 일은 하나도 해놓지 못했습니다. 하나님 아버지. 이제부터라도 주님 앞에 용서함 받을 때까지 갚을 수 있는 벌을 내려주옵소서."

나는 기도를 하면 끝없이 이어져 나오는 지난날의 죄상 때문에 눈물을 흘리지 않을 수 없었습니다.

나 이제 새 생명 얻은 몸

나는 죄수 1179번에게 붙여 불렀던 예수라는 별칭을 바꾸었습니다. 하나님을 능멸했던 호칭이었기 때문입니다. 그리고 우리끼리만이라도 서로 인격을 존중하자는 의미로 서로 불러주기 원하는 이름을 부르도록 했습니다. 어느 날 저녁 나는 그 동안 겹겹이 쌓아올리고 자던 담요를 풀었습니다.

"여러분, 하나님을 믿으십시다. 하나님을 믿지 않는 마음은 눈에 비늘 한 겹이 가린 것 같고 마음은 가지에서 떠난 낙엽 같습니다. 그 동안 나 혼자 따뜻하고 편히 살자고 해놓은 이 담요를 보시오. 얼마나 못된 짓이었습니까. 그 동안 원망도 많이들 했을 테지만 내가 용서를 비니 용서하시고 담요들을 넉넉히 덮고 깔고 쉬시오."

혼자 깔고 뒹굴며 쌓아 올린 담요가 20장이 넘었습니다. 한 사람에게 두 장씩 나누어주었습니다. 똑같은 죄인의 입장에서 호강을 혼자만 하려 했으니 하나님께 감옥에 들어서도 더 죄를 지었던 것입니다. 나는 용서해 달라고 기도했습니다.

"1179번, 이제 당신을 목사님이라고 부르겠소. 괜찮겠습니까?"

"예, 그렇게 불러주셔도 좋습니다."

옆에 있던 경상도가 끼여들었습니다.

"목사라꼬? 아무나 목사가 되능기가? 신학대학 나왔능가?"

"예, 신학을 했습니다."

"정말 목사 안수라는 것도 받았는가?"

"예, 받았습니다."

"그리하믄 정말 목사제."

"예, 목사입니다."

"우짤라고 목사가 죄를 지었능교?"

"본의 아니게 잘못되다 보니 죄인이 되었습니다."

"목사가 감방에 들어온다는 말 나는 처음 듣는데이."

목사라는 것을 알게 된 후 1179번에게 친절하게 대해 주었습니다. 그리고 모두들 내 말보다 목사님의 말씀을 따르라고 했습니다.

"목사님, 오늘부터 방장도 바꾸고 잠자리도 바꾸겠습니다. 뼁끼통 앞에는 제가 자겠습니다."

"아닙니다. 여기는 여기 대로의 규율이 있으니까 그대로 해야 합니다. 저는 아무 데고 편합니다. 저는 방장도 할 수 없지만 자리도 바꿔드릴 수 없습니다. 이후에 다른 식구가 들어와도 여기는 제가 지키겠습니다."

이렇게 서로 사양을 하고 있을 때 경상도가 또 끼여들었습니다.

"그림 참 좋심더. 감옥 안에서 이런 좋은 그림도 보이, 아무튼 기분이 좋심더. 방장님예, 여기는 감방입니더. 하루 선배를 조상같이 모신다카지 않았심니꺼. 다 좋은기로 방장님이 그냥 방장님 하이소. 그리고 다들 목사님 설교 들으면 되잖겠심니꺼. 우이들 생각하십니꺼?"

경상도는 다 돌아보며 빙긋이 웃었습니다.

"하나님이 좋기는 좋은기라예. 방장님이 우찌 저래 변했노. 목사
님예, 우리도 이제 하나님 믿는 거 생각 좀 해봐야겠심더."

"좋습니다. 이 감옥 안에서 만나게 되는 하나님은 더욱 영광되실
것입니다. 우리 하나님의 사랑은 세상에만 있는 것이 아닙니다. 이
곳에는 하나님이 꼭 계셔야 하는 곳입니다. 감옥에 계신 하나님은 우
리를 위로하시고 구원하시며 무거운 짐을 내려놓고 쉬라 하십니다."

나는 이때 교회에서 설교 듣던 생각이 문득 떠올랐습니다.

"맞습니다. 나는 세상 바람을 골고루 쐬었고 각종 종교를 악용하기
위하여 이것저것 조금씩 알았는데 어떤 종교도 책임 있게 죄인을 부
르는 교리는 없었습니다. 모두가 세상에서 바로 살고 죄 짓지 말라는
도덕을 강론하는데 지나지 못합니다. 기독교도 그렇게만 생각했습니
다. 그런데 성경에 보면 무거운 짐진 자들은 다 내게로 오라 내가 너
희를 쉬게 하리라고 우리의 갈 길을 예비하고 그리로 오라고 분명히
약속했습니다. 나는 그것을 믿습니다. 이 세상에 누구도 나에게 네
짐을 지고 나에게 오너라하고 반기는 사람은 없습니다. 무거운 죄의
짐을 지고 방황하며 감옥살이도 하고 도망도 다니고 얼마나 피곤하
고 괴로운 인생 살이었습니까. 나는 하나님의 부르시는 구원의 확신
을 주시는 그 말씀에 내 안에 쌓였던 모든 더러운 것이 무너지고 떨
어져 나갔습니다. 나에게 그 말씀은 구원의 말씀이었습니다."

목사는 나를 만족한 얼굴로 바라보았습니다. 다른 사람들도 나의
변화에 차츰 수긍이 가는 듯했습니다. 나는 매일 아침 4시에 깨어 엎
드려 기도했습니다.

"우리를 건강하게 지켜주시는 하나님 감사합니다. 우리 부모님 곁
을 떠난 지 여러 해가 되었습니다. 이 악하고 못된 것, 부모님께 한
번도 효도하지 못하고 마음 아프게 해드리다가 오늘까지 왔습니다.
부모님 가슴에 못을 박아 놓고 그 죄를 깨닫지 못하고 원망만 한 죄

용서하여 주옵소서. 하나님 아버지, 불쌍한 저의 부모님을 구원하여 주시옵소서. 지금 무엇을 하시든 하나님 아버지 지켜 주셔서 제가 나가는 날 효도할 수 있도록 그때까지 부모님을 보호해 주시옵소서."

대략 아침마다 드리는 기도는 이러했습니다. 어머님이 아침이면 고단한 몸으로 일어나시고 남의 집들일 나가시었다가 시장 귀퉁이에서 장사를 하시고…… 그러다가 몇 푼 생기면 소박한 웃음을 지으시며 돌아오시는 모습이 선합니다. 어머님 생각을 하면 가슴이 아렸습니다. 가는 허리에 깡마르시고 항상 검불같이 약하신 어머님을 나는 한번도 도와드린 적이 없었습니다. 경찰이 잡으러 오면 오돌오돌 떨면서 자식 잡혀가는 것이 마음 아파 발 딛을 곳을 못 찾던 어머니였습니다. 아버지의 술 주정에 자식들 뒤치다꺼리에 하루도 편한 날 없는 생활을 지금도 하실 어머니. 지금쯤 어머님은 피로한 육신으로 새벽밥을 짓고 계실 터이지 생각하면 새벽잠이 달아납니다.

나는 열심히 기도했습니다. 어머니의 건강을 위해서, 아버님의 주벽이 이젠 고쳐지기를 하나님께 기도했습니다. 밤이면 한 방의 죄수들이 다 자고 목사님도 성경을 읽다가 주무십니다. 그때도 나는 성경 읽기에 빠져서 밤이 깊도록 자지 않았습니다. 성경책이 얼마나 재미있고 나를 새 사람으로 새순이 돋듯 마음에 기쁜 사랑의 씨를 심어주는지 그건 말로 할 수가 없는 것입니다. 우리 방은 작은 교회가 되어가고 있었습니다. 새벽이면 기도하는 우리가 하나님 앞에 숙여 있고 작은 소리로 찬송을 부릅니다. 살벌하던 우리 방은 사랑이 넘치기 시작했습니다.

추운 겨울이었습니다. 늦도록 성경을 읽고 있는데 가운데 자는 형제가 끙끙 앓고 있었습니다. 나는 그의 머리를 만져보았습니다. 열이 높았습니다. 그러나 밤이 깊어서 어쩔 수가 없었습니다. 그 사람이 떨기 시작했습니다. 나는 내 몫의 담요를 모두 그의 위에다 겹쳐 덮어주었습니다. 그리고 엎드려 기도했습니다.

"천지 만물을 창조하시고 인간의 생사를 주관하시는 하나님. 지금 형제 하나가 심히 괴로워하고 있습니다. 더 이상 고통 당하지 않도록 치료하여 주옵소서……"

나는 기도도 제대로 못합니다. 마음 내키는 대로 내 욕심만 부탁했습니다. 그 날 밤 나는 맨몸으로 밤을 샜습니다. 새벽에 1280번이 일어났다가 내가 이불도 없이 떨고 엎드려 기도하는 것을 지켜보았습니다. 그리고 이튿날 병이 났던 죄수에게 지난 밤 있었던 이야기를 들려주었습니다. 그 죄수는 그것도 모르고 하루 밤을 앓은 것입니다. 그는 그렇게 무섭고 악하던 방장이 자기는 담요를 덮지 않고 남에게 더 덮씌워 주었다는 말을 듣고 감격의 눈물을 짓는 걸 보았습니다. 나는 그에게 말했습니다.

"그건 내가 한 일이 아니오. 하나님이 해 주신 일이었소. 나는 하나님이 아니었으면 옛날대로 악한 방장이었을 것입니다. 아시겠소? 감사한 마음이 있으면 하나님께 감사하시오."

"방장님 말씀 고맙습니다. 저도 이제부터 하나님을 믿도록 노력하겠습니다."

나는 그가 언젠가는 하나님을 믿을 것이라는 확신을 가졌습니다. 그리고 그를 위하여 잘 때 한 번씩 기도했습니다. 달달 들볶아대던 내가 잠자는 형제들의 일그러지고 씰그러진 얼굴을 들여다보며 하나님께 기도하는 소원을 하나님은 반드시 이루어주실 것이라고 생각하며 그들을 위해 기도해 주었습니다.

목사님은 우리에게 나직한 목소리로 좋은 비유를 들려주셨습니다.

"여러분, 꽃이 피어 있는 화단에 벌과 나비가 많이 날아와 꿀을 따먹고 춤을 춥니다. 꽃이 먼저 나비를 찾을까요. 나비가 먼저 꽃을 찾을까요?"

다른 사람보다 말이 많은 경상도가 먼저 대답했습니다.

"나비가 먼저 꽃을 찾는 기라예. 꽃이 우이 나비를 찾습니꺼?"

"다들 그렇게 생각하십니까?"

모두들 그렇다고 끄덕였습니다. 나도 그랬습니다. 나비가 꽃을 찾아다니지 꽃이 나비를 찾아갈 수는 없는 것입니다. 한데 목사님 설명은 달랐습니다.

"그렇지 않습니다. 꽃이 먼저 나비를 찾아가 초청한 것입니다."

"어떻게 찾아갑니까?"

"꽃은 꿀을 준비해 놓고 향기를 날려서 나비가 있는 곳까지 알려주었습니다. 나비들은 그 향기의 초대를 받고 꽃밭으로 찾아가는 것입니다. 형제님들 우리가 하나님을 찾아가는 것이겠습니까? 하나님이 우리를 먼저 부르시는 것입니까?"

"하나님이 부르는 거 봤나. 우리가 찾아가는 기지."

"아닙니다. 하나님이 우리가 믿는 것도 하나님의 초청이 먼저 있어야 합니다. 하나님이 부르시지 않으면 잔치 자리에 아무도 들어가지 못한다고 했습니다. 지금 형제님 중에는 교회에 안 가고 하나님을 믿지 않고 계신 분이 있지만 하나님은 여러분을 이미 초청하셨습니다. 그것은 이 다음에 알게 됩니다. 방장님이 교회를 나가게 된 것도 방장님 스스로 간 것 같지만 그렇지 않습니다. 어떤 방법으로든 하나님의 초청이 있었습니다."

나는 이해가 되지 않았습니다. 나를 하나님이 초청하다니 초청 받은 기억이 없기 때문입니다. 그러나 아무 말 하지 않고 며칠을 지냈습니다. 그러나 어느 순간 문득 〈내가 너를 왜 초청하지 않았느냐. 분명히 너는 내 초청을 받고 교회에 나왔느니라.〉하는 말씀이 머리를 꽉 채웠습니다. 그렇습니다. 나는 초청을 받았던 것입니다. 〈여자가 보고 싶다. 여자 궁둥이라도 한번 보자.〉, 이 마음이 아니면 바위보다 굳고 악하고 강퍅한 내가 교회에서 돈을 준대도 안 갔을 것입니다. 여자에 약했던 나를 그런 방법으로 부르심으로 나는 고분고분하게 가짜 크리스천 노릇을 해가며 교회를 나갔던 것입니다. 하나님은 단 한 칼에 내 악의 머리를 베어내고 새 사람으로 바꾸어 놓았으며 껍데기의 굳은 각질을 벗겨내어 태워버리신 것입니다. 나는 분명히 큰 화재를 당하여 전신 구석구석이 활활 타는 것을 느꼈습니다. 내 몸은 이제 모든 악이 타서 떨어져나가고 하나님이 새 살에 새 옷으로 갈아 입히신 것입니다.

하나님의 능력이 아니고는 내 마음의 어느 구석의 한 조각도 나를 이렇게 순한 어린양처럼 만들 수는 없습니다.

우리 방의 화기에 넘치는 분위기를 안 교도관은 마침내 우리들이 교회에 매주 나가도 좋다는 허락을 해주었습니다. 자기는 불교라 믿지 않겠다고 웅크리고 앉은 형제를 제하고는 거의 반이 교회를 나갔습니다. 나는 교회에 들어가면 천당에 온 것 같고 마음이 즐거움을 못 이겨 찬송을 신나게 불렀습니다. 찬송가 한 곡도 모르던 내가 어느새 많은 곡을 외고 부를 수 있었으며 성경 말씀도 반쯤은 외다시피 되었습니다. 죄수만 가득히 모여서 찬송 드리고 기도 드리는 감옥 속의 교회는 옛날 나처럼 가짜도 있을 것이고 진정으로 즐거워하는 죄수도 있을 것입니다. 교도소 구내 교회에 나온 크리스천들은 대개 처음부터 끝까지 울다가 나갑니다. 감옥에 계신 하나님의 역사는 교도관들이 하는 교도행정보다 수백만 배의 일을 하십니다.

나는 교회 안에서 봉사할 일이 많다는 것을 보았습니다. 옛날 같으면 아무데나 침을 뱉고 지나가고 휴지를 버리던 그 곳에서 봉사하고 싶어진 것입니다.

그러나 아무리 교회를 위하여 봉사할 마음이 있어도 아무나 시키지 않는 곳이 감옥입니다. 나는 하나님의 뒤뜰이라도 청소를 할 수 있도록 해달라고 기도했습니다.

내가 기도하면 무엇이나 들어주시는 하나님이라는 확신을 가졌습니다. 요나의 기도를 하나님께서 들으시고 스올의 뱃속에서 토해내게 하였듯이 나는 하나님이 구원해 주시리라는 확신을 가졌습니다.

사람은 새 옷을 처음 입었을 때는 길을 가도 조심해서 갑니다. 흙 탕물에 튀지 않게 하기 위해서입니다. 진흙이 있는 곳에서는 걸음걸 이와 발자국을 조심합니다. 흙이 묻을까 염려해서입니다.

앉을 때도 아무 데나 앉지 않습니다. 앉을 경우에는 앉을 곳을 씻 고 앉습니다. 옷이 더러워지면 빨아서 새 옷으로 갈아입고 다니는 사 람은 언제나 조심하고 삽니다. 그러나 헌 옷이라고 더러워진 그대로 살아가는 사람을 보면 아무 데다 털썩털썩 주저앉고 흙 길이든 먼지 구덩이든 함부로 다닙니다. 그러다 보면 옷만 더럽혀지는 것이 아니 라 몸뚱이에 때가 묻어 들어옵니다. 정갈하게 입고 조심조심하면 더 러운 때가 몸에까지 묻을 수가 없습니다.

이렇듯 우리 인간은 삶에 악의 때가 깊이 묻고 절어들면 그 영혼 까지 때가 묻는다는 것을 깨달았습니다. 옷에 때가 타면 빨아 입듯이 우리는 하루에도 몇 번씩 지은 지를 그냥 버려 두지 말고 기도하고 회개하여 정결하게 씻어내야 합니다.

회개하지 않고 살아온 나는 별 일곱 개를 달도록 세탁을 해 입지 않은 옷이 더러워지듯 함부로 굴러서 큰 죄악에 빠져 있었던 것입니 다. 그러한 나를 하나님은 불로 지지고 태우고 벗기신 후 성령의 새 두루마기를 입히신 것입니다. 나는 이제 하나님이 갈아 입혀주신 옷 을 더럽히지 않고 깨끗하게 빨고 다려 입을 각오가 되어 있습니다.

멍하니 갇힌 신세로 하루가 지나가기를 세고 있는 죄수들은 참으 로 무모한 삶을 죽이고 있는 것입니다. 나는 비로소 내 과거가 얼마 나 헛되었는지를 깨달은 것입니다.

일찍 일어나 기도함으로 하나님과 은밀한 대화를 나누고 성경을 통하여 진리로 영을 밝히며 찬송으로 하루를 즐겁게 보낼 수 있는 삶, 그것은 이곳이 아무리 감옥이라도 나에겐 천국인 것입니다.

하나님을 모시고 사는 죄수는 누구도 외롭지 않다는 것을 알았습 니다. 교회에 나가 봉사하는 것이 소원이었는데 하루는 교도관이 나를 불러내어 교회 청소를 하라고 했습니다. 나는 얼마나 기쁜지 그 날 교회 구석구석 청소를 깨끗하게 했습니다. 하나님께서 나를 불러 주신 것입니다. 나는 감사하며 청소를 하여 어느 누구보다도 잘 했습니다. 그 날 교도관은 나를 지켜보다가 물었습니다.

"그렇게도 좋은가?"

"예, 즐겁고 기쁩니다. 교회 청소는 제게 맡겨 주십시오."

"소원이라면 그렇게 해보지."

그 날 이후 일주일에 세 번씩 저는 교회 청소를 맡아 했습니다. 바 닥도 쓸고 의자도 걸레질을 하여 반들반들하게 해놓았습니다.

교회 청소를 몇 달 하는 동안 저는 모범수가 되었습니다. 모범수 는 지도를 봅니다. 한 방에만 갇혀 있지 않고 나와서 교도관의 일을 거들어 주기도 하고 손이 모자라는 곳에 봉사하는 것입니다.

나는 즐거운 마음으로 일했고 만나는 죄수마다 예수를 믿으시오 하고 권했습니다. 그러나 대개는 내가 전에 그랬듯이 모두가 가소롭 다는 듯이 비웃어 버립니다.

하나님이 부르시고 하나님이 깨뜨려 주시지 않으면 쉽게 깨어지지 않는 것이 인간입니다. 속으로는 나도 하나님을 믿어볼까? 하면서도 겉 사람이 〈낯뜨겁게…… 언제부터 내가…… 체면이 아니지……〉 등 등 겉치레에 따른 벽에 가려서 속에 있는 영이 끝내 겉 사람의 껍데 기를 벗기지 못합니다. 겉 사람의 오만과 교만, 사회적이고 세상적 이기만 한 그 가면을 벗기고 태워야 합니다. 그것은 성령의 불로 태 우지 않으면 안 됩니다.

바울이 예수님을 저주하고 기독교인을 핍박하고 잡으러 다니다가 깨어진 기록이 성경에는 길게 씌어 있습니다. 우리 중에는 극적인 하 나님의 부르심이 있어야만 깨어지는 사람이 있습니다. 하나님께서 기다리시다가 매를 들어 때리실 때는 감당하기 어려운 고통에 빠지 게 됩니다. 형제 여러분, 하나님의 노하신 채찍이 우리에게 이르기 전에 주님 말씀대로 순종하십시다.

나와 같이 있는 한 방의 죄수들 중에는 내가 이렇게 달라진 것을 눈으로 보면서도 하나님을 믿지 않으려는 사람이 있었습니다. 충청도 예산에서 태어나 16세에 고향을 떠난 뒤 객지로 돌다가 도둑질을 배우고 그러다 잡혀온 죄수가 한 방에 있었습니다. 그 사람은 나의 진심을 믿지 않았습니다. 내가 모범수가 되고 지도가 되어 나다니게 되자 그 짓을 하기 위하여 쇼로 기독교인인 체한다는 것이었습니다.

다른 사람들은 번갈아 가며 교회에 참석했는데 그 사람만은 하지 않았습니다. 그에게는 성경 이야기도 통하지 않았고 기도도 찬송가도 소용이 없었습니다.

내가 전처럼 혹독하게 구는 그대로였다면 그런 태도로는 구타를 당해도 많이 당해 묵사발이 되었을 것입니다. 그러나 내 마음에 하나님이 함께 계시면서부터는 아무도 괴롭히고 싶지 않았습니다. 오랜만에 새로 입실한 죄수가 다리를 절며 신고를 했습니다. 전 같으면 신고식이 선입자들에게는 큰 흥미거리였겠지만 나는 신고를 간단히 받았습니다. 선배 죄수들은 그런 내 태도가 마땅치 않다는 것이었습니다. 자기들이 치렀던 것처럼 땀을 빼게 해야 한다는 것입니다. 그뿐 아니라 신고식이 시원치 않으면 기강이 해이된다는 이유도 들었습니다. 그러나 나는 어떤 의견에도 따르지 않았습니다.

새로 들어온 죄수는 입실 후 일주일쯤 되었을 때 다리에 큰 고름집이 생겼습니다. 그는 식사도 제대로 못할 만큼 고통스러워했습니다. 나는 그를 의료실로 안내하여 치료를 받게 했습니다. 치료를 받고 주사를 맞았지만 그 다리의 고름집은 가라앉지 않았습니다. 아무리 보아도 약으로는 안 될 것 같았습니다. 그 부위를 빨아내고 약을 바르면 좋을 것 같아서,

"경상도, 네가 입으로 빨아 보면 어때? 그리고 약을 발라 보자."

"방장님. 전 몬합니더. 징그러워 몬합니더. 우이 그걸 쯔쯔……"

"정말 못하겠나?"

"죽어도 몬합니더."

나는 충청도에게 눈길을 돌렸습니다.

"충청도, 어때? 자네는 할 수 있겠지?"

"못합니다. 그렇게 해서 낫는다는 보장도 없지 않습니까."

"안 날 땐 할 수 없지만 한번 해보는 것도 좋지 않겠소. 해보시오."

"못합니다. 못합니다."

이때 목사님이 나섰습니다.

"그렇게 해서 나을 수만 있다면 제가 하지요. 제가 하겠습니다."

"안됩니다. 이 상처는 너무 깊이 곪아서 고름이 한 입은 더 나올 것입니다. 목사님은 안 됩니다."

나는 다른 사람을 돌아보았습니다. 모두 자기에게 시킬까봐 고개를 돌리고 보려고도 하지 않았습니다. 나는 이미 아무도 이일을 하지 않으리라는 것을 알고 있었습니다. 그러나 일부러 마음을 떠보았던 것입니다.

"1280번!"

"네!"

"어때?"

"……"

그는 어이가 없다는 듯 고개도 돌리지 못했습니다.

"성경에는 예수님께서 제자들의 발을 씻겨 주었다는 기록이 있다. 예수님 같은 분이 제자의 발도 씻겼다는데 형제의 아픈 상처를 눈 딱 감고 한번 빨아내어 줄 수 없다는 말인가?"

목사님만 근심스런 얼굴로 나를 바라볼 뿐 다른 사람들은 고개도 돌리지 않았습니다.

"자, 여기에다 종이를 깔아 놓으시오. 환자는 이리 앉고."

나는 빨아낼 준비를 하고 그 죄수의 무릎 곁에 허리를 숙이고 기도했습니다.

〈하나님 아버지, 이 형제의 상처를 치료하여 주옵소서.〉

나는 그의 상처를 풀어놓고 입을 꽉 대고 쭈욱 빨았습니다. 고름이 쭈르륵 빨려 나왔습니다. 몇 차례 구역질이 나는 것을 참고 빨아냈습니다. 생각보다 많은 양의 고름이 나왔습니다. 다들 내가 하는 것을 상을 찡그린 채 바라보았습니다. 나는 다 빨아낸 후 입을 물로 가시고 그의 상처에 약을 정성껏 발라주었습니다.

들어온 지 얼마 안 된 죄수는 방장이 이렇게 하는 것을 당황하고 미안해서 어쩔 줄을 몰라했습니다. 나는 그를 위로했습니다.

"미안해 할 것 없소. 빨리 상처가 아물기만 하면 되오."

그 날 이후 나는 그 죄수의 처지를 이해하고 위로하며 용기를 심어주었습니다. 그리고 상처가 아무는 것을 보며 감사했습니다.

상처 하나가 생겼다가 고쳐지는 일은 그다지 어려운 일도 아니고 큰 일도 아닙니다. 육신이 병든 곳은 그곳을 치료하는 약이 있고 약이 맞으면 완치가 됩니다. 그러나 영적으로 병이 든 것은 치료가 어렵습니다. 우리는 영적으로 병든 채 살아가고 있는 것입니다. 그러면서도 병든 영적 상처를 깨닫지 못합니다. 영적으로 발생한 병을 치료하는 약은 성경 말씀밖에 없습니다. 말씀으로 거듭나면 치유가 됩니다. 많은 사람들이 마음의 병, 영적인 병을 치료받는 약을 곁에 두고도 다른 방법으로 치료하려고 합니다. 나는 무슨 일이든지 말로 하기보다 행동으로 옮기는 생활에 길들여지고 있었습니다. 전 같으면 입으로 다 했습니다. 안되면 폭력을 썼습니다. 그러나 이제는 폭력보다는 모범을 보여 줌으로써 내 뜻을 이루었고 그것이 바로 하나님의 나라가 이루어지는 길인 것을 알았습니다.

휴 가

나는 법 절차상 마지막 재판을 받아야 했습니다. 감호 13년 구형 10년으로 다 치르고 출감하자면 61세가 되어야 됩니다.

전과를 많이 가지고 있듯이 나는 재판 경험도 많습니다. 내 재판 남의 재판 너무 많이 보고 듣다 보니 반은 판사가 되어 있었습니다. 전과자들은 누구나 자기 죄 남의 죄를 심판하여 징역 몇 년 하고 점을 먼저 칩니다. 거의 백퍼센트 적중합니다. 나는 전에 법정에 나갈 때면 으레 목에 힘을 주고 꼿꼿이 버티었습니다. 그리고 속으로 말했습니다.

'네까짓 것들이 재판을 하겠다고? 해봐라. 재판 따위는 하나마나 내 죄는 내가 아는데 무슨 재판질이야. 그냥 스스로 몇 년 더 썩다가 나가겠느냐고 물으면 내가 법이지. 정해진 걸 가지고 무슨 재판이야. 저것들 좀 보라지. 가운을 걸치고 엄숙하게 차리는 꼴…… 새파란 것이 무얼 안다고 재판이야. 제 놈들은 숨겨 놓은 죄가 더 많으면서 더러워서 원……'

속으로 이러니 겉에 어떤 표정이 나타나겠습니까. 자숙하는 태도는 한 점도 보이지 않고 버티는 나에게는 언제나 무거운 형량이 내려졌습니다. 그러나 하나님을 모시고 재판정에 나선 나는 옛날의 내가 아니었습니다. 나는 겸손히 숙이고 판사 앞에 꿇었습니다. 재판이 진행되는 동안 오직 기도만 했습니다.

"하나님 아버지, 저는 큰 죄인입니다. 주님께서 저에게 주신 시간을 모두 감옥에서만 보냈습니다. 죄인에게 중벌을 더 내리셔도 감사히 받겠습니다. 어차피 저는 제게 주어진 형량대로 살면 일생을 옥에서 보내야 합니다. 옥에서나마 하나님께 찬송하고 기도하며 살다가 하나님 나라에 가고 싶습니다. 하나님, 제가 저질렀던 모든 죄를 용서해 주옵시고 저에게 피해를 입고 어려움을 당하고 있을 그 분들 하나하나 축복해 주시옵소서."

이와 같은 기도를 드리면서 판사나 검사의 얼굴은 바라보지 않았습니다. 살아서 지은 죄도 사람끼리 이렇게 준엄하게 죄과를 받는데 하나님 앞에서의 심판은 어떤 것이겠습니까. 세상의 재판이 무섭지는 않지만 나로 인해 피해 입은 사람들에게는 어떻게 보상을 해야 합니까. 그 날 판사는 내 형량을 대폭 줄여 선고했습니다.

"감호 면죄. 실형 7년."

고개를 숙이고 심판을 기다리는 내 귀에는 거짓말 같은 판결이 내려진 것입니다. 나는 너무 감격하여 하나님께 기도했습니다.

"하나님 아버지 감사합니다. 감사합니다. 감사합니다."

나도 모를 눈물이 두 볼을 타고 흘렀습니다. 가슴속에 큰 상을 받아든 것처럼 뜨겁고 기뻤습니다. 실형 7년! 얼마나 가벼운 형입니까. 수염이 허옇게 나서야 출옥할 각오를 한 나에게 7년이란 너무 짧은 세월입니다. 나는 45세면 나갑니다. 세상에서 떳떳하게 무엇이든 할 수 있는 자신이 있습니다. 형량을 3분의 1로 줄여 주신 하나님은 내가 출옥한 뒤에도 함께 하실 것입니다. 나는 하늘을 날 듯한 기쁨으로 돌아와 203호방으로 들어왔습니다. 다른 죄수들이 결과에 대해 궁금해하였습니다. 경상도가 점친 형량을 말했습니다.

"감호 7년. 실형 7년!"

1280번이 고쳐 말했습니다.

"감호 5년. 실형 6년!"

그 외에도 한 마디씩 했지만 모두가 십 년 이내에 나갈 수는 없다는 것이었습니다. 목사님은 아무 말 없이 듣고만 있었습니다. 나는 자랑스럽게 결과를 들려주었습니다.

"감호 면죄. 실형 7년!"

"오!"

모두들 입이 벌어졌습니다. 재판이 잘못 되었다는 것이었습니다. 나는 하나님께 감사할 뿐이었습니다. 목사님도 이것은 하나님의 역사가 아니면 있을 수 없는 기적이라며 기뻐했습니다.

나는 더욱 열심히 기도했고 찬송했습니다. 교회는 전적으로 혼자 청소할 결심을 했습니다. 그리고 세상에 다시 태어나면 밥벌이를 할 수 있는 기술을 익히기로 하고 토목기술을 익히기 시작했습니다.

감옥살이를 하면서도 나처럼 즐거운 사람도 없을 것입니다. 내가 들어 있는 방의 죄수들은 충청도 하나 빼놓고는 모두 크리스천이 되었습니다. 그 중에는 하나님을 꼭 믿겠다고 약속하고 다른 방으로 옮겨간 죄수도 있고 여러 모양의 변화가 있었습니다.

1984년 여름, 나에게는 매우 기쁜 일이 있었습니다. 모범수에게는 휴가가 주어지고 있었는데 나에게 휴가를 주시겠다는 것이었습니다. 앞으로 7년 동안은 꽉 갇혀 있으리라 생각했는데 휴가라니, 꿈에나 생각할 수 있는 일이 아니고는 믿을 수가 없었습니다.

소장님의 배려로 나는 5일간의 특별 휴가 특명을 받았습니다. 203호실 죄수들은 모두 자기가 당한 기쁨이나 되듯이 기뻐했습니다. 경상도가 신이 난다는 듯,

"방장님예, 좋겠심더, 형수님이 좋겠심더, 붙잡혀 들어오기도 힘든데 내보내 주거들랑 토끼시오마."

했습니다. 충청도도 한 마디 했습니다.

"죄수한테 휴가가 있다니 믿을 수도 없는 일이여. 방장님 정말 휴가 가십니까? 정말 돌아올 생각이십니까?"

"암, 오지 않고, 꼭 오지."

목사님도 한 마디 했습니다.

"축하합니다. 하나님이 아주 크신 상급을 주셨습니다. 이 안에 갇혀 있는 수천 명의 죄수 중에 몇 명 나가는 특전이라니 부럽습니다."

"목사님은 곧 풀려나실 텐데요, 뭐, 하나님은 모든 진실을 밝히실 것입니다."

1280번도 말을 하지 않고는 못 견디는 사람이었습니다.

"방장님, 꼭 돌아오셔야 합니다. 하나님이 특별히 주신 휴가 즐겁게 보내고 오셔야 합니다."

그전 같으면 휴가증 들고 나서자마자 곧장 삼십육계를 쳤을 것입니다. 다시 돌아와서 보낼 철창 신세가 7년이 기다리고 있다고 생각하면 지옥길이 끝없이 보이는 것과 같은 것입니다. 그러나 그 기간이 길기는 해도 두렵지는 않았습니다.

휴가증을 받고 벗어 두었던 사복을 찾아 입고 나올 때 그 감격은 말할 수 없었고 현기증마저 일었습니다. 늙어 꼬부라져서야 세상 구경할 줄 알았던 내가 철문을 당당히 가슴 펴고 나서볼 수 있다는 그 감격은 말로 할 수가 없습니다. 비록 5일간의 휴가이긴 하지만 나에게는 50년만큼이나 값지고 귀한 시간이었습니다.

나는 돌아서서 철창 안을 들여다보았습니다. 거기는 죽음만 있고 절망만 있는 곳이 아닙니다. 하나님의 사랑이 어디든지 깃을 내리고 있는 곳입니다. 다만 그것을 알지 못하는 이들이 그 사랑의 포근함 품을 거절하고 있을 뿐입니다. 나는 많이 변한 차도며 시가지를 두리번거리다가 부천행 버스를 탔습니다. 해가 설핏할 무렵 우리 집 창문이 보이는 골목길을 부지런히 걸었습니다. 대문 앞에 이르러,

"어머니!"

하고 불러 보았습니다. 한참만에 안에서 누가 나오는 기척이 들렸습니다. 혹시 식구들이 다른 곳으로 이사라도 한 것이 아닌가 하는 불안감이 언뜻 스치고 지나갔습니다. 대문이 삐걱하고 열렸습니다. 어머니가 나오셨습니다.

"어머니! 접니다. 홍규……"

"홍규?"

어머니는 매우 놀라시는 빛이었습니다.

"홍규야, 얼마나 고생을 했니?"

"어머니, 그간 안녕하셨구요? 아버님 계신가요?"

나는 어머니를 잡고 방으로 들었습니다. 그리고 어머니 앞에 큰절을 올렸습니다. 어머니는 처음 받아보는 절에 반가워하면서도 걱정을 먼저 하셨습니다.

"홍규야, 네가 나오자면 십 년도 더 걸린다고 했는데 어쩐 일이냐. 또 담을 넘은 게 아니냐?"

"아닙니다. 어머니."

"아니라니, 그럼 어떻게 나왔어? 너 오는 것 본 사람 없었니?"

"없었어요. 본 사람이 있어도 괜찮구요."

"얼마나 고생했니? 널 보내 놓고 하루도 마음 편할 날이 없었다."

"죄송합니다. 어머니, 그런데 아버님은 어디 가셨나요?"

"응, 저 건너 동네 집 짓는 공사장에 나가신다. 늦어야 오시지."

"어머니 죄송합니다. 아들 노릇도 못하고……"

"……"

어머니는 말없이 나를 바라보시면서 눈물이 그렁그렁해지셨습니다. 어려서는 날마다 보던 어머니였고, 지금은 오랜만에 뵙는 얼굴인데 남의 어머니처럼 설고 야위어 보였습니다. 큰아들이 이 모양으로 살았으니 집안 형편이 좋아질 수가 없었습니다. 한번 길을 잘못 든 죄가 이렇게 낡아 가는 집을 수리할 능력도 없는 나를 만들어 놓은 것입니다. 어머니는 못난 아들이 왔는데도 반가워하시며 저녁 준비를 서두르셨습니다. 나는 집안 살림에 많이 설었습니다. 그러나 어머니를 도와 집안을 치우고 아버님이 오시기를 기다렸습니다.

"홍규야, 아버지가 늦으시나 보다. 먼저 들자."

"아닙니다. 조금만 더 기다려 보지요. 오랜만에 온 아들이 식사를 먼저 할 수 있나요."

"그래라, 조금만 더 기다려 보자. 그런데 네가 어떻게 나왔는지 궁금하구나."

"휴가 받았어요."

"휴가라니? 죄수도 휴가가 있다더냐?"

"예, 모범수에게 주는 휴가예요."

"모범수?"

"예, 죄수 중에서도 모범수가 되면 특별 휴가를 준답니다."

"그럼 네가 모범수가 되었다구?"

"그렇습니다."

"아이구, 세상에서는 가장 못된 것이라고 욕들을 하는데…… 감옥
에는 얼마나 못된 사람이 모였으면 네가 모범수냐?"

"어머니, 저를 용서해 주세요. 불효자가 드릴 말씀은 그 말밖에 없
습니다. 하지만 뒤늦게 철이 났습니다."

"철이 났다니 고맙군…… 몇 해나 더 있어야 나오게 되느냐?"

"7년이면 됩니다."

"7년이나? 그래도 듣기보다는 짧아진 것 같은데……"

"예, 많이 줄었습니다."

"에이그, 그 나이가 되도록 장가도 못 가보고 청춘이 늙는구나."

"어머니, 염려 마세요. 제가 나오면 효도해 드리겠습니다."

밤이 깊었습니다. 밤 아홉 시가 넘어서야 아버님이 오셨고 야간
학교를 다니는 동생이 돌아왔습니다. 아버지는 나를 보고 놀라시는
것이었습니다.

"아니! 너 홍규 아니냐? 어떻게 나왔어?"

"예, 휴가 나왔습니다. 아버님 절 받으세요."

아버지는 믿을 수 없다는 표정으로 나를 들여다보시더니 앉으셨습
니다. 나는 진정으로 부모님께 불효한 것을 사죄 드리는 마음으로 큰
절을 올렸습니다.

"아버님 죄송합니다."

"죄송하긴 뭐가 죄송하냐. 다 네 팔자 소관인걸. 그런데 죄수에게
도 휴가가 있단 말을 믿어도 되는 거냐?"

"예, 믿어주세요."

나는 휴가증을 보여드렸습니다. 곁에 있던 동생이 자세히 보더니

"휴가증은 틀림없는데, 형, 가짜 만들어 가지고 나온 건 아니지?"

하고 웃었습니다. 어머니도 염려스런 얼굴로 말했습니다.

"또 잘못된 거 아니냐? 휴가증까지 가짜를 만들어 온 게 아녀?"

아버지도 휴가증을 들고 들여다보시면서 고개를 끄덕였습니다.

"휴가증은 맞는데……"

한번 신임을 잃으면 이렇게 되찾기가 힘듭니다. 감옥에 휴가가 있다는 것도 거짓말 같은 사실이긴 합니다. 그 날 밤은 그 동안의 일들을 서로 궁금한 대로 묻고 대답하며 보냈습니다. 동생도 이젠 고등학교 3학년이 되어 점잖아졌습니다. 철창 안에서 생각하던 것보다는 집안 사정이 좋아져 있었습니다. 아버지도 술을 끊으셨고 어머니는 새로 생긴 공장에 나가서 일을 하신다고 했습니다.

이튿날은 어머니와 둘이 여러 이야기를 나누었습니다.

"어머니, 부탁드릴 게 있습니다."

"뭐냐?"

"어머니는 제가 어떻게 해서 휴가를 얻었다고 생각하세요."

"모범수라며?"

"네, 어떻게 해서 모범수가 되었는지 짐작하시겠어요?"

"글쎄, 죄인끼리 모인 데서 모범수가 또 뭔지 난 모르겠다."

"어머니, 저를 모범수로 만들어준 분이 있어요."

"그러냐? 뉘신지 고맙기도 하구나."

"그분이 누구시겠어요?"

"누군, 간수나……"

"간수가 아닙니다."

"간수 빼놓고 감옥 안에서 누가 널 도와주겠니? 죄수끼리 도와줄 수는 없을 테고."

"맞혀 보세요. 어머니, 그분은 참 좋으신 분입니다."
"그렇게 고마운 분이시면 은혜를 갚아야지. 그게 누구냐?"
"하나님입니다."
"하나님?"
어머니는 어이가 없다는 듯 입을 다물지 못하셨습니다.
"세상에 별소리 다 들어보겠구나."
"믿어지지 않으시지요?"
"누가 네 말을 믿겠니?"
"그러실 거예요. 나도 생각해 보지 못했던 일이었으니까요. 어머
니는 하나님이 안 계시다고 생각하시지요?"
"하나님이 어디 있어. 있으면 네가 감옥에 가도록 버려 두었겠니?"
"어머님, 저는 감옥에서 하나님을 만났습니다."
"하나님이 있을 데가 없어서 하필이면 감옥에 계신다더냐?"
"제가 드리는 말씀 들어보세요."
"난 하나님이 어쩌고 하는 얘기는 싫다. 하나님이 밥을 먹여 주냐
죽을 먹여 주냐. 부처고 하나님이고 다 안 믿는다."
"어머니는 전에 절 가시지 않으셨어요?"
"절에 가면 뭘 하니. 공염불이지. 자식 잘되게 해달라고 없는 돈
있는 돈 다 해다 바치고 불공도 드렸는데 너는 철창 신세를 지고 있
는 걸……"
"어머니, 교회에는 한 번도 안 가보셨지요?"
"거긴 뭘 하러 가?"
"하나님 만나러 가지요."
"교회에는 하나님커녕 부처도 없더라. 절에는 가서 바라보고 절을
하면 절 받는 금 덩어리라도 있지만 교회에는 아무 것도 없는데 어디
다 대고 절을 하니?"
"교회에 가 보셨군요?"

"간 게 아니고 지나가다 들여다보았다."

"부처한테 절을 하면 부처는 오냐오냐하고 받아주시던가요?"

"그것도 아니고…… 나는 아무 것도 믿지 않기로 했다.

"어머니, 하나님을 믿으세요."

"하나님을 믿으라고? 너를 감옥에서 풀어 놓아주면 하나님을 믿을까 원……"

"하나님이 휴가까지 보내주신 걸 보고도 못 믿으시겠어요?"

"그건 모범수니까 소장님이 내보내 주신 것이지. 너 감옥살이 하다가 예수에 미친 게로구나."

"그렇습니다. 어머니."

"미칠 게 없어서 예수에 미쳐? 별일 다 보겠네. 우리 집안은 대대로 불교를 믿어 왔다. 그건 너도 알고 컸잖니?"

"그렇습니다. 하지만 지금은 다릅니다. 참 신앙은 오직 예수님을 믿고 영혼의 구원을 받아야 합니다. 다른 종교는 영혼의 구원에 대하여 말하지 않았습니다. 어머니, 제가 드리는 말씀대로 하세요."

어머니는 내 말에 귀를 기울이려 하지 않았습니다.

"나는 어제 밤 곰곰이 생각해 봤다. 네가 또 도망쳐 나온 게 틀림없다고 생각되었어. 그래 가지고는 엉뚱하게도 하나님이 휴가를 주었다고 구실을 대는 게야. 세상에 감옥에서 휴가 준다는 말을 들어보질 못했어. 네가 도망 나오지 않고 어떻게 집에를 왔느냐 말이다."

"어머니, 저를 믿어주세요."

"믿을 수가 없어서 하는 말이다."

어머니는 고개를 저으셨습니다. 나를 전혀 믿을 수 없다는 표정이었습니다. 나는 더 설명을 해드려도 소용이 없다는 걸 알았습니다.

"어머니, 제가 휴가 마치고 제 발로 걸어서 감옥으로 다시 들어갈 테니 따라와 보세요. 그리고 휴가가 틀림없다는 걸 믿게 되시거든 하나님을 믿으세요."

어머니는 그게 좋겠다고 하셨습니다. 나는 어머니 곁을 떠나 친구를 찾아보기로 했습니다. 집을 나서자마자 곧장 시내 버스를 타고 진필수를 찾았습니다. 녀석은 한낮인데도 퍼질러 자고 있었습니다.

내가 찾아온 것을 안 그의 어머니는 별로 반가워하는 기색도 없이 아들을 깨웠습니다. 그 어머니는 나와 필수가 어울려 다니는 것을 못마땅하게 생각하시기 때문이었습니다. 마흔이 되도록 장가를 못간 못난이가 필수입니다. 어려서부터 불량하게 자랐고 지금도 직업 없이 다니며 어디서 얻어 마시는지 술에 취하지 않는 날이 없는 사내입니다. 나도 감옥에 가지 않았으면 그 신세가 바로 내 신세일 것입니다. 둘이 못 만난 지도 4년이나 되었습니다. 자다가 내가 왔다는 말을 들은 녀석은 잠옷바람으로 뛰어나왔습니다.

"뭐? 홍규가 왔어?"

"그래 나다."

"야 임마, 어디 가서 죽은 줄 알았는데 살아 있었어?"

"죽었다가 살아 왔다."

"너, 고랑 찼다면서?"

"찼지. 아직도 채워져 있다."

나는 팔목을 엇갈려 보이며 그와 악수를 나누고 퀴퀴한 냄새가 밴 방으로 들어갔습니다. 녀석은 조금도 달라진 게 없었습니다. 늙은 어머니께 꽥꽥 소리를 질러가며 일을 시키는 불효자였습니다.

"어머니, 친구 왔는데 술 없어요?"

"날마다 먹는 술 하루라도 거르면 어디가 덧나냐?"

"에이, 장가를 가든지 해야. 야. 나가자."

어머니의 비위장 긁는 소리가 싫었던 그는 일어나 옷을 꿰어 입었습니다. 나는 냉랭하게 대하시는 그의 어머니를 원망하지 않았습니다. 내가 과거를 잘못 살아왔고 그 친구에게 해되는 일만 시켜준 나였으니 당연한 보상이었습니다. 우리는 근처 다방으로 갔습니다. 필수는 내가 나돌아다니는 것이 의아스럽다는 듯 물었습니다.

"어떻게 된 거야. 토꼈어?"

"아니."

"그런데 어떻게 나왔냐구?"

"어쨌든 정식으로 나왔으니까 염려마."

"정식? 죄수가 정식으로 나와? 특사로 나온 거냐?"

"아니."

"그것도 아님?"

"휴가다."

"휴가? 언제부터 그런 게 있었지?"

"얼마 안 돼."

"편리하네. 죄수한테 휴가까지나?"

"그래."

녀석은 아무래도 내 말을 믿지 못하겠다는 얼굴이었습니다. 나는 주머니에서 휴가증을 꺼내 보였습니다.

"이거 진짜냐?"

"응"

"가짜 같은데……"

"믿기 싫으면 그만 둬."

"진짜 증 같긴 한데……"

우리는 그간에 있었던 일들을 주고받았습니다. 녀석은 예나 이제나 변한 게 하나도 없습니다. 나는 이런 사람들에게 하나님 말씀이 필요한 것인데 하고 생각했지만 무슨 말로 권해야 신앙을 받아들이게 될까 묘책이 떠오르지 않았습니다. 내가 그랬듯 아무리 진리를 진심으로 말해도 통할 인간이 아니기 때문이었습니다.

"필수야, 너 몇 살이냐?"

"몰라서 묻냐?"

"나이만 많이 먹어서 사람되는 거 아니다."

"또 그 소리냐? 우리집 꼰대가 하는 소리 너한테까지 듣기 싫다. 여물통 자꾸 채워."

"들을 말을 들을 줄 아는 게 인간이야. 나이가 들면 바른 말을 듣는 귀와 바르게 행하는 손발이 필요해."

"충고 마."

"충고가 아니야. 나는 옥에 갇힌 죄인이고 너는 죄인이 아닌 자유인이야. 내가 충고하게 됐니?"

"맞어, 죄인도 할 말이 있나?"

"그러니까 잘 들어. 죄인이 휴가를 나왔다. 누구 빽이겠니?"

"빽? 네 놈이 무슨 빽이 있었니? 있었으면 벌써 그때 했지."

"너는 빽이 없어서 문제야. 나는 빽의 힘으로 5일 동안의 휴가를 받고 나와서 세상 구경한다 알았니?"

"누구냐?"

"알고 싶냐?"

"빽이면 죄수도 휴가를 준다. 무슨 빽인데 그렇게 막강하냐?"

"너 이 세상에서 누가 가장 큰 빽인 것 같으냐?"

"검찰총장."

"겨우."

"법무부장관?"

"아니."

"국무총리?"

"노우"

"내무부장관?"

"더 높은 분"

"그럼 대통령?"

"그보다 더 높은 분"

"대통령보다 더 높으면 누구냐. 하나님?"

"맞다. 하나님이다."

"미친 소리. 하나님이 너 혼자만 봐주는 하나님이냐?"

"누구에게나 사랑을 베푸시는 하나님이지."

"얼빠진 소리, 하나님을 빽으로 삼고 사는 얼간이가 어디 있냐?"

"얼간이는 바로 너야. 하나님이 무슨 일을 하시는지, 또 어떤 분이
신지 모르고 사는 네가 얼간이야."

"너 정신 있냐. 감옥에서 고문당하다가 헤까닥한 거 아냐?"

"천만에."

"언제부터 네가 하나님 믿었어? 하나님이란 있지도 않은 상상의
신이야. 그게 빽이라구? 얘가 한참 갔어."

"내가 확실히 휴가 나온 것은 믿지?"

"믿을 수 없지. 하나님 빽으로 휴가 나왔다면 절대 거짓말일 테니
까. 너나 나나 남의 주머니 털어먹던 것들인데 하나님이 눈이 멀어서
너 같은 것을 빽서 주겠니?"

"내가 세상에 나와서 다니는 이것이 바로 하나님이 살아 계시다는
증거야. 넌 내 사정을 몰라서 그러는 거야. 세상에는 공기와 바람이
있는 것을 알지?"

"알지."

"보았니?"

"그게 보이냐. 몸에 와서 닿으니까 있는 줄 알지."

"꼭 보아서 믿을 수 없는 게 많다. 그러면서도 그것을 믿는다. 예
를 들자면, 냄새 같은 건 보이지도 않고 있고 만져지지도 않으면서도
있는 줄은 알고 있고, 빛이 있는 것은 알지만 그 빛을 어둡고 밝음에
서 구분할 뿐 만질 수가 없듯 너와 나 사이엔 우정이라는 게 가기도
하고 오기도 한다. 너와 나는 마음으로 맺어져 있기 때문에 만나고
실없이 얘기하다가 웃기도 하고 화가 나기도 하지만 용서도 하고 하

잖니? 바로 눈에 띄지는 않지만 우리 곁에는 보이지 않는 채로 우리
를 돕고 있는 존재가 한두 가지가 아니다. 하나님이 바로 그런 분이
신 거다. 하나님은 아무에게나 존재를 보이시지도 않지만 아무에게
나 다 특별 휴가를 주시지 않는다. 하나님이 보시기에 합당한 사람에
게만 그 계신 증거를 보이신다. 하지만 우리 마음이 강퍅하고 둔해서
하나님의 음성을 들을 수가 없어."

"너 예수쟁이 다 됐구나? 감옥에서 예수쟁이로 만들든?"

"아무나 예수쟁이가 되는 줄 아니?"

"너는 별나냐?"

"별나지. 너 같은 사람에게 하나님은 눈독을 들이고 계시다."

"뭘 먹을 게 있다고 나 같은 걸 찾니?"

"성경 말씀에 등불은 어두운 곳에 필요하고 소금은 썩는 물건에 필
요하며 의사는 병든 자에게 필요한 것이라고 했다."

"그게 무슨 쥐 잡아먹는 소리냐?"

"네 마음문이 닫혔고 너는 네가 알지 못하는 두껍고 깨기 힘든 딱
딱하고 질긴 껍데기에 갇혀 있는 거다. 너는 그걸 모른다. 그 껍데기
는 아무도 못 벗긴다. 세상에는 하나님을 믿는 신자가 모래알같이 많
아도 그 껍질을 완전히 벗기고 사는 사람은 드물다."

"너 개똥 철학 하냐?"

"나는 네가 깰 때가 다 된 병아리가 알 껍질 속에서 자고 있는 것
과 같다고 생각한다."

"너는 그 껍데기를 깼고?"

"깼지. 깨고 불에 바싹 태워 버렸지. 그리고 새로운 고운 털이 돋
아 예쁜 병아리가 된 아기 학과 같이 되었지."

"미쳤어. 너 이젠 미친 거야. 학커녕 물에 빠진 수탉 같다."

"잘 들어. 너는 지금 알 껍질 속에 갇힌 채 날개도 있고 부리도 다
난 병아리와 같은 나이에 차 있는 거야. 다만 불쌍하게도 그 껍질을

깨고 나올 용기가 없고 또 아무도 깨뜨려주는 이가 없는 거야."

"흥, 웃기는군."

"내가 너에게 휴가 나와서 들려주는 이 말이 네 껍질을 벗기는데 도움이 될 것이다. 너같이 거친 껍질에 갇힌 알은 망치나 도끼로 쳐야지 섣부른 도구로는 어려운 거다. 내가 하는 말은 그저 작은 도구로 껍데기 한쪽에 구멍을 내고 가는 정도야. 누가 꽝 하고 쳐서 껍질이 깨지고 네 육신에 날개 하나가 떨어져 나가는 고통스런 매질에 깨어지는 것보다 네 스스로가 깨고 나오면 쉬운 거야. 너 스스로 네 껍질을 벗겨봐."

"점점 웃기고 자빠졌네."

"이놈아, 내나 되니깐 너 같은 놈한테 이런 얘기 해주지, 누가 해주냐? 딴 사람이 말하면 듣기나 하고?"

"그건 그려 허허…… 너 사람 다 되어 가는 것 같은데? 언제 네 가 그렇게 그럴 듯한 말을 배웠지? 감방에서 가르치던?"

"감방에서 만난 하나님한테 배웠다. 너는 이제 교회에 찾아가 두 무릎 폭 꿇어 엎드려서 빌어. 그러면 하나님이 네 껍질을 곱게 벗겨 줄 거다. 내 말을 듣고도 따르지 않으면 너는 세상 병원 돌아서 교회에 가게 돼."

"별 개코 같은 소리 다 하네."

"어째서 하나님 빽이 제일이라고 하는지는 교회에 가 보면 안다."

"집어치워 임마. 몇 년 만에 만나서 겨우 교회 얘기냐?"

"하고 싶은 얘기가 왜 없겠냐? 그렇지만 무엇보다 급하고 중요한 건 친구로서 진심으로 할 일이 있다면 이 말이기 때문에 이 말 먼저 하는 거다."

"고맙다. 생각해 봐서 네 놈이 잘 믿고 제대로 사람된 것 같으면 흉내는 내어 주지. 그런데 너 오늘 오랜만인데 한잔 안 할래?"

"술이라면 생각 좀 해 보고."

"술도 끊었냐?"

"먹어본 지가 너무 오래 돼서 끊었는지 잘 모르겠다."

"좋아, 꼭 같이 갈 데가 있다. 너를 기다리는 여자가 하나 있지."

나는 섬뜩했습니다. 누굴까? 혹시 영주는 아닐까 생각했습니다. 필수는 차 값을 치르고 영등포로 나를 데리고 갔습니다. 몇 년 전만 해도 뒷골목을 내 집 안방 쓸 듯 주름잡던 기억이 새로웠습니다.

"홍규야, 넌 행복한 놈이야. 오늘 밤 너는 장가간다."

"뭐?"

"그녀만 만나면 너는 오늘 밤 그냥 못 넘어가지."

"뭔데?"

"가 보면 알아. 너를 기둥서방으로 생각하고…… 아냐 은인으로 생각하고 사는 여자가 있다구."

"나 같은 걸 그렇게나 생각해 주는 여자가 있어?"

"있지. 너 오기만을 기다리고 사는 여자니까."

"누군데?"

"가보면 알아."

"자아식, 너 농담 아냐?"

"농담은…… 가봐. 네 팔자 고쳐지면 내 팔자도 고쳐지겠지."

"뭔데?"

"너한테 미친년이 있다구!"

"미칠 게 없어서 죄수한테 미치냐?"

"야, 너 그 여자 만나면 죄수라고 하지마. 미국 갔다 왔다고 해."

"미국은 어디가 붙어 있는지도 모르는데 거짓말을 하라구?"

"거짓말도 필요에 따라서는 하라구. 그게 덕이 될 때도 있으니까."

필수를 따라 들어선 곳은 굉장히 큰 고급 술집이었습니다. 그와 나는 한편 구석에 잘 꾸며진 조용한 밀실로 들어갔습니다. 고급 양탄 자에 폭신한 소파, 벽을 둘러친 병풍이 한층 아늑하고 돋보였습니다.

"필수야, 너 이런 데서 돈 쓸 만큼 두둑한 거야?"

"돈 없으면 긋고, 모자라면 너를 인질로 맡기고 가면 되지?"

"죄수도 인질이 되겠냐?"

"죄수 죄수 하지마. 그녀는 아무 것도 모르니까 눈감고 있으라구."

아무리 생각해 봐도 이해가 안 가는 일이었습니다. 문이 열리고 20세를 갓 넘어 보이는 여자가 깍듯이 숙이고 들어서며 주문을 청했습니다. 필수는 가슴을 딱 젖히고 주인이 직접 와서 주문을 받으라고 거드름을 폈습니다. 그리고 기다리는 시간에 나직이 말했습니다.

"야, 너 감방에 또 가얀다며?"

"물론."

"임마, 이왕 나온 거 토껴."

"뭐야?"

"몇 년을 더 썩어야 나오냐?"

"7년만 있으면 된다."

"7년? 다 늙은 할아범이 돼 갖고 나와서 뭘 해? 이번 기회에 나하고 튀자."

"무슨 소리를."

"야, 돈 천만 원만 가지고 배 타자구. 해외로 나가는 비밀 루트를 안다구. 그 지옥 같은 감옥에 가서 고생 말고 이번에 네 빽 한번만 더 써먹어. 다시 들어가지 말고 바다를 건너는 거야. 너 자유로워 좋고 나는 네 덕에 바다 건너 구경 한번 가서 좋구……"

"돈이 어디 있어서……"

"돈걱정은 말라구. 너 아직 몰라서 그렇지 네가 필요하다고 하면 당장에 3천만 원도 해 줄 사람이 있다구."

"정신 빠진 놈의 소리. 누가 나한테 그런 돈을 꿔 주냐?"

"조금만 기다려 봐. 네놈은 큰 횡재를 했다구."

"알 수 없는 소리 그만해."

"돈만 있으면 튈 뜻은 있지?"

"없어."

"병신 같은 소리 마. 너 다시 들어가면 7년 썩고, 그때 나오면 아무도 너하고 상대도 않을 거야. 기회는 포착하는 사람의 것이라구."

"안돼."

"우리 외삼촌이 외항선 선장이야. 돈만 있으면 여기를 떠나고 싶었어. 나하고 튀자. 공소시효라는 거 있잖아. 바다 건너가서 한 십여 년 재미 보다가 콧수염 기르고 건너오면 누가 아냐? 깨끗한 거지."

"그런 얘기 자꾸 하지마."

"나는 너를 위해서 하는 말이야. 아까 네가 그랬지 내 껍질은 내가 못 벗긴다고. 네가 바로 감방이라는 껍질에 들어가 있는 거라구. 거기서 끌어내어 자유스럽게 해 줄 수 있는 사람은 나 하나 뿐이야. 내 진심 알지?"

"내가 토끼면 감방이 어떻게 되는지 아냐?"

"이번에는 고랑을 바꿔 차는 거지. 소장 이하 간부들이 조기 두름이 되어 콩밥을 먹는 거지. 그런 것 생각하면 넌 자유를 못 얻어."

"이놈아, 마귀 같은 소리 그만 해라. 나를 믿고 나의 빽이 되시는 하나님을 믿고 풀어놔 줬는데 은혜를 배신으로 갚어? 네놈 뱃속은 한참 우려내야 빨래가 되겠어."

"성인 군자 다 됐군. 도둑놈 주제에 무슨 의리고 뭐고가 있어. 잘 생각해 보라구. 기회는 왔으니까."

나는 아무 말도 하지 않기로 했습니다. 옛날의 나라면 이런 기회가 없어서 못 써 먹습니다. 그러나 이젠 새 생명 얻은 몸입니다. 옛 것은 다 가고 새 생명으로 구원받은 나입니다. 친구가 하는 말은 이제 나와는 상관없었습니다. 감옥도 들길도 그 어디든지 하나님이 계신 곳이 내가 날개를 펼 수 있는 곳입니다. 나 하나 휴가 주었다가 사고가 나면 나를 믿어주던 웃어른들은 어떻게 되겠습니까. 또 휴가

제도도 없어질 것이고 모범수들에게 주어지는 특혜도 없어질 것입니다. 필수는 내 심중을 전혀 헤아리지 못하고 있었습니다.

침묵이 흐르는 동안 필수는 또 무슨 말로 나를 꾀일까 궁리하고 있었습니다. 나는 속으로 기도했습니다. 저 머리에서 죄를 궁리해내는 꾀주머니를 뽑아 버리시고 하나님의 거룩한 영이 들어와 역사해 주옵소서 하고……

노크 소리가 나고 문이 열렸습니다. 깔끔하고 품위 있게 보이는 주인 여자가 가만히 숙여 보이고 들어섰습니다. 하얗고 갸름한 계란형의 여자. 까만 눈썹과 오똑한 코, 장밋빛 입술에 미소가 묻어 있는 아름다운 자태, 그녀는 나의 기억에 또렷이 새겨 있는 숙이라는 여자였습니다. 나는 '숙아' 하는 소리를 토해내지 못하고 입을 꼭 문 채 바라보았습니다. 그녀는 나를 알아보는 순간 곁으로 와락 달려들어 품에 안겼습니다.

"선생님, 얼마 만이세요."

"……음, 숙도 많이 변했군."

"보고 싶었어요. 어디 갔다 이제 오셨어요."

"멀리."

"미국에 가셨다면서요?"

"……"

"미국이 아무리 좋아도 그럴 수가 있어요?"

"……"

나는 무슨 말도 할 수가 없었습니다. 반갑기는 했지만 더 이상 무슨 표현도 할 수 없었고, 그녀는 나의 목을 끌어안고 머리를 묻었습니다. 그녀의 체취가 향긋하게 콧속 깊이 흘러들었습니다. 옛날과 같이 쑥 내음 같은 신선한 내음이었습니다. 곁에서 바라보던 필수가 입을 열었습니다.

"그림 좋다. 사진 한 장 찍었으면 좋겠는데."

　숙이라고만 일러주어 그녀가 무슨 숙인지 숙 무엇인지 알 수는 없지만 나에게 숙이라는 여자는 잊혀지지 않는 인물이었습니다. 내가 한참 방황하고 다니던 시절. 십년 전 옛날이었습니다. 그녀는 양동에 있는 어느 창녀 집에 팔려들었던 순처녀였습니다. 나는 그녀의 첫 남자였습니다. 단골 아줌마가 아다라시가 왔다며 나를 밀어 넣은 방에 그녀가 있었습니다. 귀엽게 생겼지만 촌티를 채 못 벗은 스물 세 살의 촌 색시였습니다. 나는 그녀가 거부하는 것을 쓰러 눕히고 일을 치렀습니다. 설마 순처녀일까 싶었는데 나에게 당한 뒤 그녀는 엎드러져 슬프게 흐느끼는 것이었습니다. 그리고 자리에는 처녀 증명이 빨갛게 젖어 있었고……
　내가 방문을 열고 나서려 하자 엎드려 울던 그녀는 갑자기 내 허리춤을 잡고 놓아주지 않는 것이었습니다.
　"못 가요, 나를 버리시면 안 돼요."
　그 말만 계속하면서 매달렸습니다. 처음에는 귀찮아서 몇 번 밀어제쳤지만 안 떨어지는 것이었습니다. 나는 그 날 밤
　"좋다. 네 서방이 되어 주마."
　이 한 마디를 해놓고 밤이 새도록 그녀의 육체를 즐겼습니다. 그리고 새벽에 이름을 물었더니 숙이라고만 했고 그 날부터 숙이라고만 불렀습니다. 이 여자는 고집이 어찌나 세었던지 그 다음날부터 나 외에는 아무도 받지 않겠다고 버텨서 주인 아줌마가 못 당하고 나에게 데리고 가라는 것이었습니다. 나는 주인에게 십만 원을 물고 그녀를 풀어 주라고 했습니다. 그 집에서 풀려난 그녀는 나를 놓지 않고 따라다녔습니다. 나는 할 수 없이 잘 아는 다방에다 소개를 해주고 거기서 먹고 자며 일하게 해놓고 그녀를 떼어놓았습니다.
　다방에 들릴 때마다 필수를 동행하였습니다. 동업자였으니까 필수는 우리 두 사람 관계를 잘 알고 있었습니다. 나는 그녀를 이따금 여관으로 불러 사랑해 주었고 그러다가 감옥살이 신세가 되어 그녀를

잊어버린 것입니다. 십 년이 넘고 보니 그녀도 서른 중반에 접어든 완숙한 여인이 되어 있었습니다. 나는 그녀가 어떻게 하여 이런 술집에 와 있는지 궁금했지만 묻지 않았습니다.

무슨 말이든 해야 될 것 같았지만 입이 열리지 않았습니다. 죄를 지은 내가 무슨 할 말이 있겠습니까. 창녀굴에 팔려갔던 여자, 어차피 누군가에게 짓밟히긴 했겠지만 나한테 정조를 잃은 여자였으니 그의 순결만은 내가 인정해 주지 않으면 아무도 믿어주지 않을 것입니다. 나는 입을 다물고 그녀의 처분만 기다렸습니다. 필수가

"그만 해, 너무들 좋아하니까 질투가 나 못 보겠다. 마담, 맥주로."

숙은 전화기를 들고 주방에다 주문을 했습니다. 그리고 내 가슴에 얼굴을 박고 감격을 못 이겨하는 것이었습니다. 잘 차린 안주에 술병이 어깨를 나란히 하고 마셔주기를 기다렸습니다. 숙이 술을 따르고 필수는 좋아서 싱글벙글 받았습니다. 나에게도 잔이 채워졌습니다. 셋이서는 높이 들고 축배를 했습니다. 나는 술을 먹지 않아야지 하면서도 마다하지 못하고 한잔을 받아 마셨습니다. 십 년이 더 지나서 처음 마셔 보는 술이었습니다. 나의 내장은 이제 세상의 기름진 요리나 향기 좋은 술에는 약해져 있었습니다.

나는 두 사람이 '내 잔 하나만 더' 하는 소리를 들으며 맥주 몇 잔에 떨어지고 말았습니다. 옛날엔 스무 병도 하루 밤에 마셔대던 내가 몇 잔 쭈욱 들이킨 맥주에 그만 떨어지고 만 것입니다. 상상하기 힘든 일입니다. 그렇게 먹고 싶던 음식과 맥주를 겨우 몇 잔 마시고 떨어지다니.

나는 한밤중이 되어서야 잠에서 깼습니다. 눈을 떠보니 어느 대궐에 들어온 게 아닌가 싶도록 이상한 방이었습니다. 나는 푹신하고 향긋한 침대에 벗고 누웠고 바닥에는 비단 이부자리를 편 그녀가 따로 자고 있었습니다. 나는 눈을 감았습니다. 여기가 어디일까 생각하다가 날이 밝았습니다. 아침이 되자 그녀는 내가 자고 있는 줄 알고 가

만히 나갔습니다. 아침 식사 준비를 하는 것 같았습니다.

나는 얼마 후 일어나 세수를 했습니다. 그리고 그녀가 안내하는 대로 집안을 둘러보았습니다. 지금까지 그렇게 좋은 집엔 들어가 본 일이 없었습니다. 온 집안이 유리알처럼 반질반질하고 기름이 흘렀습니다. 한쪽 벽에는 큰 사이즈의 그림이 걸려 있고 반대편 벽에는 커다란 벽 어항이 물풀을 가득 담고 펼쳐 있었습니다. 물풀 사이로는 이름 모를 예쁜 물고기들이 날 듯 이리저리 헤엄치고 있었습니다. 그뿐 아니었습니다. 넓은 대청 저쪽은 화원으로 연결되어 있고 그 둘레에는 새장이 있었는데 새들이 맑은 소리로 지저귀고 있었습니다.

나는 천당을 가보지 않아서 모르지만 이 집이 천당이 아닌가 싶었습니다. 아침 식탁은 음식이 모두 그림 속의 작품 같아서 젓가락으로 헤집을 엄두가 나지 않았습니다.

그녀의 눈을 피해가며 누가 또 있나 찾아보았지만 아무도 없었습니다. 식당에는 부엌일을 보는 50대 아주머니와 아가씨 하나가 있었고 주인은 없는 집 같았습니다. 한참 후에 정원 저쪽에 별채가 있고 거기에 50대 남자가 있다는 것을 알았습니다. 숙은 친절하게 시중을 들며 식사를 권했습니다. 나는 조심해서 음식을 조금씩만 들었습니다. 기름진 것을 많이 먹으면 감당할 수가 없을 것을 알기 때문입니다. 그것도 모르고 숙은 이것저것 자꾸만 권했습니다.

진수성찬을 놓고도 사양해 가며 식사를 조심스럽게 마쳤습니다. 식사 후에 그녀는 나를 정원으로 안내했습니다. 작은 연못이 있고 그 곁에 잔디밭이 있었습니다. 가을 햇볕을 받고 노릇노릇 물들어 가는 잔디 위에는 벌레들이 국화를 찾아 날아다니고 있었습니다. 평화스럽고 한가로운 풍경이었습니다. 우리는 잔디밭 가운데 놓여 있는 둥근 테이블에 마주앉았습니다.

"선생님, 많이 보고 싶었어요."

"……"

"선생님은 나를 생각해 보신 일이 없었나 보죠?"

"왜?"

"예전 같지 않아요. 어딘가 우수에 젖은 것 같기도 하고. 옛날 그 기개는 어디 갔어요?"

"죽었지."

"벌써요?"

"죽을 건 빨리 죽어야 해."

"너무 싱거워요. 나 많이 변했다고 생각되지 않아요?"

"세월이 간 것만큼씩만 변하는 게 사람 아닌가. 세월이 가는데 변하지 않는 사람은 병든 사람이겠지."

"그런 얘기 듣자고 한 말이 아니에요."

"참 세월이 꽤 흘렀지?"

"많이 흘렀어요. 제가 선생님을 만날 때가 언젠데요."

"과거는 잊어야지. 어두운 과거를 오래도록 기억한다는 건 자기 고문이야."

"저는 잊을 수가 없어요. 선생님도요."

"미련하군."

"미련이 아니에요. 제가 지금 어떤 여자같이 느껴져요?"

"귀부인……"

"귀부인이 아니에요. 늙은 미혼녀. 노처녀예요."

"노처녀?"

노처녀는 아니었습니다. 이미 처녀는 아닌 줄 아는 처지 아닙니까. 나는 그녀의 처녀를 무너뜨린 죄인입니다. 그래서 처녀 말이 나오면 입이 열리지 않았습니다. 그녀 말대로 늙은 미혼녀가 좋을 것 같았습니다. 이때까지 결혼을 하고 있지 않았다면 이게 도대체 어떻게 된 일인지 알 수가 없었습니다. 이 집은 누구 집이고 술집도 주인이라고 했는데 그건 무엇일까. 궁금했습니다. 숙이는 내 속을 알기

나 한 듯 묻지 않는데도 그 동안의 일들을 하나하나 들려주었습니다.

"선생님, 제 재산이 얼마나 될 것 같아요."

"글쎄."

"옛날에 서울에 잘못 왔다가 서울역에서 깡패한테 붙들려 창녀촌에 팔려갈 때 제 주머니에는 이천 원이 있었어요. 나쁜 놈들한테 속아서 그 집에 팔려 갔다가 선생님을 만났지만."

"선생님이라고 하지마."

"뭐라고 할까요?"

"홍일이라고 불러."

"그건 너무 하잖아요."

"그건 가짜 이름이었으니까 이젠 아무렇게나 불러도 좋아."

"진짜 이름은?"

"홍규"

"그럼 좋아요. 홍일씨라고 애칭으로 부르죠?"

"그렇게 해."

"지금 저는 부자가 됐어요. 궁금하시죠?"

"부자?"

"네, 2천 원 가지고 서울 온 계집애가 40도 안 돼서 이렇게 좋은 집을 가졌잖아요."

"이 집이?"

"네, 집뿐 아니에요. 가평에 큰 별장이 있구요. 시내에는 백화점이 또 있구요, 그 술집도 내 이름으로 되어 있구요. 부자지요?"

"부자군."

"홍일씨, 지금 무얼 하고 계시죠?"

"아무것도……"

"사업하고 싶어요?"

"사업은……"

"제가 지금 대드릴게요. 뭐든지 한번 해보세요."

"아는 게 있어야지."

"그럼 우리 백화점 사장?"

"안 돼"

"뭐든 해봐요. 돈걱정 말고요. 무역회사도 좋구요."

어이가 없었습니다. 꿈도 아닌 생시에 무슨 시나리오가 이렇습니까. 숙이는 자기가 얼마나 정결하게 살려고 했는지 그 이야기가 하고 싶어 견딜 수가 없는 것 같았고 나는 그것이 괴롭게 들렸습니다.

"제가 하루아침에 벼락부자가 된 이야기를 듣고 싶지 않아요?"

"……"

"홍일 씨가 저를 창녀촌에서 건져다 다방에 맡기셨으니 지금의 내가 있지 그렇지 않았더라면 나는 지금 창녀가 되어 있었을 거예요."

"그땐 미안했어."

"아니에요. 난 당신이 좋았어요. 비록 거기서 만나긴 했지만 첫인상이 내 마음에 들었어요. 나에겐 첫 남자였구요. 지금도 그래요. 저는 다방에서 일을 하다가 홍일씨가 영영 나타나지 않아서 필수씨에게 소식을 알아 달랬지만 미국 갔다고만 하고 그만이었어요. 인연이 있으면 만나겠지 하고 저는 어떤 술집 카운터로 들어가게 되었어요. 그 술집이 지금 우리 가게예요."

"음……"

"그 집은 원래 커서 카운터 책임자가 있고 그 밑에서 제가 심부름을 했지요. 그런데 어느 날이었어요. 점잖게 생긴 노신사가 술을 30만 원어치를 먹고 돈이 없다는 거였어요. 무전취식죄로 걸릴 수도 있었죠. 그때 주인은 펄쩍 뛰면서 외상은 절대 못 한다는 거였어요. 돈을 내지 않으면 잡고 있든지 경찰에 신고한다는 거예요. 그 신사는 자기 주머니에 돈이 있는 줄 알고 마시다보니 지갑을 사무실에 두고 왔다는 거였어요. 저는 그분을 믿어도 좋을 것같이 생각되었어요.

그래서 제가 책임지기로 하고 그분을 풀어드렸지요. 그 노신사는 나가면서 이 술집 통째로 사면 얼마나 가느냐고 농담 비슷이 말했습니다. 주인은 그때 웃긴다고 생각했는지 30만 원도 없는 주제에 큰소리를 친다고 질책하면서 1억이면 팔지 했습니다. 노신사는 한 마디로 좋소, 딴말 말기요 하고 내일 나한테 넘기시오. 이 집 매입자는 이 아가씨 앞으로 하고, 하시는 거였어요. 그리고 나를 보고 이 술집 사주면 장사 잘 하겠느냐고 웃으며 말했습니다. 나는 농인 줄 알고 그럼요 했죠. 그런데 농이 아니었어요. 이튿날 돈을 가지고 와서 외상값을 치르고 나서 내 이름으로 술집을 사서 경영권을 내게 맡겼어요. 나는 놀랐지요. 그래서 농담이었노라 했더니 '아가씨도 내 보증을 한번 서 주었으니 나도 아가씨를 믿어보고 싶어서 그러오' 하고 일을 치렀습니다. 나는 졸지에 큰 술집 주인이 되었지요."

나는 그녀의 말을 믿을 수 있는 것인지 의문이 갔습니다. 그러나 그녀는 자기가 겪은 이야기를 계속했습니다.

"그 술집은 내가 경영하기 시작하면서부터 손님이 배로 늘어났어요. 장사가 잘 되었지요. 나는 벌어지는 대로 그분에게 드렸어요. 그러나 그분은 자기가 운영하는 백화점이 잘 되기 때문에 돈이 급하지 않다면서 통장에 넣어두라는 것이었어요. 통장에는 다달이 예금이 올라갔고 장사는 불일 듯 잘 되었습니다. 그런 인연이 있은 뒤 노신사는 저를 자기 집으로 들어와 함께 살자고 했어요. 이 집이 그 집이지요. 나는 이 집으로 들어와 그분의 수양딸 노릇을 했고 지금 집 지키는 양씨와 아줌마는 그때부터 지금까지 나를 보살펴 주고 있어요."

"그런데 노신사는 왜 안 보이나?"

"이 세상에 없어요. 해외 여행 갔다가 돌아오는 길에 비행기 사고로 돌아가셨어요."

나는 딱하다고 생각했습니다. 그녀는 계속했습니다.

"저는 그분의 재산 상속자가 되어 있었죠. 그분은 딸이 하나 있었는데 미국으로 이민 가서 없고 부인도 일찍 돌아가셔서 혼자셨어요.
아주 깨끗하게 살다 가신 분이었지요. 나는 의외에 그분 앞으로 나오
는 사망 보상금까지 받았어요. 그래서 그분이 하던 백화점을 더 확장
했지요. 저에겐 사업자금이 넉넉히 있어요. 사업하고 싶으시면 약간
대 드릴게요."

유혹의 터널

나는 그 말을 믿을 수도 없었고 그녀의 말대로 사업을 할 처지도
아니었습니다. 그 날은 그녀와 종일 이런 저런 이야기로 하루를 다
보냈습니다. 유흥업소에서 익힌 교태가 숙의 행동에는 깊이 배어 있
었습니다. 나는 그녀의 끈질긴 청을 물리치지 못하고 그 날 밤은 그
녀를 위하여 시간을 보내기로 하였습니다. 그녀의 연락을 받고 필수
도 왔고 우리는 어울려 카바레로 갔습니다. 홀 안에는 수백 명의 남
녀가 춤을 추기도 하고 술을 마시기도 하면서 즐기고 있었습니다. 옛
날의 나는 카바레에서 춤 잘 추고 여자 잘 낚기로 유명한 제비족이기
도 했습니다. 여자들은 대개 키 큰 남자와 쌍꺼풀의 시원한 눈을 가
진 남자를 좋아합니다. 내가 바로 그 스타일에 가깝기 때문에 여자들
에게 인기가 있었습니다.

나는 그 컴컴한 자리를 채우고 앉아서 옛날 내 감정은 어디로 갔
나 하고 더듬었습니다. 춤추고 마시고 노는 것이 그렇게 좋았는데 그
날 밤의 나는 즐거운 것이 아무 것도 없었습니다. 홀에서 선남선녀인
양 폼을 잡고 우글거리는 무리들이 모두 독 묻은 벌레들처럼 느껴졌
습니다. 뿐만 아니라 완전히 무덤처럼 느껴졌습니다. 모두가 껍데기
를 벗지 못하고 꿈틀거리는 굼벵이 같았습니다. 굼벵이는 껍질을 벗
으면 매미가 됩니다. 매미가 되지 못하고 벌레로 살다 죽는 놈은 끝
내 썩고 맙니다. 껍질을 벗지 못한 애벌레 같은 무리들의 꿈틀거림이

비위에 거슬렸습니다.

나도 옛날에는 저와 같이 여자를 잡고 춤도 추었고 술도 마셨습니다. 그러나 그것이 얼마나 속된 것인가를 새삼 느낄 수 있었습니다. 나는 자리를 뜨고 싶었지만 필수와 숙이의 청을 거절하지 못하고 앉아 있었습니다. 멋지게 돌아가고 감각적으로 손과 몸을 비비며 날 새는 줄 모르던 내가 그 짓이 싫고 분위기가 싫어진 것은 내 뜻이 아니었습니다. 허식과 사치와 허영의 껍데기는 하나님께서 다 벗기어 태웠습니다. 내 안에는 오직 성령이 숨쉬고 인도하고 계심을 재인식하며 그 자리를 지루하게 보냈습니다. 술이 거나해진 필수는 숙이 자리를 비운 사이에 속삭였습니다.

"야, 어제 밤에 재미 좋았지?"

"쓸데없는 소리."

"다 알았지? 숙이가 지금은 재벌이라구. 사업자금 좀 뜯어 임마."

"사업은 누구를 위한 사업이냐?"

"너 좋구 나 좋은 거지 뭐. 기회는 다시 오지 않는다구. 이번 휴가를 이용해서 토껴. 나하고 해외로 나가자구. 숙이도 네가 원하기만 하면 다 들어 줄 거야."

"무얼?"

"돈 말이야. 돈이면 다야. 돈만 있어봐. 법도 돈이 가면 구멍이 뚫려 임마. 너 정말 감방으로 돌아갈 생각이냐?"

"그래."

"저 애를 그냥 두고 가? 널 서방으로 알고 기다리는 애를 두고?"

"다 옛 이야기다. 너나 정신 차려. 사십이 되도록 그게 뭐냐?"

"잘난 소리 말라구. 네가 그냥 가면 숙이는 내가 가만 두지 않어."

"가만두지 않으면?"

"내꺼 만드는 거지."

"좋을 대로, 죄는 더 짓지 말고 살아라. 내 꼴로 철창가지 말고."

"넌 질투도 없냐?"

"질투 같은 건 옛날 벌레 같은 시절 얘기다."

"흥, 도사 났네 도사 났어."

"조용히 술이나 들다 가자."

"너도 한잔."

나는 잔만 받아놓았습니다. 술도 싫고 그런 좌석이 싫었습니다. 숙이 전화를 걸고 온다면서 돌아와 내 곁에 바짝 붙어 앉았습니다.

"오늘은 많이 마시고 실컷 놀다 가요. 얼마든지 내가 낼 게요."

숙이 귀여운 얼굴을 지어 보이며 잔을 높이 들었습니다. 여유 있게 살아서인지 처녀 때와 똑같이 피부가 팽팽하고 고왔습니다. 나는 시늉으로만 잔을 들었다 내렸습니다.

"홍일씨, 오늘은 제가 대접하는 좋은 날이에요. 잔 쭈욱 내세요. 그리고 내잔 받고요."

"자, 들자고 홍일씨."

둘이 나란히 잔을 들고 부딪치는 것이었습니다. 나는 또 잔만 들었다 놓았습니다. 숙이 불만스럽다는 듯 눈을 흘겨 뜨면서

"제 성의를 무시하기예요? 너무하세요."

하고 말하자 필수도 거들었다.

"이봐, 도사. 그러지 말고 한잔 비우고 이쪽으로 주라구."

필수는 쭈욱 들이켜고 빈 잔을 내 앞에 내밀었습니다. 나는 담담히 바라보았습다.

"나는 나가서 춤이나 추고 오겠다."

한 마디 하고는 귀퉁이로 갔습니다. 누가 춤이나 추자고 안 하나 해서 턱을 받치고 있는 바람난 여자들이 긴 의자에 닭들처럼 걸터앉아 있었습니다. 그는 여자들을 둘러보다가 한 사람을 지적하여 데리고 춤추는 군상 속으로 숨어 버렸습니다. 숙이 내 곁에서 떠나지 않고 고개를 내 어깨에 얹고 나직이 속삭였습니다.

"나 당신 오래 오래 기다렸어. 알아?"

벌써 그녀의 코에서는 술 향기가 폴폴 쏟아지고 있었습니다. 혀도 취한 소리였고 교태를 부릴 때 쓰는 콧소리를 약간 내었습니다.

"기다리면 뭘 해?"

"세상에서 가장 좋은 당신인데 뭘 하다니이. 당신 난 좋아."

"좋은 것도 끝이 있는 법이야. 이젠 나 같은 거 생각하지 말고 좋은 사람 찾아봐."

"진정이야?"

"잘 생각해서 살아. 나 같은 건 다시 만날 생각 말고."

"무책임하잖아."

"미안해. 나는 진심으로 숙이를 위해 하는 소리야. 나는 건달이었어. 남한테 못할 일만 시키는 건달."

"건달이 자기가 건달이라는 사람 없어요. 당신은 좋은 사람이야."

"찾아봐. 세상에는 좋은 남자가 수두룩해."

"쌓이고 썩어도 나는 다 싫어. 당신이 좋아."

그녀는 내 가슴에 얼굴을 묻었습니다. 와글거리는 사람들이 모두 자기끼리 즐기기에 정신이 빠져서 그녀가 내 가슴에 파고 들어도 보아주는 이가 없었습니다. 나는 그녀의 머리 냄새를 맡고 있었습니다. 풀향기 같은 싸옴한 냄새가 가슴에 깊이 흘러들었습니다. 그녀는 손으로 내 깊은 언저리까지 쓰다듬고 있었습니다. 네온사인 불빛이 바뀔 때마다 그녀의 얼굴은 여러 모양으로 요염하게 변했습니다.

나는 잠들었던 악의 세력이 내 가운데서부터 불타듯 뜨거워지고 있는 것을 느꼈습니다. 그녀의 따스한 볼이 내 턱에 와 꿀 따는 벌처럼 파고들었습니다. 나는 그녀의 허리를 꼬옥 안아주었습니다. 탄력 있는 가슴이 그대로였고 꽃향기 같은 그녀의 입김이 내 이성을 혼미하게 만들었습니다. 나는 그녀가 하는 대로 가만히 있었습니다. 시간이 한참 흐르고 난 뒤 무대에서는 스트립 쇼가 시작되었습니다.

숙이 거칠어진 숨소리로 내 육체를 더듬었습니다. 나는 가만히 눈을 감고 무대 위의 광경을 외면하였습니다. 그러나 눈을 감으면 더 자극적인 여자의 누드가 떠올랐습니다. 구석마다 짝지어 앉은 커플들은 우리의 모양과 비슷한 꼴을 하고 있었습니다.

나는 이러면 안 된다고 몇 번씩 다짐하였지만 육체의 불은 점점 뜨겁게 타고 있었습니다. 뜨거워진 그녀도 남을 의식하지 못하는 듯 내 볼에 뜨거운 입술을 가져왔습니다.

필수가 낯선 여자의 손을 잡고 자리로 돌아왔습니다. 금방 만난 사람끼리이면서 연인이나 되는 듯 다정하게 앉아 술을 들었습니다. 숙이 자리에서 일어서며 나에게 춤을 추자고 청했습니다. 나는 마지못해 일어서서 그녀를 따랐습니다. 참 오랜만에 추어보는 춤이었습니다. 추어본 지가 오래 되었지만 한 스텝도 잊지 않고 제대로 밟았습니다. 내 육체는 점점 악의 늪으로 빠져들고 있었습니다. 그녀의 눈빛 속에 나는 깊이 빠져 있었고 그녀는 내 품에서 행복한 얼굴로 춤을 추었습니다.

나는 〈이럴 수가 없어. 도로 벌레가 될 수는 없어. 이 구렁텅이에 빠지면 나는 구원을 받지 못해……〉 등등 생각으로 꽉 찼다가도 그녀의 이끌림을 받아 육체의 율동을 맞추고 있었습니다. 밤이 깊자 다들 떠나기 시작했습니다. 나도 그녀와 떠났고 필수는 언제 간다는 인사도 없이 사라졌습니다.

우리는 약속이라도 한 듯 그의 집으로 갔습니다. 그녀는 자기 침실로 나를 안내했습니다. 그녀는 욕실로 들어가 짙은 향수냄새를 풍기며 목욕을 마치고 나왔습니다. 그리고 나에게 목욕을 권했습니다.

나는 그녀의 종처럼 욕실 안으로 들어갔습니다. 평생에 그렇게 좋은 목욕실은 처음 보았습니다. 변소를 화장실이라고 부르는 이유를 거기서 실감할 수 있었습니다. 십여 년 동안 못 해본 목욕을 한꺼번에 다 했다 싶을 정도로 씻고 나왔습니다. 그녀는 내 잠옷까지 준비해 놓았고 잠자리 날개보다 투명한 연분홍 잠옷으로 갈아입고 있었습니다. 얇은 잠옷 속으로 알몸의 선이 투영되고 희고 검은 빛의 강렬한 유혹이 내 육신을 전율하게 만들었습니다. 그녀는 나를 잡아당겨 침대에 누웠습니다. 그리고 눈을 감고 기다렸습니다.

우리는 처음이 아니었습니다. 이미 서로의 육체를 아는 사이였으나 나는 그녀의 요구를 들어줄 수 없다고 생각했습니다. 이 선에서 끝나야 영주를 만나기 전에는 아무것도 할 수 없다고 생각했습니다. 그녀의 요구를 들어주지 않겠다고 생각한 나는 전혀 다른 생각을 하면서 육체의 불을 껐습니다. 그녀는 혼자 애를 태우다 잠이 들었고 나는 무사히 그 밤을 보냈습니다.

무모하게 또 정을 통해 놓으면 그것은 큰 죄악인 것입니다. 일단 영주를 만나 우리의 관계를 정리해야 하고 아들이 얼마나 컸는지 알아보지 않으면 안되었습니다. 나는 숙에게 그녀의 요구를 들어주지 못한 것에 대하여 사죄했습니다. 이해성이 넓은 그녀는 너그럽게 이해해 주었지만 섭섭해하는 빛은 지우지 못했습니다. 아침 햇살이 온 누리를 은빛으로 물들이고 있었습니다. 나는 남은 휴가 기간의 반 이상을 보낸 것입니다. 하루 밤과 이틀 낮이 남았습니다.

숙이의 집을 떠날 때는 언제 오마 기약도 없이 잘 있으라는 인사 한 마디만 남겼습니다. 이젠 내 태도로 보아 그녀대로 새 남자를 찾겠지 하고 생각했습니다.

나는 옛날에 살던 D동으로 부지런히 달려갔습니다. 영주와 행복하게 살던 그 집이 그대로였습니다. 우리가 살던 이층은 누가 사는지 베란다에 빨래가 너절하게 걸려 있었습니다. 나는 약간 떨리는 마음으로 대문 벨을 눌렀습니다. 전혀 상상도 못했던 할머니 얼굴이 나타났습니다.

"누굴 찾으시오?"

"죄송합니다. 이 집에 전씨가 살았는데 지금도 사시는지요?"

"전씨라? 잘 모르겠는데…… 그런데 왜 찾으시우?"

"예, 여쭈어볼 말이 있어서요."

"우리가 이사 오기 전에 살던 사람이 전씨였다지 아마……"

"지금은 어디로 이사 가셨나요?"

"글쎄요. 어디로 갔는지는 모르지만……"

"언제 갔습니까?"

"3년쯤 되었지……"

"3년이오?"

나는 눈앞이 아득했습니다. 3년 전에 이사를 갔다면 지금 어디 사는지 찾을 수가 있을까 싶었습니다.

"전 주인은 왜 이사를 하셨답니까?"

"사업하다가 부도가 났다던가……"

"할머님은 이 집에서 계속 사셨나요?"

"혹시 그 동안에 이층에 누가 찾아오지 않았나요?"

"글쎄."

"지금은 이층에 누가 삽니까?"

"늙은이 둘 하고 젊은 아들 하나가 살고 있다오."

"전씨는 다시 오지 않았던가요?"

"몰라요."

나는 그 자리에서 어디로 가야 좋을지 막연했습니다. 이층 전세금은 어떻게 되었으며 영주는 끝내 오지 않은 것이 아닐까? 나는 생각이 착잡했습니다. 허탈한 발길을 막연히 떼어놓고 있자니 문득 동사무소를 가 보자 하는 생각이 떠올랐습니다. 동회로 갔습니다. 번지를 대고 집주인이 이사간 곳을 확인해 보았습니다.

집 주인은 B동으로 이사를 했습니다. 가느다란 희망을 걸고 찾아가 그 번지를 뒤지는데 오후가 되었습니다.

그들은 춘천으로 이사한 것으로 기록되어 있었습니다. 춘천 주소

를 적어 가지고 허겁지겁 춘천으로 달려갔습니다. 동사무소를 찾아
갔을 때는 퇴근 무렵이었습니다. 나는 사정을 하고 그 사람이 이사했
다는 번지를 찾아 열람했습니다.

오! 나는 울 뻔했습니다. 그분은 또 이사를 한 것입니다. 이번에
간 곳은 황지 읍이었습니다. 춘천서 황지까지는 먼 곳이었기 때문에
거기까지 가야 하느냐 하는 것이 문제였습니다.

춘천서 황지까지는 250리나 됩니다. 밤중에는 차가 없어서 갈 수
도 없는데 시간으로 계산해 볼 때 거기까지 가야 되느냐가 문제였습
니다. 아무튼 영주의 소식이나 임대료 관계를 알자면 그분을 만나야
만 되었습니다. 앞으로 7년 후에 나와서 다시 찾는다는 건 더 어려운
일이었습니다.

결 단

나는 일단 여인숙에 들었습니다. 춘천서 황지까지는 250리가 넘
는데 거기까지 가자면 차를 몇 번 바꾸어 타야 하기 때문에 시간이
많이 필요하다는 것이었습니다.

일단 나선 길이니 가서 만나야겠다고 결심하고 일찍 갔습니다. 그
리고 이튿날 7시에 떠나는 원주행 버스를 탔습니다. 원주에 도착하
니 9시가 다 되었고 거기서 영월행 버스를 9시 30분에 타고 영월 도
착이 10시였고 10시 반에 황지행 버스를 탔습니다.

황지까지 가는 길은 너무 험해서 차가 제 속력을 못 내었고 내가
탄 차는 중간에서 펑크가 나서 뒤에 오는 차로 갈아 태워 주어 황지
읍에 도착은 오후 1시가 넘어서였습니다. 허둥지둥 C동을 찾아갔습
니다. C동사무소에서 전씨의 주소를 확인했습니다. 그분은 사업에
실패하고 광부가 되어 있었습니다. 동사무소에서 그곳까지는 걸어서
반시간쯤 가야 하는 탄광촌 사택이었습니다.

　세상에 태어나서 처음으로 구경하는 탄광촌이었습니다. 영월서 황지까지 오는 동안 강물이 검다고 생각했는데 황지에 당도하고 보니 골짜기에 흐르는 물이 모두 새까만 색이어서 마치 염색 물감을 풀어 놓은 것 같았습니다. 이곳 국민학교 어린이들이 강과 들을 그리면 냇물을 새까맣게 그린다더니 과연 냇물이 연탄가루로 새까만 색이었습니다. 허술하게 지어 놓은 사택촌으로 들어갔습니다. 서울서 이층 양옥에 자가용을 굴리던 분이 어떻게 여기까지 와서 사나 의심스러웠습니다. 지은 지 오래된 사택은 형언키 어려울 정도로 낡았고 환경이 말이 아니었습니다. 지붕도 길도 모두 새까만 마을이었습니다.
　1시 30분에 그 집을 찾았습니다. 문을 열고 나온 부인은 옛날 그 아주머니였습니다.
　"아이고, 누구시여?"
　"네, 오랜만에 뵙겠습니다."
　"어찌 알고 예까지 오셨소?"
　"찾아서 묻고 물어 왔습니다. 그 동안 평안하셨는지요."
　"평안이 뭡니까. 이 지경인 걸요."
　"아저씨는요."
　"막장에 들어갔다우."
　"막장이라니요?"
　"탄광에 탄 캐러 들어갔다는 말이지요. 일주일씩 교대를 하기 때문에 집에 오자면 앞으로 사흘이나 더 있어야 온다우. 들어오지요."
　부인의 안내로 들어갔습니다. 전에 갖추고 살던 살림살이는 다 어쨌는지 보이지 않고 찌그러진 철제 캐비닛에 이불장이 유리가 깨진 채 그대로 있고 초라하기가 말로 할 수 없을 정도였습니다. 몇 년 사이에 이렇게 변할 수도 있나 싶은 가난한 살림이었습니다. 아주머니도 전과 같이 활기가 없고 노인이 된 듯 힘이 빠져 보였습니다.
　"아주머니, 어쩌다 여기까지 오시게 되었습니까?"

"팔자 소관이지요. 사업한다고 하다가 사기를 맞아서 집도 날아가고 몸뚱이만 나왔다우. 올데갈데없는 신세들이 되어 동서남북 안 다녀본 데가 없이 다녔다우. 여기 사는 걸 어떻게 알고 오셨수?"

"동사무소에서 주소를 알아 가지고 왔습니다."

"그래 색시는 어쩌고요?"

"그 사람 소식이 궁금해서 왔습니다."

"그럼 같이 살고 있지 않수?"

"예."

아주머니는 한참 동안 무얼 생각하더니

"전에 색시가 댁이 오거든 전해 주라며 편지를 써주고 갔는데……"

"그 편지 지금도 가지고 계신가요?"

"이사를 한두 번 다녔어야지. 있는 세간도 다 버리고 다니느라고……"

"안 가지고 계시군요."

"너무 오래서."

"그 사람 무슨 말은 없었나요?"

"우리 집이 은행으로 넘어가게 되어서…… 아니지 그 전이었어. 댁에서 집을 나간 지 한달 만에 색시가 오더니 댁 소식을 묻고 며칠 있다가 집을 내달라고 했어요. 그래서 보증금을 내어주었지. 색시는 아기를 데리고 짐을 챙겨 가지고 떠나면서 나한테 편지 한 장을 주길래 어디로 가느냐고 물었더니 부산으로 취직이 되어 간다고 했어요. 부산에 있는 D여중 선생님으로 간다고 하던가?"

"D여중이 틀림없습니까?"

"그런 것 같아요."

시계를 보았습니다. 두 시 반이었습니다. 그녀를 찾는 길은 부산으로 가서 D여자 중학교를 찾는 길밖에 없었습니다. 황지서 부산까지는 천리길입니다. 눈앞이 깜깜했습니다. 도저히 그녀를 찾아갈 시간이 없었습니다. 다음날 아침 9시까지는 귀소를 해야 합니다. 귀소 때까지의 시간은 17시간이 남아 있었습니다. 따져보면 17시간은 아는 길로 쳐도 황지서 부산까지 갔다 오기도 모자라는 것입니다.

서울까지만 가도 6시간이 필요하고 서울서 부천까지는 1시간, 부지런히 돌아가서 부모님께 인사하면 귀소시간과 맞습니다. 나는 완전히 좌절했습니다. 영주와 한 번만 더 만나는 것이 소원이었습니다. 이제부터 7년 후에 만난다면 서로 얼굴도 잊을 것만 같았습니다. 막연하나마 부산에 있다는 D여중이 유일한 찾는 길이었습니다.

갑자기 그녀가 보고 싶고 아기가 보고 싶어졌습니다. 나는 허탈한 발길을 돌려 그 집에서 나왔습니다. 부산까지 갈 수도 없고 서울까지 가는 것만도 바쁜 길입니다. 탄광촌에는 어디고 석탄 먼지가 앉지 않은 곳이 없었습니다. 한참을 걸어서 변두리 산기슭에 탄가루가 내린 잔디 위에 주저앉았습니다. 따뜻한 가을 햇살이 산속 구석구석까지 비치고 있었고 평화롭게 보였지만 오직 나만은 세상에서 가장 불행한 사람처럼 느껴졌습니다. 나는 잔디에 엎드렸습니다.

'하나님 아버지 저의 빽이 되어 주셔서 감사합니다. 세상의 아버지도 어머니도 저를 감옥에서 구출할 수가 없습니다. 오직 하나님 아버지만이 저를 구원하실 수 있습니다. 이 죄인에게 형기를 단축시켜주시고 휴가까지 주셔서 이 먼 산 속까지 왔습니다. 세상에서 지은 모든 죄를 다 갚고 하나님 나라에 갈 수 있도록 축복해 주옵소서. 하나님을 외면하고 이대로 부산으로 가고 싶은 마음이 가슴속 가득합니다. 저를 붙잡아 주시옵소서. 저는 세상에서 버림받은 죄인입니다. 하나님 아버지의 사랑과 용서하심으로 형기를 마치고 나오는 날 흰눈보다 더 하얀 마음으로 세상에 나가 주신 분깃만으로 살게 하여 주옵소서. 다시 서울로 가야 하겠습니다. 부모님께 효도하지 못한 죄도 용서하여 주옵시고 부산에 살고 있을 영주 모자도 건강하게 지켜주시옵소서. 세상에서 살 동안 나를 죽이고 겸손하게 사는 새 사람되게 하옵시고 마귀의 시험에서 건져 주시고 악에서 더 이상 죄 짓지 않도록 성령이 함께 하여 주옵소서. 예수 그리스도의 이름으로 기도하옵나이다. 아멘'

나는 착잡한 가슴으로 엎으려 따사한 햇볕에 등을 대고 가만히 귀를 기울이고 하나님의 음성을 기다렸습니다. 하나님은 언제나 고요한 중에 귀에는 들리지 않는 소리로 우리 곁에서 속삭이십니다.

— 착하고 겸손한 아들아. 네 죄를 네가 씻고자 하니 너의 허물이 너의 믿음으로 씻겨질 것이다. 자기가 지은 죄 값은 남이 갚아 주거나 벗겨주지 못한다. 스스로 벗어야 한다. 매미가 애벌레의 탈을 스스로 벗고 병아리가 그 몸으로 껍질을 까듯 죄를 씻고 선함으로 나가자고 하는 자에게는 죄와 허물의 막이 깨어지는 것이다. 너는 네 믿음으로 너를 구원하였다. 네 믿음 네가 지켜 바른 길 가거라 —

나는 자리에서 일어섰습니다. 하나님은 내 안에 계시면서 항상 작은 소리로 나를 인도하십니다. 그러나 악이 성한 가슴에서는 그 인도하심이 들리지 않습니다. 우리는 두 개의 씨앗이 심겨 있는 밭과 같습니다. 하나는 가라지씨요, 하나는 밀알입니다. 주인이 가라지가 좋아하는 비료만 주면 밀은 자라지 못합니다.

나는 40이 되도록 가라지를 키우고 있는 밭이었습니다. 가라지를 키우는 거름은 세상에 너무 많습니다. 외설 소설이나 외설 잡지 섹스 비디오 유흥업소의 누드쇼, 저질 영화 등 모두가 우리에게 가라지를 길러주는 똥 같은 거름이었습니다. 나는 그런 거름만 먹고 가슴에 악을 키우고 있었습니다..

그러나 이제 나에겐 그것이 모두 떠났습니다. 한 손에 찬송가 또 한 손엔 성경이 세상을 이겨 가는 무기가 되었습니다. 성경 말씀은 밀알을 기르는 거름이 됩니다.

성경이 있는 곳에 양심의 불이 밝혀지고 찬송이 있는 곳에 기쁨의 사람이 넘칩니다. 성경과 찬송가로 무기 삼고 사는 사람에게 악이 접근하지 못하고 물러납니다. 나는 큰 소리로 찬송가를 불렀습니다. 새까만 냇물을 따라 걸으며 찬송을 불렀지만 아무도 듣는 이가 없었습니다. 그러나 하나님은 나를 축복하고 찬송을 받으시며 나를 기쁘게 해주셨습니다.

나 같은 죄인 살리신
주 은혜 놀라워
잃었던 생명 찾았고
광명을 얻었네.

큰 죄악에서 건지신
주 은혜 고마워
나 처음 믿은 그 시간
귀하고 귀하다.

이제껏 내가 산 것도
주님의 은혜라
또 나를 장차 본향에
인도해 주시리

거기서 우리 영원히
주님의 은혜로
해처럼 밝게 살면서
주 찬양하리라.

아무도 아는 이가 없고 아무도 나를 알아주지 않지만 나는 영광중에 기쁨이 넘칩니다. 그날 나는 구원해 주시는 하나님께 감사하며 황지를 떠나 서울로 향했습니다. 세상에 숨어 버리고 싶은 마음도 사랑하는 영주를 따라가고 싶다는 마음도 다 버리고 하나님께서 기다리고 계신 감방으로 돌아가리라 결심했습니다.

황지서 서울까지 가는 차는 여섯 시간 이상 달려야 합니다. 황지는 해발 천 미터가 넘는 고지대입니다. 황지 역에서 차표를 사들고 먼 준령을 내려다보고 있으면 가슴이 시원할 만큼 산봉우리가 첩첩이 수그리고 있습니다. 그 고지대에서 바라보면 1,500미터가 넘는 높은 산이 또 하늘 높이 솟아 있습니다. 그 높은 지대에서 더 높은 산이 있고 그 산 더 높이에는 구름이 떠갑니다. 나는 그것을 바라보며 깊은 상념에 잡혀 보기도 했습니다.

인간끼리도 낮은 사람이 있고 그 위에 높은 사람, 그 위에 더 높은 사람이 있지만 결국 죽음 앞에서는 높은 사람도 낮은 사람도 아무 쓸모가 없는 한 줌의 흙이 되고 맙니다.

흙으로 돌아가기 전까지 그 100년도 못되는 삶을 행복하게 살아보겠다고 아옹다옹 몸부림칩니다. 하나님이 우리 모양을 내려다보시면 그것이 어떤 것으로 보일까. 아무 것도 아닌 일을 가지고 죄를 짓고 싸우고 즐거워하는 것이 인간들의 역사인데 그것이 다라면 삶이란 너무 허망하게만 느껴집니다.

나는 높은 봉우리 위로 떠가는 구름을 바라보다가 거기에 마음을 싣고 고원을 날아보는 공상을 하고 있었습니다. 이런저런 생각을 하고 있을 때 기차가 도착했습니다. 앞사람들의 뒤를 따라 올라 좌석에 앉았습니다. 내 옆 좌석에는 스물 여덟이나 아홉쯤으로 보이는 처녀가 앉아 있었습니다. 그리고 의자를 제친 맞은 편에는 60이 넘어 보이는 영감 한 분과 여자 분이 있었습니다.

기차는 긴 터널을 빠져 나와 파도처럼 펼쳐진 산들을 돌아 밑으로 달리기도 하고 높은 봉우리가 첩첩이 하늘을 찌를 듯 서 있는 계곡을 감아 돌며 흘러내리듯 달렸습니다.

　네 사람은 서로 얼굴만 멀뚱멀뚱 바라보다가 차창 밖으로 시선을 던지고 제각기 무슨 생각인가에 젖어 있었습니다. 얼마나 시간이 흘렀을까, 아주머니가 입을 열었습니다.

"젊은 사람은 어디까지 가시우?"

"서울까지 갑니다. 아주머니는요?"

"원주까지 간다우."

　아주머니는 내 곁에 앉은 아가씨에게도 시선을 던졌습니다.

"아가씨도 서울까지 가시우?"

"네."

　아주머니는 내친 김에 곁에 앉은 영감에게도 물었습니다.

"댁은 또 어디까지 가시우?"

"제천까지 갑니다."

"영감이 제일 먼저 내리고 그 다음 내가 내리겠구려. 많이 먹으면 먼저 죽는 것처럼 우리 넷 중엔 영감이 먼저 내리고 내가 내리고 젊은이들이 뒤에 남고 꼭 명을 타고 사는 것 같구려. 나는 젊어서부터 기차를 타든 버스를 타든 옆 사람과 나란히 앉으면 누군가 먼저 내리는 걸 보면서 부부나 친구들이 정답게 지내다가도 명이 다하면 제가 내릴 정거장에 도착해서 내리듯이 하루도 더 버티지 못하고 떠나는구나 하고 생각한다우."

　영감님은 빙긋이 이를 보이고 웃다가 입을 다물고 곁의 아가씨도 웃는 듯하다가 눈길을 창 밖으로 던졌습니다. 또 기차가 레일을 달리는 소리만 가을 계곡을 울렸습니다. 아주머니는 무슨 말인가 하고 싶은 눈치인데 말거리가 떠오르지 않는 모양이었습니다.

　무슨 이야기든 한판 벌이고 떠들고 듣고 하면 기차는 멀리 가는 것입니다. 아주머니는 기차 역 하나를 지나면서 역 옆에 세워진 교회를 가리키며 말문을 열었습니다.

"요새는 교회가 너무 기승을 부려서 탈이어. 난 통 마음에 안들어."

하고 곁에 있는 영감에게 동의라도 하라는 듯
"안 그러우? 그렇게 생각하시잖수?"
"아가씨는 그렇지 않우?"
아가씨는 전혀 동의하지 않는다는 굳은 표정으로 반응을 보이지
않았습니다.
"젊은이는 어떻게 생각하시우. 내 말이 맞지 않수?"
나는 잠시 후 나직이 대답했습니다.
"교회가 아주머니께 피해를 드린 일이라도 있었나요?"
"그런 건 아니지만, 교인들 하는 꼴이 못 마땅해서 그런다우. 하나
님을 믿으면 집에서 저나 믿으면 됐지 이 사람 저 사람 끌고 다니고
믿어라 믿어라 하니 될 말이우? 착한 행동으로 도를 닦으면 되는 것
이지 꼭 교회를 가서 빌고 노래를 해야만 된다우?"
아주머니는 무슨 이야깃거리든 하나 들추어보자는 것이 결국 교회
가 눈에 띄자 속에 품고 있던 교회에 대한 불만이나 실컷 하면서 시
간을 보내자는 심산이었던 것 같았습니다. 우리 나라 사람 넷이 앉아
있으면 그 중에 하나는 크리스천입니다. 공동묘지를 가 봐도 십자를
새겨 세운 비석이 거의 반은 됩니다.
나는 아주머니의 말에 누가 어떤 대답을 할까 기다렸습니다. 기차
소리만 계속될 뿐 아무도 입을 열지 않았습니다. 아주머니는 약간 불
만스러운 듯
"영감님은 예수꾼이우?"
하고 물었습니다.
"아니오."
그 대답으로 영감님 입은 딱 다물어졌고 대화는 끊어졌습니다. 아
가씨에게 눈길이 갔습니다. 무언가 한 마디 하라는 뜻이었습니다.
얌전한 몸매의 아가씨는 나직한 어조로 물었습니다.
"아주머니는 어떤 종교를 가지고 계신가요?"

"나야 종교랄 게 있나…… 절에 가면 절하고 만신 만나면 굿하고 점쟁이가 시키는 대로 했지."

"목사님을 만나 보신 적은 없구요?"

"만난 적이 몇 번 있긴 했어도 그분들한테는 말 걸기가 싫더라구."

"왜요?"

"스님이나 만신처럼 느껴지지 않고 이상해서……"

"교회는 가 보신 일이 있나요?"

"육이오 때 구호물자 타러 몇 번 가보았지만 나는 교회 안에 들어가 본 일은 없어."

"구호물자 받았을 때 무슨 생각을 하셨어요?"

"생각은 무슨 생각. 거저 준다니께 타다가 쓰느라고 갔지만, 그게 뭔지나 알았나."

"그게 바로 하나님이 주시는 선물이었어요. 육이오 때 옷이며 우유 등을 지원 받고 굶주림에서 우리가 구원받은 거예요. 그 많은 물자들이 어디서 났는지 아세요?"

"글쎄, 미국서 왔다지."

"미국서 누가 보낸 줄 아세요? 미국에 있는 기독교인들이 각 교회와 선교 단체에 헌납한 것을 모아서 우리에게 전해 주었던 거예요. 그리고 그 사람들이 돈이나 물건 아까운 줄 몰라서 준 것이 아니고 그들 마음속에는 하나님이 계시고 그 하나님의 명령에 따라서 자기들 쓰는 것을 줄여서 보냈던 것이지요. 많은 사람들이 하나님을 보기 원하지만 하나님은 사람을 통하여 하나님이 하시고자 하는 일을 하고 계신 것이 바로 그런 증거입니다."

아주머니는 아가씨의 이 말에 어이가 없다는 듯 입을 다물지 못했습니다. 전혀 입을 열 것 같지도 않던 아가씨가 보기답지 않게 어른소리를 하는 바람에 당황한 것입니다.

"아니, 아가씨는 웬 말을 그렇게 잘 하시우? 목사님이우?"

"아니에요. 저는 신학대학을 다니고 있는 학생이에요."

"학생이라면 너무 늙었구랴. 그 나이면 애어머니가 돼도 여럿 두었을 텐데…… 이제 학생이라니……"

아주머니는 그렇게 나이 많은 학생은 처음 만난 모양이었습니다. 나 역시도 노처녀가 신학교 다니는 사람은 처음 만나 보았습니다. 아주머니는 한참 동안 잠잠히 있다가 물었습니다.

"아가씨, 아니 학생. 교회 다니는 사람들 말이우. 꼭 교회에 가서 기도를 해야만 천당 간다우?"

"아주머니, 교회라는 건 성경 말씀에 우리 육신은 하나님의 작은 지성전이라고 했어요. 그러니까 우리 몸이 바로 교회지요. 하나님을 모시고 사는 사람들에게 우리 몸은 아주 귀한 것입니다. 그 귀한 몸을 함부로 굴려서도 안 되고 더럽혀서도 안 되는 거예요. 꼭 교회를 가야만 천당 가느냐고 물으셨으니 제가 아주 쉽게 설명해 드릴게요."

"천당 가는 길을 말이우?"

"네, 천당 가는 게 소원인 사람은 천당 가는 표를 사야 하고요, 표를 샀으면 천당 가는 정거장에 가서 차가 오기를 기다려야 합니다."

"암 그래야겠지."

"아주머니가 아무 데서나 믿으면 되었지 굳이 교회에는 왜 가느냐고 하셨지요?"

"그랬지."

"기차표를 산 사람은 누구나 기차를 탈 권리가 있어요. 그렇지요?"

"암"

"그러나 그 차표를 가지고 아무 때나 아무 데나 기차 길에 서서 타겠다고 한다면 타지나요? 기차가 와야 타잖아요? 기차 시간이 되어야 그 표가 소용 있는 거예요. 기차도 안 오는데 표만 사놓고 탈 수도 없지만 기차표를 안 사고 기차가 왔다고 하여 탄다면 그것도 안 됩니다. 그렇지요?"

"그렇지."

"기차표는 차가 도착하기 전에 사야 됩니다. 기차가 지나간 다음 사봐야 모두 소용없는 일이에요. 반드시 기차표는 타야 할 시간 전에 미리 사야만 되고요. 그 표를 가지고 기차역에 가서 절차를 밟아야 되겠지요? 표가 있으니까 아무 데로나 들어가 타고 아무 데서나 손 들어 세워 타는 것이 아니듯이 천당엘 가고자 하는 사람은 죽음이라는 시간의 기차가 당도하기 전에 표를 준비한 사람만이 탈 수 있는 거예요. 그 천당 가는 기차표는 교회에서만 팔아요. 믿음이라는 기차표를 산 사람은 교회에서 하나님의 법칙과 하나님께 드리는 예절을 익히고 죽음이라는 기차가 오기 전에 모든 준비를 하는 거예요. 혼자 좋은 일 하고 혼자 찬송하고 혼자 믿으며 혼자 착한 일을 하는 것도 중요하고 좋은 일이지만 세상에서 남과 더불어 살았으면서 천당에 혼자 가서 혼자만 산다면 얼마나 외롭겠습니까. 천당에 갈 사람은 세상에서 천당 백성의 수련을 쌓아야 하고 친구도 함께 가서 즐기자면 그 사람도 데리고 가야지요. 그래서 사람들은 전도도 하고 교회에 모여 예배드리고 찬송하고 기도하는 거예요."

"아주 그럴 듯하군. 예수 믿는 사람들은 원체 말을 잘해서 탈이야."

이때 나도 끼여들었습니다.

"아주머니, 말 잘해서 탈이 될 게 있겠어요. 말이야 잘 하면 할수록 좋은 것이지요. 말을 못해서 억울하게 죄를 뒤집어쓰는 사람이 얼마나 많다구요."

이때 맞은편 영감님도 한 마디 했습니다.

"저 색시 말이 맞소. 우리는 먼저 태어나서 먼저 늙기만 했지 철이 들지는 못했던 것 같소. 저 젊은 사람들은 앞이 창창한데도 벌써 저런 생각을 하고 있는데 우리 같은 사람들은 무얼 했소? 가만히 생각하니 교회라는 게 그냥 있는 게 아닌 것 같소."

아가씨가 영감님을 밝은 얼굴로 바라보았습니다.

"고맙습니다. 앞으로 선생님도 하나님을 믿으세요. 우리는 태어났기 때문에 꼭 죽어야 합니다. 죽어야 하기 때문에 영혼이 가야 할 곳을 예비하셔야 합니다."

나는 아가씨가 너무 당돌하게 말하는 것이 아닌가 생각하여 영감님의 눈치를 보았습니다. 영감님은 노기를 띨 줄 알았는데 생각 외로 너그럽게 말했습니다.

"색시, 영혼이 있기는 있다요?"

"흔히들 살다 죽으면 그만이라고 생각들 하지만 성경에 육체는 살다 늙으면 죽어서 땅에 묻혀 흙으로 돌아가라고 되어 있어요. 땅에서 왔으니 육신은 땅으로 돌아가야 하고 우리의 영은 하나님이 보내 주셨기 때문에 하나님께로 돌아가는 거예요. 우리들이 무슨 일을 하자면 마음 깊어서 그건 안 된다 하고 깔리는 양심이 있지만 이익이나 감정을 못 이겨서 그것을 떨쳐 버리는 생각이 그 사람을 뒤집어씌웁니다. 그래서 원래의 자기 맘은 양보를 하고 욕심으로 일어난 생각이 앞장서서 일을 저질러 놓습니다. 마음은 하나님이 본래 주신 영이고 생각은 환경에서 부딪치고 얻어지는 느낌이 일어나서 활동하는 겉모양입니다. 본래의 마음이 하자는 본심대로 사는 사람은 다 착한 일을 합니다. 그러나 생각대로 사는 사람은 악한 일을 저지르기 쉽습니다. 가끔 남이 보는 데서 울지 말아야지 하고 생각하는데 자기도 걷잡지 못하게 눈물이 펑펑 쏟아질 때가 있습니다. 그건 생각이 우는 게 아니고 영혼이 우는 것입니다. 그것이 영이 하는 일이고 그 줄기가 곧 하나님의 성령과 통하는 것입니다. 그런 경험을 우리는 수시로 합니다. 그건 하나님을 믿는 사람이든 안 믿는 사람이든 다 하나님의 영이 처음부터 사람의 속에 주어졌기 때문에 그런 것입니다. 교회 가는 것도 그렇습니다. 자기의 본심은 아주 작은 소리로 교회에 나가면 좋을 텐데…… 하고 바라는 마음이 있는데 바로 겉사람 생각이 '세상 사람들이 비웃겠지, 안 믿던 교회는 왜 새삼스럽게 찾아, 교회 가면

술도 담배도 못 즐기고 세상 낙도 즐길 수 없는데……' 하고 큰 소리
로 가로막는 것은 생각입니다. 사람은 하나지만 마음과 생각은 둘로
갈려서 항상 싸웁니다. 마음의 바탕이 생각을 이겨내는 사람은 옳은
사람이 됩니다. 그런 사람이 되기 위하여 사람들은 교회에 가고 거기
서 그 방법을 배우는 것입니다. 교회 문에 발을 들여놓는다는 사실은
인간에게 있어 큰 의미가 있는 것입니다. 젊은 사람이 주제넘게 말이
길어졌습니다. 용서하세요."

　아가씨는 어느새 목사님이나 된 듯 열을 내어 말했습니다. 나는
그 말에 일리가 있다고 생각했습니다. 그 말은 바로 나를 두고 하는
말과 같기 때문이었습니다.

　나는 그녀에게 '하나님 앞에서의 사람은 어떤 사람이어야 하느냐'
고 물었습니다. 그녀는 다음과 같이 설명했습니다.

　"사람은 하나님 앞에서 먼저 속 사람이 깨어져야 한다고 했습니다.
위치만 니라는 분이 그 저서에서 밝힌 것을 저는 기억합니다. 주를
믿는 사람은 하나님의 일을 해야 합니다. 그러자면 첫째 속 사람이
깨어져 있어야 합니다. 속 사람이 깨어지지 않으면 그 사람의 영은
활성을 띠지 못합니다. 그래서 그 기능을 발휘할 수가 없습니다. 만
일 어떤 사람이 깨어지지 않은 경우 그가 영리한 사람이면 그가 하는
일은 그의 지성의 지배를 받게 되며 만일 그가 감정적인 사람일 경우
에 그의 활동은 감정의 지배를 받게 되는 것입니다. 이와 같은 것은
언뜻 보기에 처세에 성공한 것같이 보이지만 사람을 하나님께 인도
하지는 못합니다. 이러한 사람의 영은 그 자신의 사상과 감정의 옷을
입고 나올 것이며 그 결과는 잡되고 순수하지 못할 것이라고 했습니
다. 이런 사람은 하나님을 향한 우리의 일을 약화시킵니다. 하나님
을 믿고 은혜를 받은 사람은 누구나 그의 영 속에 내주하시는 성령을
모시고 있습니다. 사람이 주님 앞에 사용될 수 있느냐 없느냐 하는
문제는 그의 영에 달려 있는 것이 아니라 그의 속 사람에 달려 있는

것입니다. 많은 사람들이 어려움을 겪는 것은 그들이 속사람이 깨어지지 않았기 때문입니다. 그러므로 하나님의 영이 인간의 영 안에 거하셔서도 풀려나올 수가 없는 것입니다. 가끔 우리의 겉사람이 활동을 하는 데도 속사람은 가만히 있습니다. 이럴 경우는 속사람이 뒤에서 움직이지 않고 있기 때문입니다. 하나님을 믿고 교회에 나가 보면 설교 내용이 굉장히 좋은데도 조금도 감동이 되지 않고 훌륭한 설교라는 평가만 내려지게 되는 경우가 있습니다. 그런데 이와는 반대로 설교 내용은 별로 다른 점이 없다고 생각되는데 크게 은혜가 되어 가슴이 뜨겁고 기쁨이 넘치는 경우가 있습니다. 이것이 하나님의 영과 우리의 영이 일치할 때 그런 증상이 나타나는 것입니다. 하나님 앞에서는 속사람이 먼저 깨어져야 겉사람도 하나님의 사람으로 보입니다."

그녀의 긴 이야기에 지친 아주머니는 어느 틈에 잠이 들었습니다. 아주머니는 입을 벌린 채 잠이 들어 부끄러움도 모르고 있었습니다. 그러나 아무도 깨우지 않았고 기차는 영월에 도착했습니다. 기차가 서도 아주머니는 깨어나지 않았습니다. 곁의 영감님은 우리에게만 잘 가라는 인사를 남기고 내렸습니다.

기차는 계속 달렸고 아가씨도 이젠 창 밖에 눈을 돌린 채였습니다. 아주머니는 침까지 흘리며 주무셨습니다. 나는 그 짧은 순간의 일들을 보며 휴거를 생각했습니다. 잠만 자던 아주머니가 깨어났을 때 영감님이 어느 틈에 내린 것을 깨달을 것입니다. 인간은 잠들어 있고 휴거의 날은 다가오고 있는 것입니다. 깨어 있으라 하신 말씀을 음미하며 아주머니의 자는 모습과 자리를 떠난 영감님 생각을 했습니다.

잠자는 사람은 저렇게 생긴 것입니다. 아무 것도 모릅니다. 입을 헤 벌리고 자면서 자기 얼굴이 얼마나 천하고 추하게 보이는지 깨닫지 못하는 것입니다. 침이 흘러나와도 닦지 않습니다. 잠이 들어서 그걸 모르기 때문입니다. 영혼이 잠든 사람은 그 생각하는 것들이 남기는 더럽고 추한 죄과의 벌은 깨닫지 못하는 것입니다. 잠든 아주머니가 잠에만 빠져 있듯 세상 재미에 빠져 방탕하면 자기의 죄를 깨닫지 못합니다. 나는 한 시도 자지 않고 산천 구경을 했습니다. 지루한 시간이 흐른 다음 아주머니의 목적지 원주가 가까웠을 때 내가 깨웠습니다. 아주머니는 깨어서

"아니 벌써 원주여?"

하시는 것이었습니다.

"안 깨워드렸으면 그냥 지나칠 뻔했습니다."

"고마워요. 젊은이."

아주머니는 옆자리를 보면서

"영감은 어디 갔수?"

"내리셨습니다. 영월서요."

"어느 틈에 영월을 지나 왔나? 인사도 없이 내렸어?"

"달게 주무시니까 그냥 내리셨습니다."

"섭섭하구면."

"아주머님, 세월이 기차만큼 빠르게 지나잖아요. 세월 다 가기 전에 교회에 나가세요."

"생각 좀 해보고. 아까 저 색시 말이 내 맘에 들었어. 교회 가는 것 반대는 않겠어."

곁의 신학생은 내 얼굴을 힐끔 보고 웃어 보였습니다. 몇 시간을 기차가 달리는 동안 이젠 평지에 다 왔겠지 싶어 보면 또 산 저 아래로 마을이 내려다보이고 또 왔다 싶으면 그보다 낮은 계곡이 들여다보였습니다. 아가씨와 나는 더 이상 말도 나누지 않았습니다. 나는 죄수입니다. 그것을 스스로 깨닫고 있는 한 나는 내가 먼저 잘난 체하고 입을 열 수가 없었습니다. 나는 잠언의 말씀들을 되새김질하듯 마음에 떠올리며 긴 여행을 했습니다.

차창으로 비치는 파랗고 높은 하늘이 아름답고 단풍이 빨갛고 노랗게 물든 산봉우리와 계곡이 아름다웠습니다. 어느 것 하나도 곱고

아름답지 않은 것이 없었습니다. 하나님이 내 마음에 계신 한 모든 것은 아름답게 보입니다.

나는 밤늦게 집에 도착했습니다. 어머니는 그 동안 걱정이 크셨던 것입니다. 버린 자식이라고 마음속으로는 포기했어도 막상 집을 나가 이틀씩 소식이 없으니 염려가 되신 것입니다.

"난 또 잡혀간 줄 알았다."

"잡혀 가긴요. 어머니, 더 잡아갈 곳은 이 세상에 없습니다."

"네가 휴가 나왔다고 하긴 하지만 그걸 내가 어떻게 믿겠니. 아버지도 염려를 많이 하시더라."

"죄송합니다. 저는 떳떳하게 휴가를 받았고 내일 아침 아홉 시까지는 돌아갑니다."

"그렇구나. 그 동안 무얼 하다 왔니?"

"만나 볼 사람 만났지요."

"내일 들어가면 언제 나온다구?"

"7년 후에 나옵니다."

"7년을 어떻게 기다리니?"

"군대 한 번 더 갔다고 생각하세요."

"청춘은 다 늙고?"

"그래도 감사한 거예요. 제가 멋대로 살았더라면 저는 환갑이 넘어야 나올 뻔했어요. 그리고 영원히 구원받지 못하고 지옥불에 타는 형벌을 받을 뻔했습니다."

"장가는 언제 가냐?"

"다 하나님이 해 주실 거예요."

"또 하나님이냐?"

"어머니, 제가 없는 동안 하나님 잘 믿고 계셔요. 교회에 가셔서 저를 위해 기도도 해 주시고요. 7년형을 받고 살지만 모범수에게는 특사라는 기회도 있어요. 저도 모범수의 본을 보여줄 거예요. 어머니도 제 청을 들어주세요."

"뭘 아는 게 있어야 교회엘 가지."

"아무 것도 모르면서 가셔야 하나님이 어여삐 여겨 주세요. 아는 것이 많은 사람은 하나님과 친해지기가 힘들다구요. 하나님을 지식의 대상으로 생각하고 철학이나 어떤 학문으로 저울질하는 것이 다 누군지 아세요? 지식이 많은 사람들이에요. 하나님의 나라에는 세상 지식이 필요 없어요. 세상 지식은 세상 사람이 만들어 놓고 자기 편한 대로만 해석하고 사는 것이니까요. 하나님은 처음에 우주 만물을 만드시고 악도 모르고 미움도 모르는 선한 사람을 만들어 놓으신 거예요. 지식이 필요 없었어요. 배고픈 어린이에게 사과를 주면 누가 가르쳐 주지 않아도 먹을 줄 알 듯이 아무 것도 모르는 사람이라도 교회에 가면 하나님 말씀을 어떻게 받아먹어야 하는 건지 알게 되어 있어요. 인간이 하나님을 두려워하고 하나님의 법대로 살고 싶어하는 것은 누가 가르쳐 주어서 되는 것이 아니고 하나님은 바로 진리며 우리들 속에 누구에게나 영으로 계시기 때문입니다. 그 영이 살아나고 일하게만 해 주면 인간은 딴 사람처럼 되는 거예요. 어머님은 다른 잡신들을 모시기에 마음을 열고 계셨기 때문에 하나님의 영이 어머님 속에서 일을 못하고 계셨던 거예요."

"나는 잘 모르겠다. 너만 잘 된다면 어딘들 못 가겠니."

"어머니, 내일 아침에 저하고 같이 교도소에 가 보세요. 제가 제 발로 교도소 문을 열고 들어가는 것을 보세요. 잡혀서 들어가는 것과 제 발로 돌아가는 것과는 의미가 달라요. 그러시고 저를 위해서 하나님을 믿으시고 구원을 받으세요. 아버님도 교회에 나가시자고 하시고요. 세상 사는 것은 누구나 똑같습니다. 그러나 하나님을 모시고 사는 모양은 각각 달라요. 저 같은 죄인도 살려주시고 축복해 주신 하나님이신데 어머님같이 착하고 선량한 분이 교회에 나가시면 하나님이 얼마나 기뻐하시겠어요. 저도 감방에 들어가면 우리 집을 구원해 달라고 기도 드리겠습니다. 아버님도 어머님도 동생도 모두가 교회에 나가서 봉사하고 기도하고 찬송하고 예배드리는 가족 되게 해 달라고 기도할 겁니다."

나는 어머님과 밤이 깊도록 이야기를 나누었고 하나님을 믿으시도록 권해 드렸습니다. 내 식구부터 구원시키고 남을 구원시켜야 옳을 것으로 생각되었기 때문입니다. 나는 우리 감방에 들어오는 사람은 어떤 일이 있어도 하나님을 믿고 진정한 새 사람이 되어 세상에 나오도록 하리라 결심했습니다.

법이 아무리 잘 되어 있고 엄하다 해도 법을 지켜야 할 사람이 지키지 않으면 아무 소용이 없는 것입니다. 법보다 중요한 것은 법을 지키고자 하는 마음입니다. 세상법은 하나님이 내려주신 법이 아니고 사람끼리 정한 법입니다. 그러나 성경에 있는 대로 사는 것은 하나님이 내려주신 법입니다.

내가 일찍이 하나님을 알고 하나님의 법을 지켰더라면 나는 별 일곱 개씩 달고 다니는 죄인은 되지 않았을 것입니다. 법을 제정하여 놓고 지키기를 강요하기 전에 하나님을 믿고 성경대로 사는 방법을 가르치는 것이 먼저 할 일입니다. 세상에는 파출소가 많지만 파출소 열 개보다 교회 하나를 더 세우면 세상은 열 배 이상 아름다워집니다. 파출소는 사고가 난 다음 인간의 법으로 처벌하고 해결하는 곳이지만 교회는 사고가 나기 전에 예방하는 곳입니다.

파출소가 많고 경찰이 많은 것은 그만큼 악해진 사회를 뜻합니다. 교회가 하나님의 뜻대로 그 사명을 다하기만 하면 세상에 경찰서나 감옥이 필요 없게 될 것입니다.

나는 이튿날 일찍이 집을 나섰습니다. 아버님께 인사를 드렸고 동생에게도 성실하게 살며 하나님을 믿도록 권하였습니다. 입소 시간을 아는 필수가 일찍 왔습니다. 어머니와 필수를 동행하고 나는 교도소로 향했고 어머니는 침울한 표정으로 말이 없으셨습니다. 농담 잘

하고 말 많은 필수도 이 날은 과묵했습니다.

교도소 대문 안으로 들어가기 전에 나는 휴가증을 반납하려고 꺼내 들었습니다. 어머니는 그 모습을 보고 서서 눈물을 훔치셨습니다. 나는 입구에서 어머님의 손을 꼬옥 잡았습니다.

어머니는 울고 계셨습니다. 필수도 침통한 얼굴로 서 있었습니다. 나는 어머님 손을 잡은 채 나직이 기도를 드렸습니다.

"사랑과 은혜가 풍성하신 하나님 아버지 저에게 귀중한 휴가를 주셔서 감사합니다. 하나님의 사랑과 은혜 가운데 닷새 동안 소중한 시간을 보냈습니다. 이제 감옥으로 다시 돌아갑니다. 하나님께 간절히 기도하오니 여기 계신 어머님을 불쌍히 보시고 그 영혼을 잠에서 깨워 주시고 하나님 앞에서 항상 기쁘게 항상 기도하며 범사에 감사하는 생활할 수 있도록 축복하여 주시옵소서. 죄인 중에 죄인된 아들이 어머님 가슴에 못을 박은 큰 죄를 다 용서하시고 어머니의 아픈 가슴의 상처를 안수하고 위로해 주옵시고 영혼이 잘됨같이 범사가 잘 되고 강건하게 지켜주시옵소서. 어리석은 것 많은 죄 지은 대가를 형량대로 충실히 받고 칠년 후에 할렐루야 찬송하며 이 철문을 나설 수 있도록 보호해 주시옵소서. 저를 두고 돌아서실 어머니의 아픈 마음을 저로서는 위로 드릴 힘이 없습니다. 다시는 어머님 가슴에 못 박는 일 없게 하시고 삶이 어려워도 하나님 잘 섬기는 어머님 되게 하옵소서. 또 함께 온 친구 필수를 하나님 친히 살펴 주옵소서. 세상을 자기 뜻대로만 살아온 어리석은 사람이었습니다. 이제 저의 간절한 기도에 응답하시어서 그 마음속에 있는 악을 씻어 주시고 하나님의 거룩한 영이 살아 역사하는 새 사람 되게 하여 주옵소서. 세상적으로 생각하면 다시는 이곳에 오지 않고 달아나 살고 싶기도 하였습니다. 하오나 하나님의 뜻 가운데 살고자 애쓰는 저를 버리지 않으시고 끝까지 선한 길로 인도해 주신 하나님 은혜에 감사드립니다. 이제 우리의 헤어짐이 하나님 앞에서는 새로운 만남이 되게 하옵소서. 주님을

믿고 사는 모든 백성을 축복해 주옵소서. 예수님 이름으로 기도하옵
나이다."

　나는 간절한 마음으로 기도했습니다. 어머님은 울고 계셨고 필수
는 눈물이 가득한 눈으로 마지막 악수를 하며

　"홍규야, 네 믿음이 어떤 것인가를 알았다. 나도 하나님 믿고 사는
옳은 사람 되도록 노력하겠다. 어머님도 내가 때때로 돌봐드릴 테니
건강한 몸으로 칠 년 후에 만나자……"

　그는 눈물을 떨어뜨렸습니다. 나는 철문 안으로 들어서서 어머님
과 친구가 무거운 발길로 돌아가는 것을 바라보며 또 기도했습니다.

　"하나님 아버지 감사합니다. 우리 식구를 구원하여 주옵시고 친구
와 그 가정을 구원하여 주옵소서. 7년 동안 밝은 모범수로 봉사하며
무거운 짐 다 벗도록 축복하여 주시고 이 세상 다 살고 천당에 열린
문 들어가서 무거운 짐 다 내려놓을 때까지 지켜주옵소서. 예수 그리
스도의 거룩한 이름 받들어 기도하옵나이다." 아멘.

여덟 번째 이야기 / 문서전도를 맡긴 하나님

죽은 개 같은 나를

1. 이상한 초대

파란 하늘에는 구름 한 점 없고 유리알처럼 투명하기만 하다. 나뭇잎 하나 떨어질 것 없는 하늘을 보며 돈이라도 떨어졌으면 하는 기대로 한숨을 가늘게 토했다.

'어떡한다? 오늘은 박사장을 만나 봐야겠다. 그 길밖에……'

출근하여 사무실로 나가지 않고 A출판사를 찾았다. 고료 받을 것이 있다. 그것만 주면 급한 대로 쓸만한 액수다. 10시 정각 그 출판사에 도착했을 때 어둡고 우울한 미스 유가 보였다. 어느 회사든지 사무실에 들어설 때 처음 만나는 얼굴이 그날 그 회사의 기상도 역할을 한다. 보합세면 그저 그렇고 상승세면 웃는 얼굴이고 하락세면 누구의 얼굴에도 구름이 끼여 있다. 오늘은 내게 A출판사의 기류가 큰 의미 있는 날이다.

"미스 유, 안녕?"

"안녕하세요."

이 아가씨, 기분 좋은 날은 어서오세요. 오랜만이시네요 하고 웃어 보이지만 그렇지 않은 날은 지금처럼 어서 오세요 뿐이다. 사장실을 보았다.

"사장님은?"

"계세요."

"그런데?"

"저기압……"

이럴 때는 몸 추스르기가 힘든 것을 몇십 년을 두고 체험했다. 좋은 일이라면 나도 좋은데 저기압 앞에서는 더욱 저기압이 되는 게 나다. 그러면서도 그럴 때 딱 맞는 처세법을 익히지 못하고 주저주저하는 것이다. 콱 막혔을 때 펑 뚫고 나가는 비결은 없는 것일까? 나는 갑자기 미스유보다 더 무거운 심정이 되어 사장실 문을 노크했다. 무거운 소리가 문 저쪽에서 울려 나왔다.

"네, 들어오세요."

찾아오지 말 것을 하고 후회하며 들어섰다. 사장은 납덩어리같이 어두운 얼굴이었다.

"들어오세요."

"그 동안……"

"앉으세요."

나는 쇼퍼에 궁둥이를 푹 묻고 사장을 보았다. 그러나 웬 일인지 말이 안 나왔다. 박사장이 먼저 입을 열었다.

"웬 일로 이렇게 일찍 오셨습니까?"

"사장님 계실 때 와야 뵈올 것 같아서 일찍이 서둘렀습니다."

"무슨 일이 그리 급하셨나요?"

"……"

나는 이미 사장 속을 들여다보고 있는 기분이라 아무 말도 하고 싶지 않았다. 무엇인지 몰라도 섣불리 돈타령 따위는 해서 안될 것 같은 예감 때문이다. 박사장 역시 내 속을 환히 들여다보는 처지라 대답이 먼저 나왔다.

"그냥 가셔야겠소."

　"……"

　"어제 내가 돌린 어음이 부도가 났어요. 오늘 그 문제로 골치 아프게 되었습니다. 대책이 서 있지 않아요"

　"……"

　"죄송하게 되었습니다."

　나는 아무 말 없이 듣고만 있었다. 푹 꺼진 소퍼가 나를 담근 채 깊은 나락으로 추락하는 듯한 현기증이 일었다. 무슨 말로 박사장을 위로라도 하고 싶은데 지금의 나에게도 위로가 필요한 것 아닌가. 가슴 한 귀퉁이가 쑥 잘려나간 기분이 되어 출판사문을 나섰다. 갈 데가 없었다. 누군가 불러보고 싶은데 그럴 사람도 없다.

　얼마 동안 걷다가 지하철을 탔다. 지하철 여섯 칸이 좁다고 꽉 메운 인간 저장고 속에 나도 끼여 몇 분 동안을 통조림처럼 쪼그리고 섰다가 사무실 근처에 내렸다. 전철 입구 계단이 왜 그렇게도 높은지. 터벅터벅 계단을 올라보니 입구 앞 차도에 고급 승용차 하나가 넙죽 엎드려 번들거린다. 무의식적으로 차안을 들여다보았다. 순간 내 처지도 잊은 채 차 속의 여자에 눈길을 박았다.

　꽃분홍 점퍼에 하얀 목도리를 두른 삼십대 후반쯤의 부인이 운전대에 국화꽃술 같은 손가락을 감고 앉았다. 솜구름처럼 피어오른 목도리 위로 하얗게 피어나는 백합 같은 여자. 하얀 피부에 빨간 입술이 요염하게 흡인력을 가지고 당긴다. 나는 순간 아내를 생각했다. 헬쓱한 모습. 머쓱한 키에 초롱초롱한 눈빛만이 옛 그대로일 뿐 삶에 지친 아내는 슬프도록 가냘픈 여자다. 나를 만나기 전에는 그렇지 않았는데 이 못난 남편을 만나 내가 드리운 무능의 그늘 아래서 파리한 모습으로 찌든 채 나만 바라보고 산다. 저 여자는 얼마나 훌륭한 남편을 두었으면 저렇게 행복한 모습으로 이 대로변에 자신 있는 모습으로 존재할 수 있을까.

　그 아름다운 오너 드라이버 귀부인에게서 시선을 돌리고 사무실

계단을 올랐다. 사무실을 들어서자 사환 아이가 숨 돌릴 새도 없이 다그치듯 말했다.

"선생님 왜 이제 오세요?"

"왜? 무슨 일이 있었나?"

"있어요. 한 시간 전부터 손님이 와서 기다리고 있어요."

"손님?"

"네."

"누군데?"

"몰라요. 부인인데 굉장한 미인이었어요."

"미인이라구?"

"네. 보기 드문 귀부인이었구요."

"귀부인이 무얼 가지고 귀부인이라고 하는 거지?"

"고급 옷차림에 예쁜 분이었어요."

"고급 옷이면 귀부인이냐? 그래. 나 같은 사람에게 귀부인이 찾아 왔다구?"

"정말이에요."

"어디 계시냐?"

"지하도 입구에서 기다리세요. 가 보시면 알아요. 고급 자가용차 에 하얀 목도리를 하고……"

"그분이 나를 찾아 왔다구?"

"네. 보셨어요?"

"모르는 사람이던데."

"그렇지만 그분은 선생님을 알고 계셨어요."

"그래?"

의아한 마음으로 방금 마음에서 씻어냈던 그녀를 생각하며 그 차 앞으로 다가갔다. 차창으로 허리를 숙이고 나를 찾느냐고 물으려 할 때 그편에서 먼저 반기듯 맞았다.

"이 선생님이시죠?"

"네 제가 이하연입니다만……"

"죄송합니다. 저는 최수지라고 해요."

"그런데 저를 어떻게?"

"폐가 되지 않으신다면 오늘 선생님의 시간을 빌리고 싶어서요."

"시간을 빌리시겠다구요. 시간은 빌려주면 되받을 수가 없는 것 아닙니까?"

"유머도 있으시군요. 용서하시고 우선 차에 오르시지요."

나는 더 따질 생각도 없이 차에 올랐다. 푹신한 등받이에 목까지 파묻혔다. 차는 솜처럼 부드러운 율동으로 길 복판을 미끄러진다. 도깨비에 홀린 기분이었다. 나 같은 것에게 무엇이 있다고 납치하듯 태워 가지고 어디로 간담? 가만히 손깍지를 끼고 눈을 감았다. 구름 위로 흐르듯 포근한 승차감에 마음을 실었다. 차 안에서는 막 피어 내뿜는 장미의 향처럼 상큼한 향기가 가득히 넘쳐 나를 행복한 왕자라도 된 듯한 환상에 젖게 한다. 그녀도 차만 조심스럽게 몰 뿐 말이 없었다. 나도 할 말이 없었다. 그저 체포되어 가는 기분이었다 할까.

차는 종로를 거쳐 신설동서 보문동. 돈암동을 돌아 삼선교쪽으로 좌회전, 마지막 머문 곳은 성북동 고급주택가였다. 큰 차고에 차가 머리를 박고 번쩍거리자 차고 문이 스르르 올라가고 차는 그 밀실 같은 속으로 꼬리를 숨겼다. 차가 머물자 셔터는 자동으로 닫히고 차에서 내린 그녀는 차고 안으로 난 비밀통로 앞섰다. 나는 묵묵히 그 뒤를 따랐다. 차고에서 계단을 올라서니 높은 담장 안에 융단같이 질펀한 잔디가 곱게 깔린 정원이다. 100평이 넘게 보이는 정원에는 늙은 감나무가 아침해를 받아 그림자를 늘어뜨리고 가지 끝으로 파란 하늘에 손짓을 한다.

앞장선 그녀의 야릇하게 가는 허리의 선이 옛날 어디선가 미술책에서 본 그림 같다. 내가 안내된 곳은 그 큰 저택의 이층에 마련된

응접실이었다. 내가 글을 써서 먹고사는 직업이긴 해도 그렇게 크고 아름답고 우아하게 장식한 집의 풍경도 도저히 그릴 수가 없다. 나 같은 사람은 그 집의 기둥 토막만도 못한 듯한 위압감이 들었다.

'최수지라고 했지……최수지……누굴까? 어디서 만난 일이 있는 사람일까? 본 듯도 싶으나 모르는 사람이다.'

나는 그녀가 차반을 들고 와 내 앞에 앉기까지 별별 기억을 다 더듬어 보았지만 짐작이 가지 않았다. 그녀는 상냥한 얼굴로 권했다.

"마음 편히 가지시고 천천히 드세요."

"감사합니다."

"이렇게 모시고 온 것을 용서해 주세요."

"……"

"이런 실례를 하고 싶지는 않았는데…… 이렇게 되고 말았어요. 정말 미안합니다."

"좋습니다. 이렇게 대해 주시는데 뭐……"

그녀는 잠시 망설이듯 창 밖에 시선을 던졌다. 겨울이라 정원이 쓸쓸해 보인다. 나는 추리 소설에 나오는 어떤 사건이 벌어지기 전에 작가가 깔아 놓은 각종 구상의 어떤 것들을 막연히 연상하고 있었다. 그녀는 침묵을 지키다가 입을 열었다.

"실례입니다만 오늘 하루를 다 저에게 할애하셔도 괜찮겠어요?"

나는 오늘 별로 할 일이 없었다. 그러나 마음속에 도사린 걱정이 가려 있어 여유 있는 얼굴을 가질 수가 없었다. 그러나 억지로 여유를 보였다.

"좋습니다. 무슨 일이신지 그만한 일이시라면……"

"고맙습니다. 선생님은 저를 모르시지만 저는 선생님이 쓰신 책을 읽어서 선생님이 어떤 분이신지 알고 있어요."

"부끄럽습니다."

"저는 선생님께 제 부끄러운 과거 이야기를 보여드리고 싶어서 이렇게 모셨습니다."

"부끄러운 과거라니······"

"누구에게도 말하고 싶지 않은 과거였는데 그것을 다 보여드리고
싶어졌어요. 그래서 택한 분이 이선생님이지요"

"······"

"오늘은 편안한 마음으로 제가 적어둔 글을 좀 읽어주세요. 글쓰시
는 데 도움이 된다면 더욱 좋겠구요."

"네······"

"제가 대략 적은 글이에요. 선생님께서 책으로 내주셨으면 해요.
가치가 있고 없고는 따지지 않기로 했어요. 출판비는 드릴게요."

"글쎄요."

"읽으신 후에 선생님께서 이걸 가지고 가시면 책이 될 줄 알고 출
판비를 미리 드리겠어요."

그녀는 노트를 내놓았다.

"여기 제 이야기가 들어 있어요. 점심 준비 하는 동안 읽어보세요."

그녀는 나갔다. 노트에는 때가 곱게 묻어 있었다. 선뜻 펴기가 두
려웠다. 어떤 내용일까? 잠시 망설이다가 노트의 첫 장을 펼쳤다. 잘
쓴 글씨는 아니지만 정성 들여 박아 쓴 글씨였다.

2. 시집가는 날

내 불행은 결혼하면서 시작되었다.

결혼! 처녀 적에는 얼마나 가슴 설레던 말인가. 나는 스물 네 살에
세상에서 처음 보는 남자의 아내가 되었다. 이름도 들어보지 못하고
어느 길모퉁이에서도 본 일이 없는 남자였다.

아무 예정 없이 내 뜻은 물어보지도 않고 내몰듯 보낸 시집이다.
결혼식이래야 말뿐, 동네 사람 몇이 모여 족두리 씌우고 낯선 남자와

맞절시키고 끝난 싱거운 행사였다.

아무렇게나 이름만 지어 아무에게나 던져주듯 치른 혼례식. 그것이 좋은 것인지 나쁜 것인지도 모르고 따라야 했던 나. 남자네 집이 어떤 집안인지도 몰랐고 남자의 성품이 어떤 인간인지도 몰랐다.

오빠와 올케가 수군거리고 낯선 아주머니 한 분이 오가더니 결정났다. 내가 태어난 집은 방 두 칸짜리 초가집에 오빠와 올케와 조카 셋, 다섯 식구가 살기엔 좁은 집이었다. 거기다 내가 혹처럼 붙어살았다. 부모님은 어려서 돌아가시고 나는 버려진 계집애로 자랐다.

초등학교 6년 마친 것이 다였고 더 배우고 싶어서 통신으로 독학을 좀 했다. 그것도 욕심뿐. 나는 올케의 눈치가 싫어서 다 집어치웠다. 어정거리다 스무 살이 넘었고 중매가 들어오자 선도 보지 못하고 쫓겨나듯 시집을 갔다. 나의 결혼식은 정식 추방식이었다. 내 인격은 무시된 내쫓김이었다.

선도 못 본 초면의 남자를 만나 혼례를 올리고 신방에 들었다. 신랑은 키가 작고 옹골차게 생긴 사내로 육군하사로 말뚝 병사였다. 휴가 3일 얻어 가지고 결혼하러 나왔단다.

첫날 밤. 나는 그가 하라는 대로 했다. 스물 아홉의 그는 나를 자기 여자로 만들었다. 이름도 제대로 모르는 남자였다. 내가 태어나서 자란 컴컴한 윗방이 내 첫날밤 신방이었다. 나는 아무 것도 모르는 채 어둠 속에서 그의 손길에 나를 맡겼다. 막연하게 결혼은 행복한 것이라고 들었고, 결혼은 새 인생이 시작되는 것이라고 들었고, 첫날밤은 무척 두렵고 황홀한 밤이라고 들었으며 꿈과 같이 달콤하고 짜릿한 밤이 되는 것이라고 들었다.

그러나, 나의 첫날밤은 그런 것들이 모두 거짓말이라는 것을 가르쳐 주었다. 순백의 나는 자유스런 몸에서 굴레에 묶이고 있다는 것을 배웠다.

사내가 두렵고 싫었다. 마음도 모르는 사이가 아닌가. 결혼식이라

는 짧은 행사가 그렇게 큰 의미가 있는 것일까. 그 행사 하나로 남자
는 나를 소유한 권리자가 되었고 내 의사는 무시된 채 나는 그를 따
라야 했다. 사내는 욕심이 많았다. 그 한 밤이 왜 그렇게도 길고 아
프기만 했던지.

후회해도 소용없었다. 그 밤은 나를 다른 여자로 바꾸어 놓은 것
이다. 그는 밤새껏 징그럽게 굴었고 나는 그것을 참아야 했다. 육체
는 긴 밤에 행사를 치렀지만 어떤 말도 나누어보지 못했다. 육체가
합쳤다 하여 부부가 되는 것이라고 말한다면 그대로 받아들일 수가
없다고 생각했다. 이건 남이나 다를 게 무엇일까 하고 밤이 새도록
생각하며 울었다. 무언지 모를 아주 귀한 것을 다 잃어버린 허탈감으
로 내 가슴은 큰 구멍이 나 있었고 자꾸만 눈물이 솟았다.

해가 뜨고 아침이 밝았다. 그는 나를 당당하게 들여다보았다. 자
기의 소유물을 관리하기라도 하듯. 부끄러운 생각이 들어 나는 돌아
눕고 말았다. 그는 말없이 나를 자기 쪽으로 돌아 눕히고 환한 빛에
하얗게 드러난 알몸을 신기한 눈으로 쓸어보았다. 첫말 한 마디.

"참 예쁘다."

그 말뿐이었다. 나는 옷을 입었다. 피부가 무엇엔가 부정을 탄 것
같은 마음이 들었다. 밖으로 나갈 용기가 나지 않았다. 세상에 태어
나서 처음으로 남자와 한 방에서 잠을 잤다. 이것이 새 인생의 출발
이라는 것일까?

고향의 혼례법에 따라 첫날밤을 자고 나면 남자를 따라 시집으로
가는 거다. 집을 떠날 때 너무 슬펐다. 엄마도 모르고 오빠 밑에서
자란 나. 이 집을 떠나면 아무 곳에도 가서는 안 되고 가도 죽을 것
만 같았는데 내가 자란 집을 떠나야 한다.

이십 년이 넘도록 걸터앉아 놀던 툇마루며 반들반들 닳은 문지방.
부엌 구석에 몇 년씩 매달려 있는 북어대가리, 어느 것 하나 소중하
지 않은 것이 없다는 것도 그 날 깨달았다.

오빠는 살기가 어려워서 군입 하나라도 덜겠다고 나를 급히 치웠다. 말을 안 했어도 올케 역시 내가 거추장스러웠던 존재였다. 철모르는 조카들만 나를 좋아했을 뿐. 미움을 받더라도 더 머물고 싶은 내 집인데 귀여운 조카들의 웃음소리도 뒤로 둔 채 나는 정든 사립문을 나서야 했다. 남편이라는 그를 따라 십리 길을 걸었다. 남들은 시집 장가 갈 때 말 타고, 가마 타고 간다던데 나는 말도 가마도 없이 밤새도록 지친 몸으로 길을 떠났다.

동네 천덕이 영감이 이불 보따리 하나를 등에 지고 따랐다. 십리를 걷는데 천리 길도 넘는 듯했다. 누웠으면 꼭 좋겠는데 걸음을 걸수가 없었다. 사내 때문이었다. 사내는 나를 상처 입히고 저만 앞서 걸었다. 몰인정한 사내였다.

동네 영감은 내가 왜 제대로 걷지 못하는지 속을 알고 빙긋빙긋 웃으며 짐이 무겁다며 쉬었다. 그가 베풀어준 마지막 호의였다. 이불 봇짐 하나가 무엇이 그리 무거워서 쉬고 또 쉬며 길을 늦출까. 나도 옛날 같으면 이 산길쯤 순식간에 넘나들 수 있는 길이다.

아침에 떠난 길이 해가 한낮이 기울어서야 시집에 도착했다. 나는 결혼을 하면 어떤 집에서 새 살림을 차리게 될까 생각해 보았지만 이상하게도 아무 생각이 떠오르지 않았다.

그런데, 그날— 처음 본 시집이라는 그 사내의 집. 그 사내네 동네에서 철길 다리 밑을 지나고 또 무릎을 걷고 건너야 하는 내를 지나 산밑에 웅크리고 엎드린 부엌 하나에 방 하나밖에 없는 낡은 초가집이 시집이었다. 내가 자라던 집보다 더 작고 초라했다.

'나는 어디서 자지? 나는 어디서 살림을 차리는 걸까? 부모님이 계시고 시동생이 하나 있다고 했는데 나까지 다섯 식구가 이 집에서 다 사는 것은 아니겠지.'

걱정이 가슴에 거머리 달라붙듯 일었다. 아무리 둘러보아도 근처에는 상여집도 없었다. 동그마니 산자락에 수그리고 있는 작은 초가

집 하나. 새 며느리가 온다면 잔칫집이라 사람들도 왔을 만한데 동네 사람 하나 와 있지 않았다. 아무리 내가 어리고 가난하게 자랐다지만 이런 꼴을 보여주는 집으로 시집 올 줄은 꿈에도 생각지 못했다. 나는 털썩 주저앉아 울고 싶었다. 모든 것을 팽개치고 돌아가고 싶었다. 같이 따라온 친정 동네 영감이 부끄러웠다.

영감은 기가 찼던지 입만 딱 벌리고 말이 없고 한 칸짜리 방문이 열리더니 시어머니가 나왔다. 키가 크다고 하기보다 기다랗다고 하는 것이 맞을 만큼 껑충하게 길고 입이 툭 튀어나온 여자였다. 뒤따라 시아버지가 나왔다. 내 사내 닮아서 키가 작고 옹골차게 생긴 야무진 남자였다. 또 시동생이 나왔다. 멋대가리 없게 생긴 얼굴에 황소처럼 힘살이 붙은 건장하게 생긴 나이든 아이였다. 더는 없었다.

친척도 오지 않았다. 보통집 생일만도 못한 혼례였다. 시어머니는 친정 동네 영감이 짊어지고 온 이불 보따리를 보고 심드렁했다. 두 시부모에게 큰절을 올렸다. 시동생과도 큰절로 초면 인사를 치렀다.

사내는 친정동네 영감 바라다 준다고 나간 뒤 해가 기울어서야 돌아왔다. 내 고향 영감님이 나를 남기고 돌아가며 눈시울을 적셨다. 한 동네에서 살 때는 그렇게 천하게만 보이고 못 생긴 영감이었는데 시집이라는 집에까지 왔다가 돌아가는 뒷모습을 보며 울어야 했다. 내 평생에 잊지 못할 친정 식구 같은 분이라는 걸 가슴 깊이 새기었다. 그분은 나를 두고 가면서 남을 두고 간다는 생각이 아니라 자기 딸을 두고 간다고 생각하며 울었으리라.

3. 시집 첫날밤

시집에서 첫날밤이 되었다.

새 신랑 신부를 위한 대책이 있을까 기다려 보았다. 사내하고 둘이만 있게 되면 오늘 느낀 생각이며 섭섭함을 말하리라 생각했다. 그러나 등잔불에 얼굴을 맞박고 밤이 깊어 가는데 아무도 떠나지도 않았고, 아무 대책도 없었다.

윗목에 시동생이 눕고 가운데 시어머니가 자리를 폈다. 나는 시어머니 곁에 누웠고 사내는 아랫목에 누웠다. 시어머니는 자리에 눕더니 겨우 한다는 말이,

"친정에서 해 주는 것이 이불 한 채 뿐이냐?"

나는 가슴이 막혔다. 아무 대답도 할 기력이 없었다. 내 대답을 기다리는 줄 알면서도 입을 열지 않았고 시어머니는 대답을 기다렸다.

"얘가 벙어린가?"

"……"

숨이 막혀 죽을 것만 같았다. 시아버지가 숨통을 열어주었다.

"뭘 물어? 더 있으면 벌써 가지고 왔지. 다 듣지 않았는가베."

"다 듣다니유?"

"아무 것도 없이 몸만 보낸다잖던가?"

"그래도 그렇지. 몸만 보내도 정도가 있어야지유."

시아버지는 할 말을 잃었는지 잠시 조용했다. 시어머니는 불만에 찬 목소리로 한 마디 더 했다.

"군입만 하나 더 늘었지……"

군입! 나 하나가 먹으면 얼마나 더 먹고 입으면 무얼 더 입어서 이런 소리를 오나가나 들어야 하는지 마음이 아팠다. 내 곁의 사내는 이불 속에서 나를 위 아래로 더듬다가 잠 못 이루고 뒹구는 시어머니의 소리에 견디다 못해 잠이 들었다. 시아버지도 잠이 들자 코를 골기 시작했다. 시동생도 잠잠하더니 잠이 든 모양이다.

시어머니만 뒤척거리며 기척을 보이다가 문을 여닫아 댔다. 심통이 나니까 부엌에 가서 냉수만 퍼마시고 들어와 눕는 듯싶다. 나는 바늘방석에 앉은 기분이었다. 잠이 올 리 없고, 눈물이 줄줄 흘렀다. 이불자락이 젖도록 소리도 내지 못하고 밤새도록 울었다. 다들 잠든

사이에 도망을 치고 싶었다. 그러나 그럴 용기도 없는 나 아닌가.

그 밤은 가고 날이 밝았다. 아침상은 어제와 마찬가지였다. 새까만 된장에 쿨쿨한 냄새 나는 깻잎 장아찌. 쌀 몇 알에 보리밥. 친정집 밥상은 이에 비하면 수라상이었다.

사흘째 밤이 되었다. 역시 한 방에서 식구가 나란히 누웠다. 남편이란 사내는 애가 타서 이불 속에 뒹굴었고 시어머니는 기침 소리를 내며 들락거렸다.

나는 도깨비에 홀려 악귀가 사는 소굴에 잡혀온 것 같은 답답하고 슬프고 저주스런 밤을 보내야 했다. 남편이고 뭐고 다 싫었다. 죽었으면 좋겠는 생각밖엔 없었다. 시아버지는 드르렁 드드렁. 시어머니는 긴 다리를 껑충거리며 들락이고 이불 속에 잠든 척 뒹구는 사내는 손길이 내 속을 다 벗겨놓았다.

위에서 더듬더듬 밑으로 쓸어 내려가고 밑에서 애무하다 허리를 감싸 당기고, 낌새를 챈 시어머니는 뒤로 누웠다 앞으로 누웠다 뒹굴어대었다. 나는 소리 없이 부르짖고 있었다. 공연히 하늘이 미웠다.

'하느님, 이럴 수도 있는 겁니까? 이게 결혼이라는 겁니까? 나를 죽여주실 수 없습니까? 남편이 원수 같습니다. 이 집에서 머리가 파뿌리가 되도록 살아야 한다구요?'

나는 하나님도 믿지 않고 부처도 믿지 않았다. 종교가 무엇인지조차 모르고 자랐다. 그런데 이 지경이 되니 나와는 상관없는 하나님이 원망스러워지는 것이었다. 있는지 없는지도 모르는 하나님을 내가 왜 부르고 불만을 왜 하는가? 하나님이 혹 있다 해도 그분은 나를 외면하신 것이다. 가난한 집에서 24년을 자랐으면 됐지. 또 남은 인생을 더 가난하게 살도록 저주한다는 것은 천벌이 아닌가.

남편은 밤이 짧아 몸부림을 쳤고 나는 그의 손길에 희롱 당하는 시달림에 밤이 지옥길처럼 길었다.

해가 뜨고 불행한 밤은 지나갔다. 기대할 것도 없는 하루가 해 뜨면 시작된다. 3일 간의 휴가가 끝난 남편은 부대로 돌아갔다. 그나마 내가 의지하고 있었던 듯 철다리 멀리 떠나가는 그 모습이 아쉽게 느껴졌다. 네 식구만 남은 집은 더욱 썰렁하고 허전했다.

사내가 떠난 다음부터 나는 그 집 식모가 되었다. 아침에도 일찍 일어나 군불을 때고 밥을 지어야 했다. 잠자리도 바뀌어 맨 윗목이 내 자리가 되었고 아랫목이 시동생, 다음이 시아버지 그리고 시어머니 위로 나였다. 먹는 것도 날마다 똑같고 입는 것도 날마다 그 옷이 그 옷이고, 자는 것도 날마다 그 자리에 그렇게 눕는다.

4. 이상한 병

시집 온 지 며칠이나 되었는지 셀 수는 없지만 한 달이 다 되어갈 무렵, 내 몸에는 이상한 증상이 나타나기 시작했다. 갑자기 아래가 가려웠다. 아무 생각 없이 그곳을 가볍게 문질렀다. 그래도 가려움 증은 사라지지 않았다. 물로 씻어 보았지만 점점 더 가려웠다. 하루 종일 집안 일을 하면서도 신경이 쓰여지고 불안하기까지 했다. 무슨 까닭인지 알 수가 없었다. 가려운 곳에 침을 바르면 낫는다는 생각에 침도 발라 보았다. 허사였다. 차마 밝힐 수는 없지만 별별 것을 다 발라보았다.

그러나 가려움증은 통증으로 바뀌었고 통증은 점점 더했다. 보름 쯤 지나도 마찬가지였다. 나는 거울로 비쳐도 보고 별 짓을 다했다. 며칠 뒤 좁쌀 만한 것이 안쪽에 돋은 것을 발견했다. 뜨끔뜨끔하고 손을 대면 아프기 시작했다. 다른 곳도 아니고 가장 깊은 곳, 누구에게도 보여주지 않으려고 어려서부터 남 앞에 옷도 벗지 못했던 곳에 병이 생겼다. 누구에게 이 사정을 말할 수 있을까. 아무에게도 말하기 부끄럽고 알려서도 안 되는 일이 아닌가.

5월 중순도 넘었다. 시부모님은 산너머 밭으로 나가시면서 점심을 지어 오라 이르셨다. 나는 공손히 '네' 했다. 밥을 짓고 국을 끓였다.
그러나 그것을 이고 가려고 광주리를 이다가 엎어지고 말았다. 사기
그릇이 깨지고 밥은 엎어져 바닥에 깔렸다. 나는 허둥지둥 그것들을
그릇에 담았다. 흙과 돌, 먼지가 묻어 볼꼴 사나운 것을 앞에 놓고
보았다. 국은 엎질러진 물.

고추장이 바닥에 뭉쳐 있고 산나물 담았던 그릇은 저만큼 나뒹군
채 햇빛에 반짝였다. 기가 막혔다. 아픈 곳도 잊었다. 세상이 다 내
치마폭에 내려앉은 것 같고 몸은 천길 낭떠러지 아래 뚝 떨어져 엎어
진 느낌이었다.

해가 높이 떠서 나를 내려다보고 있었다. 따갑게 느껴지는 햇볕에
나는 땀을 흘렸다. 이제 끝장이다. 시집살이도 이것으로 끝난 것이
아니고 무엇인가. 절망의 가슴으로 자리에서 일어섰다. 아래가 가시
에 찔리기라도 한 듯 뜨끔하고 쑨다. 바로 그 충격 때문에 밥 광주리
를 엎은 것이다. 죽고 싶었다. 그러나 죽는 게 쉬운 것은 아니었다.

나는 밥그릇에 묻은 돌과 흙을 모두 떼어 내고 정갈하게 다시 상
을 보았다. 제 시간에 밥을 내가지 않으면 시부모님이 오실 것이다.
다시 이고 나갈 용기가 나지 않았다.

시간은 어느덧 정오가 넘었다. 나는 식어 가는 보리밥을 보면서
저 건너 산모퉁이를 돌아오실 시부모를 기다렸다. 밥이 다 식기 전에
오셔야 할 텐데……

기다리는 마음과는 달리 시부모님은 오시지 않았다. 뜨끔거리다
멈춘 순간의 안락에 빠져 깜박 졸았다. 상을 곁에 두고 존 것이다.

잠깐 꿈을 꾸었다. 아주 달콤하고 행복한 꿈이었다. 친정 동네에
서 고향 친구들과 물가에 나가 고기도 잡고 세수도 하고 물장구 치며
노는 꿈이었다. 물 저편에서 갑자기 큰 남자아이들이 달려오면서 외
쳐댔다.

거기 서라! 우리들은 모두 벗은 채였다. 큰일이었다. 남자아이들

이 우리 곁으로 달려들면서 끌어안으며 소리쳤다. 그대로 있어! 나는 발버둥을 쳤으나 달아날 수가 없어 버둥거리는데 갑자기 하늘이 무너지는 소리가 귀를 때렸다.

"이년! 낮잠을 자빠져 자! 일어나!"

꿈에서 깨어나 눈을 번쩍 떴다. 바로 머리 위에 시어머니의 학다리가 뻗치고 서 있고 무섭게 뜬 눈이 나를 깔아내리고 있었다.

"이년! 밥상머리서 자빠져 자!"

날카로운 소리와 함께 얼굴에 벼락이 떨어졌다. 나는 기겁을 하여 용수철처럼 일어섰다. 곁에 노기에 찬 시아버지가 서 있다가 눈길을 피해 돌아섰다. 시어머니는 성이 잔뜩 나서 꾸짖었다.

"젊은 년이 시어머니 말을 우습게 들어? 이년아 지금이 몇 신데 자빠져 자고 있어?"

나는 정신없이 엎드려 무릎을 꿇었다. 시어머니는 노기 찬 얼굴로 밥상을 들어 시아버지 앞에 놓고 마주 앉았다. 더 이상 꾸짖지 않는 것이 고마웠다. 두 어른은 노기를 참고 숟갈을 들었다. 나는 매 맞은 개처럼 곁에 쭈그리고 앉았다. 욕은 친정에서 오빠에게 너무 많이 먹어 보아서 시부모가 하는 욕은 욕같이 들리지 않았다.

엄마 없이 아버지 없이 농사꾼 오빠 밑에서 천덕꾸러기로 자란 나. 어떤 때는 욕을 먹고 굶은 적도 있었다. 어떤 때는 밥 한 숟가락 더 먹고 욕은 바가지로 먹다가 쫓겨난 적도 있었다. 가난과 흉년 속에 굶주리며 자란 나. 6.25 전쟁이 우리 집을 거지로 만들었고, 6.25 전쟁이 나를 고아로 만들었다.

내가 여덟 살 때 부모님은 돌아가셨다. 열 두 살 짜리 오빠를 따라다니며 죽지 않고 살아 이 나이가 되기까지 나는 난폭한 오빠의 천대 속에 명을 이었다. 오빠는 우악스럽고 성질이 급했다. 그래도 그 오빠가 없으면 나는 갈 곳도 의지할 곳도 없었다.

오빠는 무뚝뚝하여 하나뿐인 나를 사랑으로 보살핀 적 없이 늘 윽

박지르며 제 멋대로 살았다. 나는 슬퍼도 호소할 곳이 없었다. 나는 들길에 버려진 돌처럼 고독하고 지나가는 구루마 바퀴에 치어 튕겨져 나가는 돌 같은 존재로 자랐다.

삶에 지친 오빠는 내가 다 크도록 곁에 둔 것이 짐스럽게만 생각했다. 하나뿐인 동생 시집을 보내면서도 집이 어떤 집인지 그 집 아들이 어떤 인물인지도 물어보지 않고 다만 내가 그 곁에서 떠나게 되는 것만 좋아서 내쫓듯이 시집보낸 것이었다.

그래도 나는 슬프지 않았다. 나는 시어머니나 시아버지를 모시게 되면 그 동안 불러보지 못한 아버님! 어머님! 하고 부르며 응석도 부리고 싶었다.

그러나― 시어머니가 식사를 하다가 돌을 깨물었다. 금세 시아버지도 돌을 깨물었다. 두 분이 동시에 입에 문 보리밥을 뱉었다. 시아버지는 상을 찡그리고 얼굴을 돌렸다. 시어머니는 보리밥 씹던 것을 받아 들더니 내 얼굴에다 끼얹는다. 나는 그것을 얼굴에 묻힌 채 말없이 문 밖으로 나왔다. 우물도 논두렁 건너에 있었다.

부엌으로 가 씻어냈다. 그리고 부뚜막에 머리를 박고 울었다. 그날 밤 시어머니는 잠자리에 든 뒤에 별별 소리를 다했다.

"시집 올 때 농짝 하나 해 오지 않은 것이……"

"얼굴이 꼭 여우같이 생겨서 남자를 잡아먹어도 열은 잡아먹을 것…… 어쩌다가 이런 것이 들어와 집안을 망치는지……"

기가 막히고 슬펐다. 시어머니는 밤이 깊도록 분을 못 참는다는 듯 혼자 중얼거려댔고 시아버지는 묵묵히 듣다가 잠이 들었다. 시동생은 일 갔다 와서 피로한 듯 잠잠하다가 코를 골았다. 시어머니가 웅얼웅얼 하다가 잠이 들 때까지 죽은 듯 숨을 죽이고 있다가 시어머니가 잠드신 것을 알고서야 돌아누웠다.

농촌의 5월은 바쁘기 이를 데 없었다. 나는 안 해 본 일이 없었다. 그래서 무슨 일이든지 할 수 있었다. 그러나 아래에 병이 난 뒤부터는 아무 것도 하기가 싫었고 할 수가 없었다. 산너머 밭에 감자를 심었고 텃밭에는 마늘이 반드르르하게 돋아 예쁘게 자라고 있었다.

5. 시집살이 맵다더니

6월이 되었다.

해가 뜨거운 열을 쏟아 붓기 시작했고 들에는 농부들이 몰려나와 논을 갈고 모를 내고 밭을 맸다. 보리밭 파란 머리 위를 봄바람이 파도를 일으키며 흘러간다. 뜰 밑에는 민들레가 피어 방실거리고 벌 나비가 어디서 날아들어 꽃들과 춤을 추고 맞은편 산에는 파란 나무며 풀들이 어우러졌다.

뻐꾸기 소리는 산자락을 감돌아 하늘 멀리 울리고 간간이 불어오는 바람이 손길처럼 부드러웠다. 꿈에 만난 사람처럼 하룻밤을 지낸 남편이라는 사내—

딱 한번. 짧은 밤의 무너지는 허무가 고통으로 남은 그 밤. 그래도 그리워야 했을 것 같은데. 남의 이야기처럼 그립지 않다. 되돌려 찾고 싶은 것이 있다면 무서운 오빠와 짜증스런 올케가 있는 집으로 가고 싶은 것이었다.

시어머니는 심술이 잔뜩 난 사람 같았다. 한번도 사랑스런 얼굴로 나를 보아주지 않았다. 그저 밥이나 축내는 군입으로만 생각하셨다. 나는 아무 저항할 힘이 없었고 어른들이 무섭기만 했다.

하루는 들로 나가는 시어머님이 일거리를 맡기셨다. 텃밭에 심은 고추밭을 매고 저녁에는 보리쌀을 닦아 놓으라 하셨다. 나는 그저 네, 했을 뿐— 그날도 아침부터 꼼짝하고 싶지 않았다. 하루하루 아픈 증상이 더 마음을 잡아매는 것이었다.

따가운 햇볕을 받으며 고추밭 귀퉁이로 나갔다. 쭈그리고 앉아 호미질을 하자니 사타구니가 아파 움직일 수가 없었다. 두 다리를 벌리

고 서서 가느다란 고추 싹들을 다치지 않고 김을 매기란 여간 힘든
일이 아니었다. 얼마 하지 못하고 돌아왔다. 방으로 들어가 다리를
벌리고 누웠다. 사타구니에 무엇이든 닿는 것이 싫고 아팠다.

다시 보리쌀을 닦으려면 쪼그리고 앉아서 문질러야 한다. 다리를
쪼그리고 앉으면 속옷 닿는 자극이 심하여 그것을 벗어버리고 말았
다. 홑치마만 두르고 속옷을 벗어버리니 한결 나았다. 그날 보리쌀
을 닦아 밥을 앉히기까지는 굶는 것보다 힘들었다. 밥을 앉혀놓고 불
을 때어 보리쌀을 삶았다.

해가 지자 시부모님이 들에서 오셨다. 시어머니가 들어오는 길에
고추밭을 둘러보고 오시는 길이었다.

"너, 고추밭은 다 맨 거여?"

"……"

"왜 대답이 없어. 고추밭 매라는 소리 들었어 못 들었어?"

"들었어유."

"그런데? 듣고도 그냥 자빠져 놀았니? 시에미 말이 말 같잖아서
그랬니?"

"아녀유?"

"아니면? 그것도 일이라고 싫어서 안 했어?"

"그게 아니구면유."

"그게 아니면 뭐냐? 말해 봐라. 찢어진 입이라고 말대꾸는 꼬박꼬
박 잘하는구나 못된 것이?"

"……"

"왜 말이 없어? 대답해 봐."

"……"

몸만 성했으면 달아나고 싶었다. 시어머니의 매서운 눈총을 받고
쪼그리고 앉았으니 숨이 막힐 듯했다.

"네 남편 없다고 우습게 보고 시에미 말을 우습게 여겨?"

"……"

"잘한다. 왜 말을 못해."

"잘못 했구먼유."

"잘못한 걸 알면서 하루 종일 그냥 자빠져 놀고 밥을 묵혀?"

"어머님……"

"어머니고 뭐고 다 듣기 싫다. 누가 네 어머니냐."

"……"

"저녁은 해놨니?"

"야."

"너 같은 걸 믿고 나가는 게 미친년이지……"

시어머니는 방으로 들어갔다. 묵묵히 섰던 시아버지도 탐탁지 않다는 얼굴로 들어갔다. 나는 밥상을 차려 드렸다. 두 분은 외면한 채 수저를 들었다. 그날부터 나는 시부모님 앞에서 밥을 먹지 못하고 부엌에 쭈그리고 앉아 먹다 남은 반찬으로 끼니를 때웠다.

칠월이 되었다.

더위가 기승을 부리고 모기는 밤새도록 달려들어 물어뜯는다. 모기장도 없고 약도 없었다. 마당에 모깃불을 피워놓고 두 어른은 거기에 앉아 있고 시동생은 냇가로 가 목욕을 하고 돌아온다. 나는 모기가 아우성을 치는 어두운 방구석에 처박혀 큰 전쟁을 치러야 했다.

다리를 딱 때리면 목덜미를 물고 어깨로 달려드는 모기를 쫓으면 다리를 문다. 더운 여름밤이라 이불을 뒤집어 쓸 수도 없었다. 홑치마만 입고 있는 나는 그것을 뒤집어 쓸 수도 없었다. 모기 등쌀에 밤이 깊도록 뒤채다가 잠이 든다.

이튿날 일어나면 전신이 딸기밭이 된다. 얼굴에 물려 툭 솟아나도 시부모님들은 모른 체했다. 무능해 빠진 시아버님은 시어머니의 말에 꾸벅거리고 도대체 자기 의사 표현은 없는 분이었다. 나는 그해 칠월과 팔월은 아무 것도 생각하고 싶지 않았다. 원수 같은 모기떼의

밥이 되어 병든 몸으로 뒹굴어야 했다.

8월 어느 날이었다.

시어머니가 밖에 나갔다가 들어오다가 내 꼴을 보았다. 낮에 아무도 없을 때는 갠 이불을 내려놓고 거기다 등을 기대고 비스듬히 누워 가랑이를 벌리고 있어야 아프지 않았다. 치맛자락을 잘 펼쳐 앞을 가리고 그렇게 지내는 것이 하루를 보내는 내 비밀이었다. 그 꼴을 시어머니가 보고는 기겁을 했다.

"아니. 젊디젊은 것이 그 꼴이 뭐여?"

"죄송해유 어머니."

"네 시애비나 시동생이라도 들어와 보면 어쩌겠냐?"

"……"

"너 나하고 말 좀 해보자. 왜 그렇게 비실거리는 거냐?"

"어머님, 사실은요."

"사실은?"

"말씀드리기가 어려워서 지금까지 견디고 있었는디유."

"뭔디?"

"저는……"

"뭐가 어떻다는 거냐?"

시어머니의 째지는 듯한 높은 목소리는 그날 더욱 싫었다. 그러나 이젠 털어놓고야 말리라 결심했다.

"그러니께유. 전에는 그런 일이 없었는디유 결혼하고 나서 이상하게 아래가……"

"뭐야? 아래가 어떻다구?"

"아래에 병이 생겼구먼유."

"병?"

"야."

"병이라니? 그게 무슨 병이냐?"

"잘 모르겠는디유. 아래 녹두알 만하게 뭐가 났는디유."

"뭐가 나? 혹이 난 거냐? 이런 변이 다 있나."

'혹이 아니구요."

"그럼 뭐냐? 너 혹시 시집오기 전부터 병이 있었던 게 아녀?"

"아녀유. 전에는 아무 일도 없었구먼유?"

"그럼 내 아들한테서 병이 옮기기라도 했단 말이냐?"

"……"

"이런 변이 있나. 어디서 샛서방질하다가 병이 옮아가지고 와서 남의 아들 생사람 잡는 소리하는구먼"

"그런 게 아니구유, 어머니……"

"듣기 싫다. 이젠 병까지 들어 눕다니 어이구 내 팔자야."

"어머님, 그런 게 아니래두유. 그이 하고밖에는……"

"누가 그 말을 믿어? 당장에 느이 집으로 보내야겠다."

"어머님……"

"집안이 망하려니 별꼴이 다 있어. 어디서 얻어걸린 병을 가지고 들어와 남편 트집이냐."

울고 싶었다. 눈물이 쏟아졌다.

"우리 아들은 어려서부터 깨끗하게 키웠어. 동네 여자들하고도 같이 논 일이 없고 그 애는 마음이 비단결 같아서 어디다 내놓아도 잘못될 애가 아니여."

"……"

"너 탁 터놓고 말혀. 어떤 놈하고 붙어 놀다가 병이 얻어걸린 거여? 내 아들 깨끗한 건 내가 안다."

몰인정한 시어머니는 밤이 깊도록 내 과거를 캐물었다. 나는 과거도 없고 병이 뭔지도 모르는 철부지. 시어머니의 몇 번씩 반복하는 소리를 들으며 진땀을 흘렸다. 그러나 나와 말한 것을 시아버지에게는 말하지 않았다. 나는 어른들이 없으면 이불에 기대고 반듯이 누워 천장만 바라보았다. 시어머니는 내 꼴이 보기 싫다고 낮이면 나가서 돌아오지 않았다.

팔월도 중순이 넘어서였다.

남편에게서 편지가 왔다. 시어머니나 시아버지는 한글을 몰랐다. 시어머니는 봉투를 쭉 찢어 아무렇게나 집어던지고 속만 빼들고 나갔다. 동네 글줄이나 아는 사람을 찾아간 것이었다.

그날 나는 시동생도 문맹인 것을 알았다. 시어머니는 나도 문맹이려니 생각하고 편지를 들고 밖으로 나간 것이다. 나는 편지 내용이 궁금하지도 않았다. 결혼이라고 하면서도 상대가 학교를 다녔는지 안 다녔는지도 모른다. 시부모도 나를 알아보지 않은 것이다.

나는 남편의 편지봉투를 접어 품에 넣었다. 편지로라도 나에게 병이 왜 생기게 되었는지 묻고 싶었다. 내 아래는 아무도 다친 일이 없었다. 다만 그 사내 하나가 거쳤을 뿐인데 병이 생긴 것이니 그는 알 것이다. 편지를 쓰고 싶어도 편지지가 없고 봉투도 없고 펜도 없었다. 어디 가서 구해볼 수도 없고 누구에게 부탁할 수 없는 외딴집. 여기서 내가 이대로 죽는대도 어느 한 사람 돌볼 이 없고 소리 한번 지를 데가 없었다.

팔월 30일 일이었다.

어쩌다 몇 마디씩 말을 나눈 시동생이 밖에서 일찍 돌아왔다. 나는 그날도 이불을 등에 기대고 치맛자락을 쓸어 내린 채 누웠다. 그런데 깜빡 잠이 들었고 몸을 틀다가 치마가 벌어졌다. 밖에서 돌아오던 시동생이 그걸 본 것이었다. 문을 안으로 걸어 잠근 시동생. 그는 벌거벗은 채 나를 만지고 있었다. 하체는 완전히 드러난 채였다. 그의 손이 아래로 들어와 닿을 때 나는 그곳에 심한 통증이 오는 충격으로 잠에서 깨었다.

시동생은 빙긋이 웃으며 징그러운 물건을 내보였다. 나는 몸을 일으키며 그를 막았다. 그러나 쇳덩이가 달아오른 듯한 수컷은 막을 수가 없었다. 그 사내는 시동생도 아니고 인간도 아니었다. 짐승이었다. 미친 수캐 같은……

나는 터지는 통증을 견디며 찍어 내리는 그의 가슴을 밀었다. 그러나 스물 여섯의 강한 힘을 막을 수가 없었다. 거부하려 해도 힘이 달렸고 그럴수록 아픈 곳 때문에 고통만 더했다. 미친 수캐는 내 배를 정복했다. 뜨겁게 타는 그것이 나를 죽이기라도 할 듯 통증이 가득한 속으로 밀려들었다. 수캐는 맘껏 허덕거리다 떨어졌다.

그날 밤 나는 얼마나 울었는지 모른다. 세상에 이럴 수가 있는 것일까. 죽이고 싶도록 미운 시동생은 엉뚱하기만 했다. 이튿날이었다. 시부모는 역시 들로 일 나가고 집은 비었다. 남의 집 일 간 시동생이 한낮에 돌아왔다. 또 덤벼들었다. 나는 거절하지도 못했다. 공연한 고통만 더할 뿐이다. 시동생은 즐기다가 떨어져 나갔다.

큰 거머리가 붙었다 떨어지는 느낌이었다. 불쾌한 감정을 억누를 수가 없었다. 시동생은 나를 범한 뒤 친근하게 굴었고 그날 낮에는 어디서 났는지 잘 익은 참외를 따 가지고 왔었다. 그것을 내 곁에 두고 나갔다. 나는 먹고 싶지 않았다. 발로 차서 방구석으로 굴려 버렸다. 그 참외는 저녁나절 시어머니가 들어와 먹어 치웠다.

'더러운 것들. 짐승만도 못한 것들, 죽이고 나도 죽고 싶다.'

오직 원한과 복수심으로 가슴이 들끓었다. 부엌에서 칼질을 하다가 그대로 들고 들어가고 싶었다. 별별 생각을 다 했지만 모두가 허사였다. 나는 이제 이 집의 창녀가 되었다. 아무 말 없이 항거도 안하고 감정 표현을 하지 않았다. 마치 동물이 소리내듯 클라이맥스에서 소리를 내다가 떨어져 나가면 그뿐, 시동생도 말을 하지 않았다.

대화가 메마르고 동물적인 욕심만 가득한 집구석이었다. 시어머니와 시아버지는 밤마다 그냥 자지 않았다. 나는 고통 속에 눈을 감고 죽은 척하고 누워 있을 뿐. 아무 것도 아는 체하지 않았다. 시부모가 그렇고 시동생이라는 것이 그렇고, 살아 있는 한은 이 굴레에서 벗어날 것 같지 않았다.

이제는 모두 잊고 죽어버려야 한다. 나는 병들고 더럽혀진 쓰레기 같은 여자, 날마다 한 차례씩 시동생은 나를 탐했다. 나는 죽은 개같이 자빠져 그 짓을 당했다. 그런 게 더 살아 무엇하겠는가.

6. 죽음 선택

캄캄한 밤이었다.

시부모도 코를 골고 시동생도 코를 골았다. 나는 죽기로 작정하고 자리에서 일어났다. 밤 두 시면 철도가 나있는 산밑으로 기차가 지나간다. 기차가 지나갈 때 그 위에 숨었다가 뛰어내리면 된다. 기차에 받쳐서 바퀴에 깔리면 장사지내지는 것이다. 나는 죽겠다고 결심을 하고 산길을 향하여 걸었다.

보통 때는 그렇게 아프던 아래가 아픈 줄도 몰랐다. 목숨이 없어지는 마당에 그 따위 아픈 것쯤은 아픔이 될 수 없었다. 나는 이를 악물고 산을 올랐다. 철로 쪽으로는 경사가 가파르고 작달막한 소나무들이 둘러 서 있다. 소나무 밑은 모래흙이었다.

세상에 태어난 것이 원망스럽고 시집 식구가 모두 미웠다. 아무렇게나 나무숲을 기어 내려가 비탈 중앙에 머리를 숙이고 가치가 오기를 기다렸다. 아무도 보고 싶지 않고 아무 생각도 하기 싫었다. 빨리 기차가 달려와 힘차게 나를 밀어붙이고 갈가리 짓이겨 주었으면 싶었다. 병들고 더럽혀진 몸뚱이 아낄 것이 무엇이 있겠는가. 군입 하나 덜자고 시집 보낸 인정머리라곤 없는 오빠가 나 죽은 것을 알면 얼마나 시원해 할까. 시어머니도 좋아하리라. 미친 개 같은 시동생만 육욕에 미쳐 먹던 밥그릇을 잃어버렸다고 하겠지. 지루하게 기다리는 끝에 멀리 기차 오는 소리가 들려왔다.

기차는 산 저쪽에서 구름 속에 울리는 천둥소리처럼 가까워지고.

마침내 외눈으로 비치는 마귀의 눈빛 같은 불빛이 곧게 뻗은 철로를 길게 비치며 미끄러져 오고 있었다. 바퀴 구르는 소리가 요란하게 다가오고 도깨비불 같은 빛이 무서운 속력으로 다가들었다. 기차는 웡웡 소리를 내며 바로 앞에 이르렀다.

바로 이때다. 나는 몸을 획 던졌다. 그러나! 기차의 검은 몸뚱이는 긴 씽씽 소리를 내며 달아났다. 우렁차게 꼬리까지 끌고 멀리 숨었다. 나는 치마가 소나무 가지에 걸린 채 밑으로 엎드려져 배를 넙죽 깔았다. 흙이 사타구니 속으로 밀려들었다.

죽겠다고 뛰어들던 용기가 싹 사라지고 나는 축 처졌다. 밑으로 머리를 깔고 엎어진 채 몸을 움직였다. 아래가 아파서 움직일 수가 없었다. 이대로 죽어버릴까 생각해 보았지만 그 꼴을 남에게 보여주고 싶지는 않았다.

나는 있는 힘을 다하여 일어났다. 치마는 길게 찢어져 있었고 사타구니에는 흙모래가 끼여들어 걸을 수가 없었다. 손으로 후벼내려도 아파서 어떻게 할 수가 없었다. 이를 악물고 결심했다.

'살아야 한다. 이대로 죽으면 너무 억울하다. 남편이라는 사내도 만나야 하고 인생으로 태어난 이상 사람답게 살아야 한다. 시집 식구들에게 복수를 하고 죽자.'

나는 다리를 쩍 벌리고 어기적어기적 캄캄한 산길을 더듬어 내려왔다. 비탈길 200미터쯤 되는 거리지만 나에게는 천리보다 멀고 고통스러웠다. 발을 뗄 때마다 깊숙이 끼여 있는 모래알이 속을 건드렸다. 그날 밤 어둠 속에서 땀을 흘리며 아장걸음을 걷던 기억. 세상에 어떤 고통이 이보다 더 할까.

동이 거의 틀 무렵에야 나는 개울가에 이르렀다. 맑은 개울물이 평화스럽게 흐르고 있었다. 나는 치마를 걷어올리고 아래를 담갔다. 시원한 물이 씻고 지나갔다. 흙이며 모래가 다 씻겨나갔다. 살 것 같았다.

　그러나 육신은 모두가 그물로 얽은 듯 움직일 수가 없었다. 들로
일하러 나오는 사람들에게 들키는 것이 싫었다. 집으로 돌아와 부엌
으로 갔다. 털썩 주저앉아 엉엉 울고 싶었다. 그러나 울 수도 없었
다. 아래는 화끈화끈하고 전신은 힘이 쭉 빠져 부뚜막에 수그리고 엎
드려 눈을 감았다. 정신이 가물가물해지는 것을 느끼며 의식을 잃었
다. 부엌으로 나온 시어머니의 불호령이 떨어졌다.
　"이년, 뭣하다가 부엌에서 자빠져 자고 있어!"
　나는 멍한 눈으로 시어머니를 바라보았다. 시어머니의 껑충한 다
리가 내 궁둥이를 탁 쳤다. 충격이 얼마나 컸던지 아얏 소리를 내지
르고 일어섰다.
　"아프다구? 뉘 안전에서 아프다는 거여?"
　시어머니는 내 머리채를 틀어잡았다.
　"나가 이년, 너 같은 년은 우리 며느리가 아녀. 이 병든 년, 어디서
걸린 병을 가지고 들어와서 남의 자식 탓하는겨 이년."
　나는 아픈 머리채가 문제가 아니었다. 밑구멍이 터지는지 찢어지
는지 아리고 쓰리고 가시에 찔리는 듯한 통증에 정신을 잃었다. 시어
머니는 나를 쪽마루 밑에 끌어다 밀쳤다. 죽은 개 같은 나는 거기 널
부러져 굴렀다.
　그날 정신이 들었을 때 시부모는 보이지 않고 수캐 같은 시동생이
하체가 벗겨진 채 누운 나를 들여다보고 있었다. 나는 그 낯짝이 보
기 싫어 고개를 돌렸다. 수캐는 축 처진 내 몸뚱어리를 핥듯이 들여
다보고 있었지만 나는 움직일 힘이 없었다. 수캐는 상황이 그 지경인
것을 아는 터라 미친 짓은 하지 않았다. 나는 그대로 잠이 들 것이
두려워 정신을 가다듬고 있다가 일어섰다.
　부엌 앞에 놓은 작대기를 짚고 내 옷가지를 보따리에 싸들고 집을
나섰다. 수캐는 말없이 따라 나왔다. 말리지는 않았지만 그의 걸음
걸이가 이상하게 느껴졌다. 다리를 벌리고 걸었다. 병이 옮은 것이

다. 나는 한편 잘됐다 이놈, 원수야 하고 생각하면서도 그 일로 하여 시부모한테 일이 드러나는 것이 두려웠다.

"친정에 갔다가 올게요."

수캐는 고개를 끄덕거릴 뿐 말이 없었다. 제 몸에 병이 난 것이 나 때문이라는 것을 알고 있는 듯했다. 오후 1시쯤 집을 나서서 친정으로 향했다. 다리엔 힘이 없고 전신이 아프고 배가 고팠다. 친정까지 가는 십리는 너무도 멀었다. 가다 쉬고 쉬다가 기기도 하여 길을 재촉했지만 친정에 당도했을 때는 해가 진 뒤였다.

지팡이를 짚고 보따리 하나 낀 내 모습을 마을 사람들이 보았으면 어떻게 말들을 할까. 체면이고 뭐고는 잠깐 스치는 걱정일 뿐 나에겐 밥 한 그릇과 따뜻한 위로가 필요했다. 오빠가 계신 문 앞에 이르러 문을 두드렸다.

"누구요?"

오빠의 쩡쩡한 목소리였다.

"저여유 오빠."

"누구?"

숨이 꺼져 가는 내 목소리는 더 나오지 않았다. 오빠의 우렁우렁하는 소리가 다시 물었다.

"누군데 나를 오빠라고 불러?"

"저……"

문을 열고 나온 오빠는 내 행색을 보자 문을 꽝하고 닫았다.

"나가! 나가 이년!"

"오빠!……"

"듣기 싫여! 출가외인이라고 했잖여. 니가 죽어도 시집에서 죽어야 혀. 여긴 왜 기어와?"

나는 마루 끝에 고꾸라졌다. 올케도 내다보지 않고 조카들도 오빠 서슬에 질려 꼼짝 못했다. 오직 하나밖에 없는 이 불쌍한 여동생을 이렇게 해야만 한단 말인가. 나는 가슴이 찢어지는 듯했다. 닫힌 문 안에서 성난 오빠의 목소리가 터져 나왔다.

"이년, 시집 한번 갔으면 그만이지 왜 또 찾아와! 당장에 때려죽이기 전에 가! 죽어도 그 집 귀신이 되어야지 여기가 어딘데 찾아와."

오빠의 성격을 잘 알고 자랐다. 인정이라고는 털끝만큼도 없는 분. 나는 기어서 문밖으로 나왔지만 갈 곳이 없었다. 이웃집 추녀 밑에서 잘까 하다가 초등학교 동창생인 인숙이를 찾아갔다. 그러나 차마 이 꼴로 그 애를 부를 수가 없었다.

하늘에는 별이 총총 박혀 반짝거리고 모기떼는 어둠을 타고 공격해 왔다. 땅속으로 파고 들어가고 싶지만, 하늘이든 어디든 날아갈 수만 있으면 이 세상이 보이지 않는 곳으로 가고 싶지만, 나는 죽은 개꼴이 되어 마을 골목길을 비틀거리고 있었다.

갈곳이 없다. 만날 사람도 없다. 보지 못한 엄마지만 보고 싶고 부르고 싶었다. 나는 모질게 마음을 가지려 애썼지만 나도 모르게 눈물이 나왔다. 생전 불러보지 못한 엄마를 불렀다.

"엄마!"

대답 없는 소리였지만 엄마라도 부르지 않고는 견딜 수가 없었다.

"엄마, 어디 있어. 엄마……"

아무렇게나 퍼질러 앉아 캄캄한 골목길을 향하여 엄마를 불러보았다. 어떻게 생겼는지도 모르는 엄마다. 얼마 후 동구 밖을 나서고 있을 때 조카아이들이 나와서 나를 불러댔다.

"고모~"

오빠의 소리는 들리지 않았고 조카들의 귀엽고 맑은 소리뿐이었다. 대답도 하기 싫고 돌아갈 마음도 없었다. 어둔 골목길을 여기저기 돌면서 부르는 소리가 그저 고마웠다. 그러나 나는 동구 밖 멀리 떨어져 들길을 가고 있었다.

산너머 이모 댁으로 발길이 떨어졌다. 어머니를 닮았다는 이모 한 분이 나를 가장 불쌍하게 생각하는 분이다. 이모를 만나고 싶었다.
이모를 붙들고 위로 받고 싶고 답답한 사정을 다 털어놓고 싶었다.
조카들이 부르는 소리가 멀리 들리다가 그쳤다. 밤길은 어둡고 죽은
듯 고요했다.

내가 이모댁 대문 앞에 섰을 때는 새벽이 다 될 무렵이었다. 이모!
하고 부르기가 두려웠다. 세상 인심이 다 무섭게 느껴졌다. 그러나
용기를 내어 불렀다.

"이모오."

잠귀 밝은 이모는 금방 알고 내다보았다. 뿌옇게 빛이 번지는 문
간에 거지같이 서 있는 나를 본 이모는 맨발로 뛰어 나왔다.

"이모!"

"수지 아니냐. 이게 무슨 꼴여? 엉?"

나는 이모가 품에 안는 순간 가슴에 얼굴을 묻고 정신을 놓았다.
어떻게 방에까지 들었는지 모른다. 그날 한낮이 지나서야 나는 정신
이 들었다. 이모는 걱정스럽게 나를 지켜보고 계셨다.

"이제 정신이 들어?"

"……"

"이것아, 정신 차려어."

"이 이모오……"

"응, 말혀."

"……"

"어떻게 된겨?"

나는 무슨 말을 해야 할지 입이 열리지 않았다.

"시집에서 무슨 일이 있었니?"

나는 고개를 끄덕였다.

"무슨 일?"

"차차 다 말씀 드릴게유."

"그래, 좀더 쉬어야겠어. 다 죽어 가지고 왔으니……"

그날은 종일 누워 있었고 이튿날은 정신이 들고 살 것 같았다. 이모는 내가 맨 몸뚱이에 치마만 두른 것이 매우 궁금했던 듯.

"이아야, 우쩌자고 속옷은 벗고 댕겨?"

"……"

"새색시가 그러고 다니면 안 되는디."

팬티를 입지 못하는 사정을 어떻게 설명해야 좋을지 몰랐다.

"이모, 나 이상한 병에 걸렸나벼."

"병이라니?"

"여기가 아퍼서 견딜 수가 없어."

"여기라니? 거기가?"

고개를 끄덕였다. 처음에는 민망한 듯 이모도 망설이다가,

"하필이면 거기에 병이 생겨?"

"글쎄 말여……"

"무슨 일을 당한겨?"

"아녀……"

"그런디 그게 무신 병여? 별일도 다 있네 그려."

"전에는 안 그랬는대유. 결혼하고 나서부터 그려유."

"그럼 남편한테 몹쓸 병이 있었던 거구먼?"

"알 수는 없지만 아래는 아무도 다친 일이 없었으니께유."

"첫날밤을 지낸 뒤부터 그랴?"

"야……"

"참말로 이상한 변도 다 있네."

"이모, 어쩌면 좋대유."

"글씨, 그게 무슨 병인지 아나……"

"거기가 처음에는 가렵길래 긁었지유. 그랬더니 좁쌀 알 만한 게 돋더니 차차 자라서 녹두알 만하다가 지금은 팥알 같구먼유."

"얼마나 아퍼?"

"이루 말할 수 없지유. 살짝만 건드려도 까무러치게 아프니께유."

"병원에라두 가 봐야 할랑가벼."

"부끄러워서 우티가……"

"부끄러운 게 다 뭐여…… 고치고 봐야지. 어디 좀 보여줘봐."

이모는 다 보고 나서 고개를 갸웃거렸다.

"팥알만큼 큰 것이 많이 아프게 생겼구먼……"

"이모도 무슨 병인지 모르것시유?"

"어디서 듣도 보도 못한 일여…… 읍내 가서 알아보고 와야것어."

그날 이모는 읍내 도립병원에 다녀왔다. 말로는 잘 알 수 없으나 성병의 일종이라는 것이었고, 치료를 받자면 돈이 든다고 했다. 나는 죽으면 죽었지 남 앞에 벌리고 누워 치료를 받기는 싫었다. 이모도 역시 돈이 없는 터라 쉽게 병원에 가자는 말을 못했고 나도 돈이 없어서 어쩔 수가 없었다.

이모네 집에서 9월을 다 보냈다.

추석도 지났고 들에는 황금물결이 일렁이고 산에는 햇밤이 영글어 아름을 벌리기 시작했다. 이대로 있을 수 없다고 생각하고

"이모, 나 그 사람을 찾아가 만나 봐야것시유."

"만나면 뭘 하게?"

"너무 억울해서유. 시어머님은 내가 친정에서 병들어 가지고 시집 왔다며 원망을 하고 있어유."

"시집 얘기가 나왔으니 말이지. 네가 없어졌어도 찾지 않는 모양이 구나."

"찾지 않을 거여유. 나는 그집 군입이었으니께……"

"그럼 끝까지 안 들어가도 찾지 않는단 말여?"

"찾지도 않겠지만 나도 다시는 가고 싶지 않어유."

"안 가면?"

"그 사람을 만나 본 다음 내 갈 길을 알아서 가고 싶구먼유."

"그런 몸을 가지고 어딜 간다는겨?"

"그래도 찾아가서 따져 봐야쥬."

"따지긴 뭘 따져."

"이모, 나 돈 조금만 마련해 줘유. 차비만 있으면 그이가 있는 곳을 찾을 수 있겠구먼유."

"어딘 줄 알구?"

"주소는 제게 있으니께유."

"어려운 일이여. 성치 않은 몸을……"

"그건 제가 알아서 할게유."

7. 남편 찾아 천리 길

그로부터 3일 후 이모는 오천 원을 구해 주었다. 쌀 두 가마니 값에 가까운 돈이다. 나는 사천 원은 꼭꼭 접어 안주머니에 넣고 천 원은 깨트려 차비를 쓰기 시작했다. 며칠이 걸릴지 몇 달이 걸릴지 모르는 길을 떠나고 있었지만 곧 돌아올 사람처럼 이모에게는 태연한 척했다. 이모는 보따리를 싸 주셨다. 아래를 위하여 터지지 않은 통치마를 속에다 입도록 해주었고 미수 가루와 밤을 삶아 정성껏 싸 주시었다. 잠이야 아무 데서나 자도 되지만 먹지 않고는 안 된다. 그렇다고 돈 들여 사먹을 수도 없었다. 미수가루 한 숟갈에 밤 다섯 톨이면 한끼를 때울 수 있었다. 편지봉투에 써 있는 주소는 강원도 양구군 xx면 xx리로 되어 있었다. 무작정 그 주소를 찾아가면 사내를 만날 수 있을 것이고 만나면 내 병이 왜 생겼는지 따질 것이다.

마을 옆으로 기차는 다녀도 자동차 길은 오리 밖에 있었다. 일찍 떠나 행길에 서서 버스를 기다렸고 그 버스를 타고 두 시간이 걸려서 천안에 도착했다. 천안서 갈아타고 두 시간 뒤에 서울에 도착했고 서울서 다섯 시간이 걸려서야 양구에 떨어졌다.

난생 처음 타본 긴 여행이었다. 가을 해라 짧았다. 길을 서둘러 그 주소를 찾았다. 집 주소를 찾아가니 그 사내는 없고 부대로 가 봐야 안다는 거였다. 부대 정문에서 면회를 신청했다. 보초병은 안에다 대고 전화를 걸었고 전화 받은 사람이 누군지는 모르나 반 시간쯤 뒤에 나타났다. 그 사람은 태하사(남편)와 함께 근무하고 영외 생활도 같이 한다는 사람이었다.

"태하사 부인이시라구요? 지금은 모두 퇴근을 해서 태하사에 관해 알아볼 수가 없는데 어떻게 하지요?"

"그럼 그이는 여기 안 계시남유?"

"얼마 전에 전출 갔습니다. 인사과에 물어봐야 하는데 다 퇴근을 해서 오늘은 알아볼 수가 없습니다."

앞이 캄캄했다. 해는 진 뒤였고 막상 갈 곳도 없었다. 내일이나 알게 되겠다니 이 낯선 산동네에서 어디로 간단 말인가. 남편과 같이 있었다는 군인은 생각보다 친절했다.

"어떻게 하시겠습니까? 오늘은 날도 저물고 일도 보시기 힘드시니 일단 저하고 같이 가시지요."

나는 있는 힘을 다하여 걸었다. 마을까지 걷는 길은 너무 힘이 들었다. 걸음걸이를 흐트러뜨리지 않으려고 애썼고 그만큼 고통도 심했다. 군인은 무슨 말인가를 몇 마디 물었지만 나는 무슨 대답을 했는지 기억도 없다. 이윽고 다다른 곳은 낮에 내가 찾았던 그 자취방이었다. 군인은 저녁 식사를 했다면서 내 저녁 걱정을 했다.

"여기는 마땅한 데가 없어서 사먹을 곳이 없습니다. 제가 태하사와 지어먹던 식으로 식사를 준비하겠습니다."

군인은 밖으로 나갔다. 냄비 닦는 소리 그릇 닦는 소리를 냈다. 염치 불구하고 나는 다리를 쩍 펴고 벽에 기대앉았다. 피로하여 당장 쓰러질 지경이었지만 참았다. 전신이 나른하고 다리에 힘이 쏙 빠져

물먹은 솜 같았다. 네 활개 쫙 펴고 누웠으면, 딱 한번만이라도 그랬
으면 좋겠는데 차마 그럴 엄두가 나지 않았다. 차로 온 거리만도 아
홉 시간이었다. 세상에 태어나서 처음으로 멀고 낯선 길을 달려온 것
이 아닌가. 그런데 그 사내는 없다. 실망도 크고 낙심이 이만저만이
아니었다. 군인이 달그닥거리며 밤을 짓고 있었지만 그것을 도와주
고 싶은 마음은 있어도 몸이 말을 듣지 않았다. 고맙기 그지없는 분
이라고 생각되었다. 그의 인상이 우리집 사내보다 몇 배나 잘나 보였
다. 시간이 얼마나 흘렀는지 모른다. 나는 가물거리는 정신을 가다
듬느라 애썼지만 비스듬히 앉은 채 졸다가 눈을 떴다.

"밥이 다 되었습니다. 군인 먹는 음식은 다 이렇습니다. 반찬도 없
는 보리밥이지만 정성을 보아 맛있게 드십시오."

"죄송합니다. 폐를 끼쳐서……"

나는 체면을 제쳐놓고 허기진 배를 채웠다. 군인은 친절하게 곁에
서 시중을 들다가 설거지까지 해치웠다. 전기가 없는 집이라 호롱불
을 켜야 했다. 안채에는 벌써 자는지 조용했다.

"여기는 여관도 없고…… 마을 사람들도 아는 집이 없습니다. 제가
부대에 가서 자고 올 테니 여기서 주무시지요."

군인은 부대로 가서 자고 이튿날 남편 주소를 알아 가지고 왔다.
그날 그곳을 떠나 군인이 가르쳐준 사단 보충대가 있다는 강원도 xx
군 xx면을 찾아갔다. 부대는 버스 정거장에서 멀리 떨어져 있었고
그곳까지는 군용차 외에는 차가 없었다. 오리가 넘는 길이 고개를 넘
어 멀리 구부려져 있었다. 타박타박 걸어가자니 트럭 한 대가 지나가
다 멈췄다. 운전병이 고개를 내밀고 물었다.

"어디까지 가십니까?"

"네. xx부대까지 갑니다."

"타세요. 거기까지 가는 길이니까요."

고마웠다. 나는 운전석 옆 좌석에 앉았다. 차는 부대 앞 위병소에

서 섰고 나를 내려주었다. 경비병에게 태하사의 근무처를 확인해 달라고 부탁했다. 위병은 여기저기 전화를 하더니 잠시만 기다리라고 했다. 남편이 오나 가슴을 죄고 있는데 한참만에 나타난 것은 태하사가 아니라 낯선 군인이었다.

"태하사를 찾아오셨다구요.?"

"야."

"태하사는 며칠 전에 김포 비행장 부근에 있는 특수 부대로 위탁교육을 갔습니다."

"김포유?"

"그렇습니다."

또 눈앞이 캄캄했다. 맥이 빠지고 주저앉아 울어버리고 싶었다. 군인이 물었다.

"기다리시겠습니까? 늦더라도 알아 가지고 나오겠습니다."

그 군인은 들어갔고 나는 지루하게 기다렸다. 군인들은 온종일 부지런히 오가며 나를 힐끔거리고 보았다. 군인들은 한 달이 지나도 여자 구경은 못한다고 했다. 그런 속에 여자가 나타나면 못 생긴 여자도 양귀비로 보인단다. 보초병들이 몇 번 교대하며 자기들끼리 나를 보며 들려준 이야기였다. 해가 서산에 걸려도 그 군인은 나오지 않았다. 보초들의 말을 듣는 중에 그 군인이 인사과에 있는 하중사라는 것을 알았다. 그를 통하여 남편 주소를 알고 김포로 향했다.

8. 유혹의 마수

아침 일찍 버스를 타고 다섯 시간이 걸려서 서울에 도착했다.

서울은 처음이라 정신이 없어서 물어물어 차를 몇 번씩 바꾸어 타고 해질녘에서야 김포에 도착했다. 비행기 소리가 시끄럽게 하늘을 찢어대는 비행장 근처 동네에 이르렀다. 해는 비행장 멀리 지평선에

내려 빨갛게 노을을 물들이고 갈곳 없는 불쌍한 나는 골목길을 맴돌
았다. 해가 완전히 숨고 골목은 어두워졌다. 거기가 어딘지도 모르
고 맴도는 나를 지켜보는 눈이 있었다. 어디로 가서 어떻게 해야 좋
을지 모르는 내 곁으로 50대 여인이 다가왔다.

"어떤 집에 있수?"

"야?"

"처음 보는 얼굴인데?"

"아주머니는 누구신대유?"

"어디 있수?"

"충청도에서 왔시유."

"그럼 여기 처음 오셨수?"

"야."

"친척집을 찾수."

"아니유."

"아니면 누굴 찾으시우?"

"……"

"갈 데가 마땅치 않으시우?"

"……"

"날 따라 가시겠수?"

"어디를유?"

"우리 집으로 갑시다."

"어디신대유?'

"저쪽 골목."

부인은 앞을 향해 걸었고 나는 자석에 끌리는 쇠붙이처럼 그 뒤를
졸랑졸랑 따랐다. 부인이 들어서는 집은 허름한 건물이었다. 대문
안으로 들어서 보니 쪽마루가 둘러 있고 방이 다닥다닥 붙어 있었다.
이상하게 생긴 집도 다 있었다. 두리번거리는데 부인이 방문을 열고

들어가며 불렀다.

"이리 들어오우."

"……"

나는 보따리를 보듬고 그분의 말을 따르면서 진심으로 감사드렸다. 눈을 뜨고도 코를 베어간다는 서울이 아닌가. 그런 세상에 거리를 방황하는 못난 나를 이렇게 친절히 대해주는 인정도 있었다. 부인은 아주 태연하게 위해 주는 체했다. 상이 들어왔다.

"식사도 못 하잖았어?"

"……"

"찬은 보잘것없지만 시장할 테니 시장을 반찬으로 밥이나 많이 드시우."

너무 고마운 일이었다. 세상에 태어나서 처음 받아보는 친절이었다. 감사하기 이를 데 없는 눈물이 났다. 참으로 처음 대하는 훌륭한 밥상이었다. 체면 불구하고 그릇을 싹싹 쓸었다. 식사를 마치자 부인은 곁에 있는 작은 방으로 나를 안내했다.

"이 방에서 쉬시게. 피로한 모양인데 이불 펴고 누워 쉬시게."

"아주머니는 뉘신데 이렇게 친절하시대유?"

"알면 뭣 하것수. 차차 알게 되겠지……"

부인은 나를 남겨놓고 나갔다. 참 이상한 꿈을 꾸는 것만 같았다. 얼굴도 제대로 모르는 사람에게 밥을 먹여주고 독방에서 쉬게까지 하다니. 방안에는 큰 거울이 있는 화장대가 하나 있고 요 하나에 얇은 이불이 접혀진 채 구석에 밀쳐 있었다. 시간이 꽤 흘렀다. 아무도 오지 않고 할 일도 없었다. 이불에 비스듬히 기대어 있다가 나도 모르게 잠이 들었다. 얼마나 잤을까. 갑자기 방문 여는 소리에 깨었다. 부인이 들어왔다.

"혼자 자기 허전하지? 오늘밤은 아무 생각 말고 자도록 해. 아주 점잖은 분을 모셨어. 친절하게 해드리면 좋을 거야."

그 뒤를 따라 건장하게 생긴 사내가 방안으로 들어섰다.

"그럼 잘 쉬어."

부인은 나갔다. 사내는 빙긋이 웃으며 다가왔다.

"왜 이래유?"

"무슨 인사가 그래?"

"누구신대유?"

"누군 누구야. 서방님이지."

"이러지 마셔유. 점잖은 어른이 무슨 짓이여유?"

그 사내는 옷을 벗었다. 반항을 하였으나 그것은 안 하니만도 못한 피로한 몸짓이었다. 사내는 사나운 들짐승과 같았다. 나는 몇십 년은 되는 듯한 시간을 고통 속에 몸부림쳤고 죽은 개가 되어 소리도 내지 못하고 울었다. 그렇게 고맙고 친절한 부인이 내게 요구했던 것은 바로 이것이었다는 것을 알고 배신감을 느꼈다. 사내가 하는 대로 응하다가 잠이 들었다. 그 사내는 아침에 돌아가면서도 그냥 가지 않았고 또다시 오겠다고 약속까지 했다. 날이 밝자 아침상이 들어왔다. 부인이 보기도 싫었다. 그러나 시달린 육신은 굶은 창자의 요구를 거절하지 못했다. 밥을 받아먹었지만 고맙지도 않았다. 부인이 악마처럼 보였다.

"먹었으면 잠시 눈 붙여. 낮에도 손님이 오니까."

"야?"

"뭘 딴청이야. 다 알면서. 능청은 안 통해."

"아주머니 여기가 어디래유?"

"뭘 물어. 비싼 밥 먹고 헛소리는 하지 마."

"아주머니, 여쭈어볼 일이 있어유. 여기서 xx부대가 먼감유?"

"그건 왜? 벌써 거기도 아남?"

"모르니께 묻지유."

"차차 알게 될 거야. 얌전히 있기만 해."

"아주머니, 저는 그런 여자가 아녀유."

"아니긴 뭐가 아니야. 엉뚱한 소리 말고 돈이나 벌도록 해."

부인은 칼눈을 하고 나갔다. 어이가 없어 닫힌 문만 바라보았다. 여기를 빨리 나가야 한다는 생각이 들었다. 나가서 태하사가 있는 부대를 찾아야 한다. 밖이 조용하여 부인이 어디로 갔는지 방문을 삐끔히 열고 내다보았다. 아무도 없었다. 보따리를 끼고 쪽마루를 밟고 내려섰다. 대문을 빠져나가려고 나서자 골목을 지키고 있던 부인이 달려들어 낚아챘다.

"어딜 가려고?"

"가야지유. 생전 여기 살어유?"

"생전 살든지 죽든지 못 가."

"왜 못 가유? 재워 주신 것은 고맙지만 나는 가야 해유."

"고마운 걸 아는 년이 그냥 나가?"

"뇌유."

"못 가. 들어가서 따지자. 남의 집에서 그냥 먹고 자고 가?"

"돈 쳐드릴게유. 얼마지유?"

"돈이 문제야. 의리가 문제지."

이때 건장하게 생긴 어제 밤의 그 사내가 나타났다.

"뭐요? 아주머니."

그 사내는 부인을 꾸짖기라도 하듯 바라보며 나에게 의미 있는 눈길을 보냈다.

"이러지 말고 들어갑시다."

그 사내는 나를 안으로 잡아당겨 들였다. 부인은 그냥 대문 앞에 서서 누구를 기다리는 사람처럼 그렇게 서 있었다. 사내는 나를 친절하게 이끌어 자던 방으로 데리고 갔다. 그날 사내는 한낮이 넘어서야 만족한 듯 옷을 주워 입었다. 나는 낯설고 무서운 그 사내에게라도 내 사정을 말하지 않을 수 없었다.

"부탁에 하나 있는대유."

"뭐? 팁?"

나는 그게 무슨 말인지도 몰랐다. 도대체 여기가 무엇 하는 동네인지도 알 수가 없었고 다만 부인이 보통 여자가 아니라는 느낌이 들었다.

"여기서 xx부대까지는 먼가유?"

"그건 왜?"

"오빠가 근무한다는데 면회 왔다가 길을 잘못 들었구먼유. 면회할 수 있도록 부탁 좀 드려유."

"거기까지 데려다 줄 수는 없고, 이렇게 하지. 저 앞 골목에서 조금만 나가면 네거리가 나오는데 거기서 동쪽으로 곧장 나 있는 찻길로 가면 부대 초소가 있어. 거기서 물어 보면 되지."

"고마워유."

"그럼 아직도 처녀였었나?"

"……"

"어쩐지 이상하다 했지. 너무 아파하더군……"

나는 그날 종일 빠져나갈 궁리를 했다. 부인은 대문 앞에 섰다가 지나가는 사람을 불러들였다. 바로 옆방으로 사람을 불러들이더니 어디서 여자 하나를 데려다가 그 방에 함께 넣어 주는 것이었다. 나는 눈길을 대문 쪽에 던진 채 귀는 옆방에서 일어나고 있는 소리를 들었다. 참 이상한 집이었다. 두 남녀는 스스럼없이 일을 치르고 아무 일 없었던 듯 헤어졌다. 여자는 뒤로 돌아가 있는 방으로 갔다. 밖으로 빠져나갈 수 없는 나는 집안 구조나 알아보리라 생각했다. 집 주위가 모두 다른 집 벽으로 가려져 있어 나갈 길은 대문 하나밖에 없었다. 뒤로 돌아가 여자들 소리가 들려오는 방 앞에 섰다. 방안에는 서너 명이 있는 것 같았다.

"별 우스운 꼴 다 보겠어. 우물우물하다가 끝내는 거야 글쎄."

이 말을 한 목소리는 서른쯤 된 듯했다.

"엊저녁에 나하고 잔 그 작자 말야. 수총각이더라구…… 시작도 하기 전에 여자가 벗은 것만 봐도 싸고 마는 거야."

이 목소리는 내 또래쯤 느껴졌다. 잠시 조용하다가 더 어린 목소리가 새어 나왔다.

"언니, 나 야단났당게. 며칠 전에 나타나기 시작한 똥개가 결혼을 하자는구먼. 내가 몇 살인데 결혼을 허우. 이제 겨우 열 여덟인디……"

"열 여덟이 작냐? 벌써 서방을 백 명도 넘게 치렀으면서, 뭐가 모자라 결혼 못해. 재주 있으면 끌어내어다 결혼하자고 해."

"늙은 여우(부인)가 놓아 줘야지유. 변소에만 가도 따라와 웅크리고 있으니 달아날 수도 없구먼유."

"너 밀린 방값이 얼마나 되지?"

"화장품까지 혀서 이만 원을 갚으라는 거여유. 하룻밤 손님 받으면 밥값 제하고 오십 원씩 쳐서 준다니께…… 한달 열흘을 골빠지게 엉덩이춤 추어야잔유."

"그 동안에 화장품 몇 개만 더 들여봐라. 한달 열흘이 아니야. 나도 어쩌다 늙은 여우한테 말려들어 이 지경이 됐다."

"언니, 어떻게 하면 좋까유?"

"별수 있니, 때가 올 때까지 기다리는 수밖에 없지. 늙은 여우보다 얄미운 건 그 세빠트야. 고것이 우리를 더 죽인다구……"

"세빠트는 어디서 잔대유?"

"늙은 여우하고 같이 뒹굴더라. 그것들도 우스운 관계야. 이 집은 구석마다 x귀신이 붙었는지 밤낮이 없으니 도망을 칠 수 있어야지……"

나는 가슴이 꽉 막혔다. 그곳에 오래 머물 수도 없어서 곧 내 방으로 돌아왔다. 어느새 하루도 다 가고 전등불이 켜졌다. 또 앉아서 들

여다주는 밥을 먹었다. 달아날 수도 없고 말도 통하지 않는 생지옥에
갇힌 것이다. 때 되면 밥 주고 먹고 나면 수캐들이 몰려오는 집. 또
무슨 일이 벌어질까 걱정도 되었지만 무엇보다 남편을 만나야 할 일
이 아뜩하게 느껴졌다. 만나 봐도 소용이 없는 작자지만 꼭 만나서
한은 풀어야 한다. 이를 악물고 달아날 궁리를 했지만 속수무책이었
다. 이불을 기대고 비스듬히 누웠다. 내 신세가 어떻게 되는 것일까?
생각하니 울어버리고 싶었다. 그러나 나는 울 줄도 모르는 강인한 성
품이 되어 눈물도 나지 않았다. 건강하기만 하다면 대문을 박차고 뛰
어나가 누가 따라오든지 말든지 달아나고 싶었다.

  그 깊은 지붕 속에 있는 방에서는 소리를 쳐도 도와줄 사람이 없
는 곳이었다. 소리 치면 늙은 여우하고 세빠트가 나타나 입을 막는
곳. 나는 절망적 늪에 빠졌다. 밤이 꽤 깊었다. 부인이 사내를 달고
들어와 처넣고 나갔다. 사내는 별난 짓을 다 요구했다. 세상에 사람
의 껍데기를 뒤집어쓰고 나와서 어찌 그런 짓을 할까 싶은 짓을 요구
했다. 나는 죽어도 못한다고 했고 그 사내는 나를 벗겨놓고 별 모양
새를 다 요구하였다. 정말 죽고 싶은 밤이었다. 그 수캐는 일을 끝내
지 않고 시간을 끌면서 괴롭혔다. 처음 당해 보는 수치였다. 더 이상
그 능글맞은 수캐의 낯짝을 기억하기 싫다. 며칠이 또 그냥 흘렀다.
하루 종일 똑같은 짓을 요구 당했고 나는 반항도 할 수 없었다. 그곳
이 무엇을 전문으로 하는 곳인지조차 들어보지도 못했고 알 수도 없
는 곳이었다. 하루는 뒷방에 있는 여자 하나가 내 방을 방문했다. 그
여자가 먼저 입을 열었다.

  "언제 왔지? 이 방은 비어 있는 줄 알았는데 가만히 보니 손님이
들락거리더란 말이야."

  "아무 것도 모르고 여기 갇혔구먼유. 아가씨는 누구신감유?"

  "똑같은 신세예요. 고향이 충청돈가 보지요? 어쩌다 여기까지 오
셨나요?"

"xx부대에……"

나는 누구를 만나러 왔다고 해야 좋을지 몰라 망설였다. 오빠라고 하는 것이 편할 것 같았다.

"부대에 애인이 있나 보죠?"

"애인이 아니구유. 오빠가 근무하는데 면회 왔다가 길을 못 찾고 헤매는데 이 집 아줌마가 이리로 데려왔구먼유."

"큰일 나셨군."

아가씨는 걱정된다는 듯 나를 바라보다가

"돈은 가지고 있나요?"

"사천 원……"

"며칠 됐지요?"

"열흘은 더 된 것 같구먼유."

"열흘이라……"

아가씨는 한참 계산을 해보더니

"아주머니에게 하루에 얼마씩 쳐주겠다는 약속을 받았나요?"

"약속이라니유?"

막연하게 내 팔자가 잘못 되고 있는 것을 알았지만 아주머니에게 무엇을 따져야 좋을 것인지 모르고 있었다.

"주인 아줌마한테 하루에 얼마씩 쳐주겠느냐고 따져요. 그리고 기회가 나면 빠져나가야 해요. 이 집은 개미귀신 같은 집이라 빠져나갈 수가 없어요. 그리고 하룻밤 손님을 받을 때 어떻게 한다는 약속도 없었구요?"

"손님이라니유. 돈을 받남유?"

"돈 받고 그 짓을 하지 누가 그 짓을 거저 해요?"

그제야 이곳이 몸 파는 곳이로구나 하고 깨달았다. 아가씨는 아주 친절하게 말해 주었다.

"돈은 손님한테 뜯어야 해요. 댁 정도로 예쁜 얼굴이면 이 바닥에

서 돈 좀 모을 수 있을 텐데…… 어차피 버린 몸 홀딱 벗어버리고 돈
이나 뜯어내요."

"어떻게요?"

"손님이 오면……"

그녀는 이런 저런 이야기로 손님을 만족하게 해주는 법과 자기 자
신도 즐기는 법, 돈 뜯는 요령을 가르쳐 주었다. 하지만 나는 그 말
들이 모두 거짓말만 같고 믿을 수가 없었고 또 그렇게 하고 싶지도
않았다. 아가씨가 돌아간 다음 나는 죽어버리는 길밖에 다른 길이 없
다고 생각했다. 그러나…… 그러나, 그냥 이대로 한을 품고 죽을 수
는 없다. 사는 날까지 살다가 죽더라도 원수는 갚고 죽어야 한다. 나
는 그날 밤도 손님을 둘이나 받았다. 병든 육체는 고통 속에서 몸부
림쳤지만 아무에게도 말할 수 없었고 위로 받을 수 없었다. 며칠 동
안 사이에 단골 손님도 늘었고 새로 오는 손님이 줄을 섰다. 주인 아
주머니가 내 방 마루에 걸터앉았다. 나는 곁으로 다가가 말했다.

"아줌마, 나를 보내 주세유."

"어디로 보내줘."

"돌아가겠구먼유."

"누구 맘대로."

"그럼 이대로 잡아두고 있을 작정인감유?"

"이대로가 어째서?"

"아줌마도 자식이 있을 것이구먼유. 딸 같은 나를 모르는 남자들과
밤마다 자게 하는 것이 무슨 경우래유."

"듣기 싫어. 잔소리 자꾸 하면 가만 두지 않을 거야."

"나를 이대로 아줌씨 맘대로 하시고 대가는 없는감유?"

"아니 이게 언제부터 돈맛을 알았지? 처음이라더니만 발랑까진 애
로구먼…… 어이구 무서워라."

"경우가 안 그런가유."

"그래 꼬박꼬박 따지자 이거야?"

"그런건 아니지만유. 이왕에 이렇게 됐는디 대가는 있어야 하지 않는감유."

"그렇게 따지고 싶어한다면 따져보자. 너 온 지 며칠이지?"

"보름이 되었구먼유."

"보름 동안 자고 먹은 값이 얼마나 되는지 알아?"

"……"

"하루에 밥값 방값 천 원씩이라 치자. 얼마냐?"

"만 오천 원이……"

"돈 내놔. 당장 만 오천 원 내놓으면 내보내 줄게."

"제가 밥먹고 거저 잤남유?"

"뭘 했어?"

"몰라서 물으신대유? 돈 받은 건 아줌마 아닌감유?"

"천 원씩 받았자 보름이면 만 오천 원이야. 너 혼자 다 갖냐? 나누어도 칠천 오백 원이야. 칠천 오백 원 당장에 내놔."

"……"

나는 가지고 있는 것이 4천 원밖에 없었다. 하룻밤에 남자 받아들이는 대가가 얼마나 되는지 알 수 없어서 더 따질 방법이 생각나지 않았다.

"잔소리 말고 말이나 잘 들어."

부인은 문 밖으로 나갔다. 허탈하고 분하고 속이 뒤집혔다. 달려들어 물어뜯고 싶었다. 갈팡질팡 괴로운 날이 또 며칠 지나갔다. 단골 손님은 날마다 늘고 밤낮 없이 나는 죽은 개가 되었다. 나는 마침내 창녀가 되고 만 것이다. 남자들이 어떻게 하면 좋아하는지도 알았고 돈 뜯어내는 법도 터득했다. 더러운 돈이지만 주머니에 돈이 차기 시작했다. 주인 여자는 내게 한 푼도 주지 않았다. 나는 원래 피부가 곱고 희기 때문에 화장품을 쓸 필요가 없었다. 그렇게 여러 날을 시달리면서도 나는 지치지 않았고 피부는 더욱 깨끗하기만 했다. 시골서 살 때보다 방구석에서 처박혀 있으니 얼굴이며 손이 고와지고 윤기가 돌았다. 거의 한 달이 차 갈 무렵이었다. 등을 비스듬히 기대고 누워 있는데 밖에서 무엇인가 타는 냄새가 나고 웅성거리는 소리가 들려왔다. 그때 뒷방 아가씨 하나가 문을 급히 열어 제쳤다.

"뭐 해요? 빨리 나와요. 불났어. 불이 났다구요."

나는 엉겁결에 보따리를 챙겨 안고 나왔다. 불이 온 집에 붙어 빨간 혀바닥으로 처마 밑을 핥기 시작했다. 앞집에도 불이 붙었고 뒷집에도 붙었다. 우리가 사는 집은 검은 연기와 불길에 싸여 도가니 속 같았고 주인 여우도 보이지 않았다. 불길이 확확 벽을 핥는 대문을 빠져 나왔다. 앞집도 불길에 싸여 아우성이고 골목에는 발가벗은 사내들과 여자들이 뛰쳐나와 불길을 피하여 달아나고 있었다. 내가 있던 집은 돌아가면서 불길에 타고 있었고 불을 끄려는 사람은 보이지 않았다. 모두가 달아나는 사람뿐이었다. 허둥지둥 골목을 몇 굽이 돌고 돌아 달렸다. 세빠트가 따라와 목덜미를 덥썩 잡을 것만 같아서 등골이 오싹했다. 불자동차 소리가 하늘을 울리며 달려오고 하늘 높이 불타기 별처럼 날았다. 아무도 보지 않는 곳까지 가리라 생각하고 얼마 동안을 가다가 멈춰 섰다. 불길이 보이는 곳에서 오리는 떨어져 나온 것 같았다. 아무도 따라오는 사람이 없었다. 정신을 가다듬고 선 곳은 긴 담이 둘러 있고 한편으로는 찻길이 나 있는 군부대였다. 계속 걸었다. 어디로든 멀리 달아나고 싶어서였다.

9. 거부당하는 아픔

정신없이 걸어가는데 검은 그림자가 앞을 막아섰다. 가슴이 철렁하여 걸음을 멈추고 가로막는 사람을 보았다. 군인이었다.

"서시오! 여기서 더 이상은 안 됩니다."

"여기가 어딘대유?"

"여기는 xx부대입니다."

xx부대? 내가 찾아온 부대 이름에 정신이 번쩍 들었다.

"xx부대라고 하셨나유?"

"그렇습니다. 무슨 일로 여기까지 오셨습니까?"

"저…… 면회를 왔구먼유."

"면회를 지금 오시면 어떻게 합니까. 안됩니다. 내일 다시 오십시오."

"아저씨, 저는 초행길이라 길도 설고 갈 데도 없어유."

나는 초소 안을 들여다보면서 말했다. 안에는 불이 켜 있고 긴 의자 하나와 등받이 나무 의자 하나가 있었다.

"그럼 어떻게 하시겠습니까?"

"꼭 만나려고 이렇게 왔어유. 면회 좀 시켜 주세유."

"누구를 찾으시지요?"

"태하사라고……"

"태하사요? 어느 대대에서 근무하지요?"

"그건 모르구유. 전방에서 이리로 교육받으러 왔다는대유."

"교육이오."

"야."

"피교육자는 면회가 어려운데……"

군인은 아래위를 훑어보다가 초소 안으로 들어가면서

"일단 오셨으니 이리 들어와 앉으시지요."

"고마워유."

기다리고 있었다는 듯 안으로 따라 들어갔다. 권하기 전에 긴 의자에 앉았다. 군인이 마주앉으며 물었다.

"어디서 이제야 도착하셨습니까?"

"고향에서유."

"고향이 어딘데요?"

"충청도 xx군이고먼유."

"일단 면회자 방문기록을 하고 봅시다."

군인은 접수대장에 내 이름과 남편 이름, 관계, 나이 등을 주소와 함께 기록했다. 밤이 깊어서 그런지 아무도 오가는 사람이 없었다. 군인은 밖을 응시하기도 하고 나가서 돌아보고 오기도 했다.

"아저씨. 지금 몇 시나 되었나유?"

"밤 한 시입니다. 그런데 정말 이대로 계실 겁니까?"

"죄송해유."

"그러시면 앞으로는 제가 하라는 대로 하셔야 합니다."

"그러지유."

"두 시간마다 초소 순찰이 옵니다. 2시,4시에 오고 6시에는 임무 교대를 합니다. 제가 근무하는 동안은 여기 계시도록 하겠으나 순찰 시간이 되면 나가서 아무도 보이지 않는 곳에 피했다가 오셔야 합니다."

"야."

군인과 나는 이따금 눈길이 마주쳤을 뿐 말은 없었다. 군인의 말대로 2시, 4시에 순찰이 왔다 갔다. 군인은 한밤인데도 피로한 기색없이 눈에 불을 켜고 근무했다. 나는 의자에 걸터앉은 채 깜빡깜빡 졸았다. 지루하게 밤이 지나고 동이 텄다. 6시가 되자 근무 교대가 이루어지고 밤에 근무하던 군인은 면회 접수대장에 있는 나를 인계하고 안으로 들어갔다.

이 부대 군인들은 점잖은 것 같았다. 말하는 태도나 근무하는 자세가 늠름해 보였고 믿음직스러웠다. 9시가 되어서야 일과가 시작되었다. 근무병은 전화를 여기저기 하더니

"어제 오셔서 아침까지 계셨는데 어떡하지요. 훈련중의 피교육자들은 면회를 할 수가 없습니다. 여기저기 사정을 해보았지만 토요일

오후와 일요일이 아니면 안 되겠답니다."
"그럼 얼마를 더 기다려야 하지유?"
"오늘이 목요일이니까. 토요일 오후에나 가능하겠습니다."
"사흘씩이나 기다려야 되남유?"
"네. 어디 다녀오실 데가 있으면 며칠간 다녀오시지요."
"갈 데도 없구먼유."
"어떻게 하시겠습니까."
"여기서 기다리면 안될까유?"
"사흘씩이나 말입니까?"
"제 사정이 그렇구먼유……"
"야단났군."
군인은 걱정스럽게 바라보다가 물었다.
"그 동안 식사는 어떻게 하시겠습니까?"
"물 한 모금만 있으면 되겠구먼유. 물은 구할 수 있겠지유?"
"물이야 얼마든지 있습니다만……"
"그럼 됐시유."
"되다니오."
"방법이 있어유."
나는 미수가루를 보여주면서 물에다 타서 마시면 곡기가 된다는
말도 했다. 그러나 군인은 이해하기 어렵다는 듯 염려스럽게 바라보
았다. 여기저기서 군인들이 뛰고 구르고 떨어지며 훈련하는 것을 호
기심을 가지고 보았다. 간간이 면회 오는 사람이 있었고 모두들 만나
선 반갑게 인사하고 어디론가 갔다. 그 모습들이 부러웠다. 내가 태
하사를 만나러 온 것은 그를 사랑해서 그리움을 못 참아 찾아온 것이
아니다. 세상에 태어나 처음 서방이라고 만난 사내는 전염병을 가진
사내. 그를 만나 한을 풀리라고 이렇게 와 있는 내 속을 누가 알랴.
군인들이 나를 힐끔거리며 묘한 눈빛을 보내기도 했다. 오전이 지

나고 오후에는 다른 군인이 와서 근무했고 그 군인이 근무를 마친 뒤
에는 밤이 되었다. 밤 11시에 근무교대를 한 군인이 들어가면서 나
를 잘 보호하라고 농담까지 하면서 인계했다. 새로 인수받은 군인은
명랑했다. 무엇이 그렇게도 즐거운지 혼자 콧노래도 하고 싱글벙글
했다. 그 군인은 나를 친절하게 대해 주었고 언제 준비했는지 빵과
사이다를 가지고 있었다.

"아주머이, 이것 좀 드시소. 우리 내무반에는 지금 아주머이 이야
기로 씨글씨글한기라예."

"야아?"

"일단 이 빵카고 사이다 먼저 마시소."

"이게 웬 건감유?"

"우리 쫄병들의 성의인기라예."

"……"

"아주머이가 토요일 오후까지 기다린다카지 않았습니꺼?"

"야."

"그 동안 아무 것도 묵지 몬하믄 우찌하겠능기요. 그래서 우리 내
무반 동료들이 협동하여 이걸 준비한 거라예. 내가 혼자 사드리는 거
아이니께 아무 부담 느끼지 말고 드시소."

나는 가슴이 뜨겁도록 고마웠다. 눈물이 날 것만 같아서 고개를
돌리고 말았다.

"내일 아침에는 우유카고 빵을 가지고 올 깁니더. 맘 놓고 있으소.
여기 이거 보시소. 담요 아이오. 그기 의자에 누워서 이것 덮고 주무
시라꼬 가져왔는기라예."

"아저씨들 고맙구먼유."

"고마울기 무에 있습니꺼. 다 잡숫고 주무시소. 내일은 아주머이
성의로 봐서 특별 면회 신청을 하여 꼭 면회하도록 해드릴 깁니더."

"고맙구먼유."

"아주머이 참 예쁘데이. 모두가 예쁘다카이 울마나 예쁘길래 그런
가 했드이…… 참 미인이시라예."

"부끄럽게 그러지 마셔유."

"아주머이를 본 사람마다 다 똑같이 말했심더……"

"저 같은 걸 이쁘게 보아주신다니 고맙기만 하구먼유."

군인은 나에게 빵을 권하고 12시가 되자 긴 의자에 누워 자라고
했다. 이렇게 고마운 군인들도 있구나 싶어 눈물이 솟았다. 군인은
밤새도록 자지 않고 주변을 돌기도 하고 우뚝 서서 무슨 생각에 잠긴
듯하다가 초소로 돌아오곤 했다. 그 군인은 참 명랑하고 재미있는 사
람으로 기억에 남는 사람이었다.

이튿날 오후 일과가 끝날 다음 내가 면회하러 왔다는 통고가 남편
태하사에게 전달되었다. 면회를 시켜도 좋다는 허락을 받은 군인 하
나가 훈련장 막사로 가서 태하사를 만나고 돌아왔다. 나는 가슴이 뛰
었다. 그가 돌아오는 뒤를 따라 태하사가 곧바로 올 것이라 생각했
다. 그러나 태하사는 보이지 않고 그 군인 혼자뿐이었다.

"아저씨, 우티기 됐시유?"

성급한 마음에 내가 먼저 물었다. 군인은 입을 열기 힘든 듯,

"면회를 하지 않겠답니더."

"제가 왔다구 했는대두유?"

"네. 부인 면회라고 했는데……"

"뭐 잘못 된 게 아닌감유?"

"틀림없이 태창배 하사라고 했지예?"

"야, 고향은 충청남도 xx군이구유."

"맞습니다. 다 맞는데 아무도 면회하지 않겠답니다."

나는 허망하고 견딜 수 없이 노여웠다. 그러나 군인들 앞에서 어
떻게 할 수도 없었다. 군인이 나를 위로했다.

"아주머이 실망하지 마시소. 내일 내가 다시 알아보겠심더."

나는 그 군인의 말에 힘을 얻고 다음날까지 더 참기로 했다.

이튿날 오후는 토요일이었다. 군인들의 면회가 가장 많고 경우에 따라서는 외박까지 허락되는 날이었다. 오늘은 나와 주겠지 하고 면회 신청을 한 채 기다렸지만 그 사내는 끝내 나타나지 않았다. 마음 같아서는 그냥 부대 안으로 뛰어들어가 잡아 끌어내고 싶은 심정이지만 그럴 수도 없는 노릇. 혹시나 혹시나 기다린 것이 해가 지고 어둠이 내린 밤이 되었다. 허탈하여 견딜 수가 없었다.

밤 열 한시.

보초 근무병이 교대되는 시간이다. 나는 근무병이 바뀔 때마다 다음 군인은 어떤 분일까 기다려졌다. 새로 교대된 군인은 얼굴이 갸름하고 키가 크진 않은데 기다랗게 보이며 침착하게 느껴지는 인상이었다. 악의는 없게 보이나 장난스런 데가 어딘가 있을 것 같은 느낌이 들었다. 친절하게 생긴 사람이라 그랬는지는 모른다. 그 군인은 임무교대를 하고 나를 보자 구면이라도 되는 듯.

"수고 많습니다. 잘 알고 있습니다. 편히 앉으십시오."

하고 자리를 권했다.

"죄송하구먼유."

"아닙니다. 사흘씩이나 끈질게 기다린다는 걸 알고 있습니다. 면회를 시켜드리려고 노력하니까 면회하실 수 있을 겁니다."

"그저 고맙기만 허구먼유."

그 군인은 조용히 밖을 응시하고 있었고 나는 담담히 그의 허리에 매달린 권총을 보았다. 권총을 가지면 사람을 죽일 수도 있고 자살할 수도 있는 것이 아닌가 하는 생각이 들었다. 그것만 가지면 나도 죽고 태하사도…… 하고 부질없는 망상에 잠기기도 했다. 밤 열 두시가 지났다. 세상은 바닷속처럼 고요하고 먼 산에서 무슨 새 소리인가가 가느다랗게 들려올 뿐이었다. 군인은 나를 바라보면서 무슨 생각을 하는 듯했다.

밤이 깊고 한적한 곳에 남자와 여자가 있다는 것이 이상스럽게 느껴졌다. 창녀굴에 잡혀 있을 때 별별 모양의 사내들이 다 나를 점령했었다. 저 군인도 나를 보면서 그런 사내들이 흔히 가질 수 있는 감정에 빠져있는 것은 아닐까 생각했다. 군인이 입을 열었다.

"이상하군요. 아주머니같이 아름다운 부인이 왔다는 데도 면회를 거절한다는 게 이해가 안 갑니다. 왜 면회를 거절할까요?"

"잘 모르겠구먼유."

"계속 거절한다면 끝까지 여기서 버티시겠습니까?"

"글씨유."

"참 딱한 일이야…… 아주머니는 춘향이 같으시군요. 용모도 아름답고 마음씨도 고우시고. 보통 사람 같으면 면회 사절을 당하면 화를 내고 돌아가 버릴 텐데요."

"저는 그럴 수가 없구먼유."

"그렇게도 사랑하십니까?"

"사랑 같은 건 모르구유. 제 사정은 좀 다르구먼유."

"사정이 달라 봐야 얼마나 다르겠습니까. 남보다 남편을 더 사랑한다는 마음이 다르시겠지요."

"그랬으면 좋겠구먼유……"

"미안합니다. 남의 사생활에 너무 관심이 깊었나 보군요."

"아녀유."

"아주머니, 이제 주무시지요. 저쪽으로 편히 누워 보세요."

"아니구먼유. 잠이 오지 않구유."

"혼자 있으면 심심한데 아주머니 같은 미인하고 있으니 시간가는 줄 모르겠습니다."

"이쁘다는 말씀은 하지 마셔유. 아저씨가 미남이신대유."

"미남이라구요? 하하하…… 처음 들어보는 듣기 좋은 말입니다. 저는 미련스럽게 착하겠다는 말은 들어봤지만 미남이라는 말은 처음

듣습니다.

"다 제 눈에 안경이라구 하잖던가유."

"그렇습니다. 아주머니는 고향에서 어떻게 지내셨습니까? 옛날 이
야기나 해 보시지요."

"없구면유……"

있으면 들려주고 싶었다. 나에게는 남들에게 자랑하고 들려줄 만
한 추억이 없었다. 가난과 미움의 사이에 끼여 오빠에게 구박이나 받
고 올케의 눈에 가시처럼 살아온 게 나의 전부였으니까, 나는 울적한
마음을 위로 받고 싶었다.

"아저씨가 재미있었던 옛 이야기나 들려주세유."

"저도 없습니다. 연애도 못해 보고 날마다 이 여자 저 여자 짝사랑
만 하다가 채이고 코피 흘리고…… 그러다가 한도 풀지 못한 채 잊어
버리고……"

"아저씨 같은 분도 딱지를 맞으셨다구유."

"예."

"여자들이 뭘 잘못 보았던지 아저씨 말이 거짓말이겠지유."

"정말로 짝사랑만 하다가 가슴 태우고 괴로워하고 절망했던 일들
은 슬픈 추억거리로 많이 있지요."

"아저씨는 언제 제대하시남유?"

"앞으로 6개월만 있으면 됩니다."

"제대한 다음에는 무엇을 하시남유?"

"기약이 없지요. 고향으로 가서 생각해 봐야지요."

"아저씨 고향은 어딘디유?"

"경기도……"

"이 부대 군인 아저씨들은 참말로 친절하시구면유."

"이 부대뿐인가요. 다 좋은 사람들이 사는 나라지요."

"아저씨, 옛날 이야기나 해 보시지유."

"글쎄요. 나이가 어리니까 옛날 이야기도 모르고…… 아주머니가 태하사를 어떻게 만나 결혼하게 되었는지나 이야기해 보시지요."

"없어유. 아무것도……"

"없으면서 결혼을 했을까? 다 사랑을 하고 뭐 어쩌고 했으니까 결혼을 했고 이런 곳까지 천릿길도 멀다 않고 오셨지요."

"……"

"나도 아주머니처럼 예쁘고 마음씨가 그렇게 고운 여자하고 결혼했으면 좋겠습니다."

"아저씨……"

"네?"

"제가 행복한 여자로 보이남유?"

"행복하지 않고서야 이렇게 면회까지 올 수 있나요."

"저는 울지 않고 살아야 한다는 생각을 늘 품고 살아 왔어유."

"왜 그런 말씀을 하시지요?"

"울 일이 많은 사람은 울지 않는 법을 혼자 익혀 놓고 그렇게 살아가는 법이어유."

"울 일이 많은 사람도 있습니까?"

"있어요. 울기로 한다면 날마다 울어야 할 거구먼유."

"울 일이 그렇게 많으십니까?"

"많지유. 부모님 얼굴도 못 보고 어려운 가정에서 눈칫밥 먹고 사는 사람이 있다고 생각해 봐유. 오죽 울 일이 많겠어유."

"글쎄요."

"남편을 사랑하고 그리워해서 온 것이 아니었구먼유."

"그러시면……?"

"저는 가슴에 한을 품고 찾아온 여자여유……"

"한이라고요?"

"야……"

　나는 잠시 입술을 가볍게 깨물었다가 다음 말을 기다리는 군인의
눈빛이 진지하여 속사정을 다 털어놓고 말리라 결심했다.
　"저는 불쌍한 여자구먼유. 여기까지 찾아와서 이곳에서 사흘을 견
디며 만나려고 해도 만나지 못하는 신세가 어떤지 바꾸어 놓고 생각
한번 해 보시지유. 저는 이 세상에 갈 곳이 없는 몸이구먼유."
　"네……"
　"저는 건강한 몸도 아니여유."
　"겉보기에는 건강하신데요."
　"겉으로 속 사람을 알 수 있남유. 저는 세상에 태어나 아무에게도
사랑을 받아보지 못하고 살았지유. 친정 오빠는 술꾼이고 성질이 사
나워서 나를 집에서 내쫓지 못해 안달이 났었지유. 가난한 집이라 혼
처도 나지 않았고…… 어쩌다 선도 못 보고 시집을 가게 됐는디……
그 사람이 태하사지유. 결혼 첫날밤 하루 살붙이고 잔 것뿐인데……"
　"네."
　"나는 참 이상스런 병에 걸렸구먼유. 다른 남자하고는 한번도 잠자
리를 안 해 본 몸으로 그이하고만 잤는데……"
　"무슨 일이 생겼습니까?"
　"야, 그 일 때문에 시어머니는 내가 시집 오기 전에 병을 옮아 가
지고 와서 남의 집 아들 흠한다는 것이지유."
　"무슨 일이 생겼기에요?"
　"글쎄…… 말씀 드리기가 그렇구먼유. 저는 그 사람을 꼭 만나야만
세상에 살든지 죽든지 하겠구먼유……"
　"심각한 문제신가 보군요."
　"야, 제 이야기를 좀 들어주신다면 속시원히 한번 말씀드리고 장차
내가 우티기 살아야 좋을지 물어보구 싶구먼유.……"
　그날 내가 겪은 이야기를 들려주었다. 군인은 침착하고 심각하게
듣고 있었다. 내 아래가 얼마나 아픈 병이었으며 그것이 무슨 병인지

를 아무에게도 물어보지 않았다. 그런데 그 군인에게만은 과거를 다 털어놓았듯이 아픈 곳도 보여주고 도움을 받고 싶어졌다.

"아저씨, 저를 다 이해하시고 계실 것을 믿고 말씀드리겠어유. 이런 병이 무슨 병인지 보시고 고칠 방도를 가르쳐 주시겠어유."

홑치마를 걷어올리고 아래를 드러내 보이자 군인은 돌아섰다.

"아주머니, 저는 의사가 아닙니다. 이러실 필요가 없습니다."

"아녀유, 아저씨는 저를 보시면 꼭 고쳐주실 것만 같아서 보여드리고 싶은 거여유."

"압니다. 말씀으로 충분합니다."

군인은 끝내 보지 않았고 초소 밖으로 나갔다. 잠시 후 내가 얌전히 앉아 있자 들어왔다.

"아주머니, 그렇게 불편스럽게 앉지 않아도 좋아요. 이왕 다 안 사정이니 편히 앉으세요. 요에 기대고 벌려 앉으세요."

"아저씨가 너무 점잖으시니께 부끄럽구먼유."

"아닙니다. 오죽 하셨으면 부끄러운 것도 모르고 남자 앞에서 그러시겠습니까. 사정은 잘 안 터이니 내일 제가 태하사를 만나 보고 돌아와서 아주머니의 일에 도움이 되도록 해드리겠습니다."

"고마워유 아저씨."

다음날 오후였다. 외박 나갔던 군인들이 속속 귀대하기 시작할 무렵 어젯밤의 군인이 초소로 왔다. 그 군인은 '주병장'이라고 했다. 나는 주병장이 좋은 소식을 주리라 기다렸다.

"아주머니, 태하사를 확인해 보았더니 어제 오후에 외출(외박)하여 오늘이나 돌아온답니다. 나쁜 사람…… 면회 온 부인을 두고 다른 데로 외박을 나가다니……"

그가 혼잣말로 할 때 나는 분한 마음이 들끓었다. 원수 같은 인간! 면회 온 아내를 두고 딴 짓을 하다니! 나는 원한의 감정이 핏줄을 타고 역류하는 것을 진정시키며 대답했다.

"아저씨, 고마워유 그 사람 이제는 저도 만나지 말아야 것구먼유. 아저씨한테 내 가슴을 열어 보였더니 한이 풀린 것 같어유."

"아주머니, 앞으로 어떻게 하시겠습니까?"

"산 목구멍에 거미줄 칠감유. 어디든 가면 갈 곳이 있겠지유."

참으려 했지만 눈물이 쏟아졌다. 이 넓은 세상에 작은 몸뚱이 하나 기댈 곳이 없으니…… 누구를 의지하고 누구와 살아갈 수 있단 말인가. 땅 덩어리 위에 오직 나 하나만이 버려진 돌멩이처럼 외롭게 느껴졌다. 군인(주병장)은 나를 부대 앞에 잔디가 노랗게 물든 언덕으로 데리고 갔다.

"아주머니, 정말 가실 곳이 없는 겁니까?"

"야. 허지만 갈 곳이 없것어유."

"아주머니 그럼 이렇게 하십시다."

주병장과 나는 들판길을 걸었다. 걷기에 불편한 나를 그는 팔을 끼고 거들어 주었다. 남들이 보기에는 다정한 연인이 정겹게 팔짱을 끼고 들놀이 나온 것처럼 보였으리라. 나는 처음으로 부드러운 남자의 사랑을 느꼈다. 그 사람의 품이라면 죽어도 한이 없겠다는 행복한 감정에 빠졌었다.

그의 체취는 은은했고 그의 체온은 너무도 따뜻했다. 무슨 이야기를 나누며 그 들판길을 건넜는지 지금은 기억에 없지만 정말 행복하고 아름다운 동행이었다. 주병장이 나를 안내해 간 곳은 세상에 태어나서 처음 가보는 곳이었다. 그곳은 교회였다. 우리 고향에는 산골마다 절이 있어서 가 보았지만 교회는 없어서 가보지 못했었다.

10. 구원의 손

이 세상에 갈 곳이라곤 없는 버려진 나에게 어서 오너라 하고 열린 문은 교회밖에 없었다. 주병장은 나를 데리고 교회 안으로 들어갔다. 마룻바닥이 차갑게 느껴졌지만 그는 그 복판에 발뒤꿈치를 꾸부리고 엎드려 궁둥이를 쳐든 채 기도하기 시작했다. 여기저기 둘러보다가 나도 수그리고 말았다. 어딘지는 알 수 없지만 매우 경건하고 위엄이 느껴지는 곳이었다. 막연히 속으로 기도했다.

"하나님, 나좀 구해 주세유. 갈 곳도 없고 의지할 곳도 없어유. 하나님 이 불쌍한 것 모르고 계시면 할 수 없지만 알고 계시면 나 좀 살려주셔유."

이건 기도가 아니었다. 너무 답답한 중에 견디기 어려워 되뇌어본 마음의 소리였다. 주병장은 정중하게 말했다.

"자매님, 우리는 하나님 안에서 형제입니다. 하나님은 자매님을 구원해 주실 것입니다."

그 말의 뜻을 알지 못했다. 그는 나를 앉혀둔 채 밖으로 나갔다. 시간이 많이 지난 뒤였다. 그는 나를 데리고 목사관으로 갔다. 육십은 안 되었고 오십 칠팔 세로 보이는 점잖게 생긴 목사님이 나를 맞아주었다.

"어서 와요. 주병장님을 통하여 잘 들었습니다."

목사님은 내게 몇 가지 물으셨다.

"고향이 xx군이시라구요?"

"야."

"고향으로 가셔야지요."

"……"

"주병장님을 통하여 소상히 알고 있습니다만 한번 더 생각하여 보셔야 합니다. 고향의 시부모님이나 오빠께서 많이 궁금해 하고 걱정할 것입니다."

"……"

"세상은 험하여 파도가 그치지 않는 바다와 같고 인생은 그 위를 떠다니는 배와 같습니다. 어느 곳에 가도 누구를 보아도 다 그들 나름의 고통이 있고 슬픔이 있습니다."

"⋯⋯"

"당분간 마음이 안정될 때까지 여기 머물어 보도록 하시지요."

목사님은 꼭 아버님 같은 느낌이 들었고 주병장은 오빠와 같이 느껴졌다. 그날 주병장은 일찍 귀대하였고 나는 목사관 뒷방 하나를 내어 주어 거기서 짐을 풀었다.

목사관에 든 다음 날 아침 나는 아무 것도 모르고 목사님과 한 자리에서 식사를 하게 되었다. 목사 사모님은 아주 온화하고 사랑이 많으신 분이었다. 숟가락을 들기 전에 목사님께서 기도하는 것을 알고 멈칫했다. 사모님도 고개를 숙이셨다. 나는 영문도 모르고 고개를 숙였다. 식사를 하는 일로부터 무슨 일을 하든지 먼저 기도하고 나서 일을 시작하는 목사님의 생활을 발견했다. 참으로 신기한 일이 아닐 수 없었다. 보이지도 않고 어디 계신지도 모르는 하나님한테 무엇이 그렇게 의논할 일이 있고 기도드릴 일이 있는지 이해가 가지 않았다.

아침 식사가 끝나고 교회를 돌아보고 오신 목사님이 부르셨다.

"주병장님을 통해서 자매님의 고통을 다 알고 있어요. 어려워 말고 마음에 있는 것이나 처해 있는 어려움을 숨기지 말고 다 말해요. 내가 도움이 될 수 있으면 도와주겠어요."

"야⋯⋯"

"나는 젊었을 때 의사였어요. 그러나 나이가 들고 신앙생활을 하다가 내 할 일이 의사가 아니라는 것을 깨닫고 목회를 하게 되었지요. 의사는 육신의 병을 고치는 일을 하지만 목사는 마음의 병을 치료해 주고 영적으로 눈먼 사람들을 구원하지요. 영적 구원이 육체적 치료보다 소중하다는 것을 안 다음부터 하나님의 사업을 위해 헌신하기로 했어요. 그러나 의술이 없어진 것은 아니지요. 자매님은 내 말을 잘 듣도록 하세요. 일단 급한 것이 육체적으로 병든 몸을 고쳐야 할 테니 병을 먼저 고치고 하나님을 믿도록 해 드리지요."

"목사님께서 제 병에 대해서까지 알고 계시남유?"

"알고 있지요. 주병장님이 그래서 모시고 온 걸요."

"부끄럽게시리……"

"부끄러울 게 없어요. 내 의술을 믿고 환자를 데리고 왔는데 무엇이 부끄러워요."

"그러시면 아픈 곳을 보여드려야 하남유?"

"아니에요. 다 들어서 알고 있어요. 무슨 병인지도 알고 무슨 약을 쓰면 되다는 것도 알고 있어요."

"야?"

"그래서 의사지요."

"목사님 고맙습니다유."

그날 목사님은 나에게 약을 주시는 것이었다. 하라는 대로만 하면 보름 뒤에는 다 치료될 수 있다는 말씀을 했다. 보름이 아니라 일년이 걸려도 병만 고친다면 무슨 일은 못하겠나. 나는 목사관에서 여러 가지 잔 일거리를 맡아 처리했다. 사모님 대신 밥도 짓고 설거지며 청소 등 닥치는 대로 했다.

열흘쯤 지나는 동안 나는 목사님처럼 기도하는 습관도 생겼고 찬송가도 어렴풋이 따라 부를 수 있었다. 세상에 태어나서 이렇게 즐겁고 행복한 날도 처음이었다. 목사님께서 시키시는 것은 무엇이든지 즐겁게 해낼 수 없었고 자상한 사모님의 시중 드는 일은 나의 행복이었다. 보름이 다 될 무렵 나는 아래가 부드럽고 통증이 사라진 것을 느꼈다. 손으로 눌러보았다. 아무렇지도 않았다. 다 치료된 것이다. 나는 너무 기뻐서 땅바닥에 엎드려 울었다.

"목사님 감사합니다. 하나님 감사합니다. 병이 나았습니다."

거머리가 붙어 있다가 떨어져나간 것처럼 기분이 좋았다. 고쳐졌다는 사실이 거짓말 같고 꿈만 같아 몇 번씩 손을 대보고 문질러도 보았다. 아픈 곳이 없고 그 솟아 있던 응어리도 온데 간데 없이 깨끗

했다. 나는 목사님께 보여드리고 자랑이 하고 싶었다. 그러나 부끄
러운 마음이 가려 말로도 못하고 보여드리기는 더욱 어려워 날마다
열심히 일을 하였다.

　가을을 맞아 목사님께서는 교회 근처에 사는 진학 못한 청소년들
을 위해 중학과정 야학을 열기로 하였다. 교회 한쪽에 비워둔 창고
건물이 있는데 거기를 치우고 학교를 만든다고 하였다.

　나는 아침부터 저녁까지 그곳을 정리하였다. 헐어져 내린 벽에 구
멍이 난 곳은 흙을 이겨 바르고 유리창 깨진 곳은 창호지로 막았다.
삼사일 동안 손질을 하니 제법 훌륭한 교실이 되었다. 내가 열심히
일하고 있을 때 목사님께서 가까이 와 보고 계셨다. 목사님은 만족한
얼굴이었고 나는 즐거워 뛸 것만 같았다.

　"자매님, 이젠 완전한 하나님의 일꾼이 되었어요."

　"야?"

　"하나님 사업을 위해 땀흘려 봉사하니 하나님 일꾼이지……"

　"저 같은 것도 하나님이 돌아보실까유?"

　"하나님께서 돌보시지 않는다면 여기까지 왔겠소? 다 하나님의 은
혜로 여기까지 왔고 건강 찾았지."

　"목사님……"

　"말해 봐요."

　"저……"

　"알아요. 병 다 고쳐졌다고 말하고 싶지요?"

　"어떻게 아셨어유?"

　"다 알지, 일하는 걸 보면 모르나……"

　"목사님, 고맙습니다유. 평생 은혜 잊지 않겠구먼유."

　"감사는 다 하나님께 드려요. 이제부터는 훌륭한 믿음을 가지고 하
나님 사업을 위하여 땀 흘려주시면 돼요."

　11월 1일

그날은 교회에서 하는 야간학교 개학식날이었다. 광고문을 보고 모여든 학생이 칠십 명이 넘었다. 초등학교를 막 졸업한 꼬마가 있는가 하면 시집을 가게 된 스무 살이 넘어 보이는 처녀도 있었다. 나는 첫날 입학식이 진행되는 동안 목사님을 도와 교실 안을 오가며 심부름을 했다.

나도 내일부터 공부를 하리라 결심했다. 내 또래 처녀들이 공부하겠다고 먼 동네에서도 오는데 코앞에 학교를 두고 공부하지 않는다면 말이 안 되는 일이었다.

나의 일과는 바빴다. 주일날은 새벽부터 밤늦도록 교회 행사 뒤치닥거리를 해야 하고 월요일부터는 목사님이 하는 일의 시중을 들고 밤이면 공부를 했다. 영어도 배우고 한문도 배웠다. 수학도 배우고 물상도 배웠다. 나는 어느새 무식한 촌뜨기에서 도시 사람으로 변해서 말씨도 서울 말씨에 영어도 알고 한문도 읽게 되어 신문도 뒤적거리는 실력이 되었다.

나는 아무도 모르게 교회 구석에 엎드려 기도했다. 하나님의 고마우신 은혜에 뜨거운 눈물을 흘리며 감사했다. 죽은 개 같던 나를 구원하여 주시고 병 고쳐 주시고 행복한 생활을 주시고 공부도 하게 해 주신 하나님이 너무 고마웠다.

11. 님이라 부를 수 없는 당신

주병장은 나를 데려다 준 다음 한 달에 한번 정도 주일 낮 예배에만 참석하고 돌아갔다. 그가 교회에 왔다가 돌아갈 때 나는 먼 빛으로 그를 보내며 안타까워했다. 점잖은 사람이어서 그런지 무정해서 그런지 나를 다시는 찾아보지도 않고 그렇게 왔다가는 조용히 돌아가는 것이었다.

주일이 되면 그 사람이 오겠지 기다리고 있다가 막상 오면 다가가

서 인사를 할 용기가 나지 않았다. 군복 차림의 그는 목사님과 잠깐 이야기를 나누고 곧장 돌아가는 것이었다. 나는 따라가 붙잡고 인사도 하고 싶고 병이 치료되었다는 말도 해 주고 싶었다. 그러나 아무 것도 할 수가 없었고 그는 내 마음속에 씻을 수 없는 사랑하는 사람이 되어 가고 있었다.

그분이 아니었으면 지금 나는 어떻게 되었을까? 목사님도 고맙고 하나님도 고맙지만 더 고맙고 그리운 것은 주병장이었다. 언제든 기회를 내어 그와 둘이서만 긴 이야기도 하고 싶고 가슴에 뭉쳐있는 말 못할 응어리도 풀고 싶었다. 몇 달이 지나가도 그는 예배시간 외에는 접근할 수가 없었다.

예배가 끝나면 그분은 곧 떠나고 나는 교회 일로 다른 일을 할 수밖에 없었다. 보람있고 기쁜 세월은 꿈처럼 지나갔다. 교회에 온 지도 어느덧 6개월이 다 되었다. 목사님이 말씀하셨다.

"주병장님이 다음 주일에는 제대를 하게 되었답니다."

"주병장님이요?"

"음, 좋은 사람이었는데 이제 만나볼 날도 몇번 안 되겠어요. 최자매님에게는 아주 고마운 분이었는데……"

"네, 목사님……"

나는 가슴이 뛰었고 무엇인가 잡힌 것을 남이 잡아당기기라도 하는 느낌이었다.

"제대하기 전에 저녁 식사라도 한끼 대접하는 게 어떻겠어요."

"네. 목사님……"

나는 꼭 그렇게 해 드렸으면 좋겠다고 생각했다. 단 한끼라도 내가 정성껏 지어서 차린 상을 드리고 싶었다. 목사님은 웃으시면서 바라보셨다.

"주병장님에게 최자매님이 완전히 치료되었다는 말을 했지요. 그 말을 듣고 무척 반가워하시더군요."

갑자기 얼굴이 화끈했다. 전에 느껴보지 못한 부끄러움이 가슴 밑에 불을 질렀다. 목사님은 내 속을 안 듯 다른 말씀을 하셨다.

"주병장이 가고 나면 나보다도 자매님이 더 서운하지 않을까?"

"……"

나는 할 말이 없었다. 내가 여기 살게 된 것도 그의 은혜지만 여기서 날마다 희망을 잃지 않고 용기를 가지고 산 것도 따지고 보면 주병장이 가끔 예배 드리러 올 때 바라볼 수 있다는 희망이 있기 때문이었는지도 모른다. 그날 밤 나는 잠을 이루지 못했다. 나는 남의 아내가 아닌가. 그런 여자가 다른 남자를 그리워하고 있는 것이다. 아직 결혼도 하지 않은 성실하고 믿음이 깊은 사람이다. 마음을 굳게 갖고 아무 생각도 하지 않으리라 다졌다.

일주일이 지난 주일날 밤이었다. 이제 3일만 있으면 주병장은 제대를 하여 떠난다고 했고 예배 시간에 광고도 했다. 하루 종일 일이 손에 잡히지 않았다. 그날은 주병장도 교회에서 하루를 꼬박 보내며 아는 사람들과 인사를 나누었다. 나는 어떻게 하면 그와 이야기를 나눌 수 있을까 엿보고 있었지만 기회가 없었다. 오후 다섯 시쯤이었다. 내가 수돗가에서 일을 하고 있을 때 그분이 가까이 다가왔다.

"자매님, 수고가 많으세요."

"……"

"목사님께서 성실하고 믿음도 훌륭하다고 칭찬을 많이 하셔서 얼마나 고마웠는지 모릅니다."

나는 가슴이 뛰고 얼굴에 불화로라도 뒤집어 쓴 것 같아 견딜 수가 없었다. 둘이만 만날 기회가 주어진다면 하고 싶다고 생각했던 그 많은 생각들은 온데 간데 없고 그저 부끄러운 생각이 앞을 가려 고개를 쳐들 수가 없었다.

"자매님, 건강해지신 것을 주님께 감사드립니다."

"병장님, 너무 고마웠구먼유……"

"고맙기는요, 목사님이 고마우신 분이시지요."

"정말 제대하시남유?"

"네, 3일 후면 고향에 갑니다."

무슨 말이 하고 싶었지만 가슴만 뛸 뿐 말이 나오지 않았다.

"다시 뵙기 어렵겠어요. 여기서 편히 계시다가 고향으로 가세요."

"……"

나는 울고 싶었다. 주병장을 붙잡고 울고 싶고 어디든 가려거든 나도 함께 데리고 가 달라고 매달리고 싶었다. 그러나 입에서는 전혀 다른 말이 나왔다.

"안녕히 가셔유."

"감사합니다. 어디서나 건강하시고 하나님 은혜 잊지 마세요."

주병장은 이 말을 남기고 등을 돌렸다. 아쉬운 마음이 가슴에 가득했다.

"병장님……"

주병장이 되돌아보았다.

"무슨 말씀이 있으신가요?"

"그냥 가실 건감유?"

"네?"

"너무 서운하구먼유. 제 부탁이 있네유."

"무슨 부탁이신가요?"

"이대로 헤어지기가……"

"……"

"너무 고마웠구먼유. 저는 아무 것도 해드릴 것이 없어서유……"

"마음만 있으면 되는 겁니다."

"병장님, 저는 마음 뿐이구먼유…… 부탁 하나 드려도 좋을까유?"

"무슨 부탁인데요."

"그냥 헤어진다는 게 서운해서유."

"다 그런 것 아닙니까?"

"부탁이 있어유."

"무슨 말씀이신지요?"

"뭐든지 들어 주시겠남유?"

"네."

"무엇이든 기념으로 하나만 주시면……"

"글쎄요. 제게는 가진 게 아무 것도 없는데요."

"주머니에 가지고 다니는 것도 좋구……"

"그럴 필요까지 있겠습니까?"

"주병장님 생각나면 볼 수 있는 것으로 아무 것이나……"

주병장은 주머니에서 뚜껑 덮인 도장을 꺼냈다.

"이것이 내가 가지고 있는 것 전부입니다."

"……"

그 도장을 바라보다가 수줍게 뇌까렸다. 주병장은 빙긋이 웃으며 도토리 껍데기 같은 뚜껑을 내보였다.

"이게 무슨 의미가 있습니까?"

"그것이라도 주시면……"

"그러시다면 드리지요. 뚜껑이야 있어도 그만 없어도 그만이니까."

주병장은 그것을 쥐어 주었다.

"고마워유."

"잊지 말고 오래 보관하세요."

"잊다니유."

"저도 도장을 볼 때마다 자매님 생각을 하겠습니다. 서로를 위해 기도하며 삽시다."

"네. 이젠 떠나셔도 웃으며 보내드릴 수 있것구먼유."

"웃으며 헤어져요. 인생은 길고 만나면 헤어지는 게 인생이니까요."

나와 그분의 대화는 이것이 마지막이었고 그날 목사님과 저녁 식사를 마친 후 그분은 떠났다. 나는 도장 뚜껑을 금가락지만큼이나 소중히 손수건에 싸서 앞가슴 깊이 간직했다. 그분이 마지막 인사를 하고 교회 문을 나서서 멀리 가도록 바라보았다. 목사님은 먼길까지 나가며 무슨 이야기인가를 나누다가 돌아오셨다.

그 분이 다시는 못 오게 되었다고 생각하니 세상이 모두 비어 있는 것처럼 허전했다. 그분은 이제 어디서 찾을 수도 없는 먼길을 가셨다. 유부녀인 내가 그 뒤를 따라 갈 수도 없는 일.

그날 밤 잠이 오지 않았다. 체면이고 뭐고 다 버리고 따라 가고 싶던 나였다. 여자끼리 그렇도록 마음이 끌렸다면 다 버리고 따라가고 말았을 것이다. 그러나 여자가 남자를 따라 나선다는 건 아무에게도 용서받을 수 없는 일이다. 몇 날을 두고 그 분을 위해 기도도 했고 다시 만나게 되기를 하나님께 빌기도 했다.

겨울이 지나고 세월이 흐르자 그분을 생각하는 시간도 짧아져 갔다. 그렇게 해서 잊어버리게 되고 그렇게 해서 인생은 끝나는 것이 아닌가 싶다. 나의 뇌리에서 떠나지 않아 오매불망하던 그분이지만 일주일에 한두 번씩 떠오르게 되었다. 헤어진 지 겨우 6개월인데 그분의 모습도 잊혀져 가고 그리운 정도 시들어 갔다.

나는 열심히 공부하며 교회에만 충성했다. 주일 아침은 예배에 참석하고 오후는 각종 행사의 뒷일을 거드는 것이 나의 즐거움이었다. 보통 날도 목사님의 말씀대로 열심히 일했다.

어느새 나는 예배시간이면 가끔 만나는 김전무라는 사람을 알게 되었다. 그분이 하루는 내게 다가와 속삭였다.

"언제 시간 좀 내주시겠습니까?"

"……"

그게 무슨 말일까. 나는 납득이 가지 않았다.

"이상하게 듣지는 마십시오. 제게는 아주 친한 친구 한 분이 있어요. 그 사람이 내 말을 잘 듣지 않거든요."

"그게 저와 무슨 상관인감유?"

"상관은 없는 일이지만 자매님이 저를 도와주신다면 반드시 그 친구는 내 말을 들을 것 같아서요."

"무슨 일인데요?"

"그 친구 다 좋은데 교회만은 나가지 않겠다고 고집을 부려요. 자매님 같은 미인을 내세워 전도를 한번 해보고 싶어서요……"

남이 예쁘다고 하지만 그런 소리들을 때가 가장 부끄러웠다.

"놀리지 마셔유. 저 같은 촌 것이 워디가 이쁜감유?"

"미인이지요. 이 부근에서는 가장 아름다운 미인이에요. 어쩌면 서울에서도 둘째 가라면……"

"놀리시면 부탁을 들어 드리지 못하겠구먼유."

"좋습니다. 그럼 부탁을 들어주시는 거지요?"

"야."

그 후 한 달쯤 지나서였다. 시장에 장 보러 나간다고 교회문을 빠져나와 난생 처음 다방에로 들어갔다. 그리고 거기서 김전무의 소개로 낯선 신사 한 분을 알게 되었다.

김전무의 소개대로라면 그 친구 분은 억세게도 운이 좋은 사람이었다. 장사를 잘 해서 돈을 많이 벌었다고 한다. 회사도 둘이나 있고 자기 건물이 세 개인데 하나는 부산에 있다고 했다. 겉보기에도 귀티가 자르르 흐르는 훤칠하게 생긴 사람이었다.

그 후 가끔 시간이 나면 그 귀티 나는 신사와 다방에서 만나 차도 마시고 시간을 내어 이야기도 나누었다. 김전무가 들이는 공과 내가 쏟는 공에 비해 그분은 너무 딴 세상에 살고 있었다. 그분은 오직 돈이면 세상만사가 다 되는 것이라는 투였다. 신앙생활은 인간을 좀 먹는 병과 같다며 하나님 믿는 것은 단호히 거부했다.

내가 그분을 교회로 인도하는 게 아니라 오히려 교회 안에 있는 나를 그분이 끌어내고 있었다. 만날수록 그분이 좋아지고 그분의 주장이 맞는 것 같았다. 교회에서 목사님이 하는 말은 재미있는 거짓말일 뿐 사실은 다른 것이라고 생각하기에 이르렀고 그런 생각이 마음에 뿌리를 내리기 시작하자 나는 그분에게 빠져들고 있었다.

그분의 새 그림자 앞에 나는 반년 전에 헤어진 주병장을 어쩌다 생각할 정도로 변했다. 교회에서 무슨 구실을 붙이든 시간을 만들어 다방에서 그 귀티 나는 부자를 만났다. 나는 20대인데 그 신사는 40대로 서로가 어울리기엔 맞지 않았다. 그러나 그 사람은 나와 어울리는 데 부족하지 않을 만큼 젊었고 생각도 그랬다. 우리는 만날 때마다 즐거웠고 종교 이야기 같은 건 잊어버렸다.

둘이 만날 때만은 종교도 양심도 윤리개념도 멀리 쫓아버리고 알몸뚱이를 가지고 있듯 그렇게 존재하고 싶을 뿐이었다.

12. 더러운 인간

어느 날 그분과 이야기를 나누고 돌아오는 길이었다. 누군가가 뒤를 따르고 있었다. 교회 근처에 이르렀을 때 그가 앞을 막아섰다.

"나 모르겠어?"

"네?"

그 얼굴을 보았다. 전혀 기억에 없는 얼굴로 잘못 구워낸 빈대떡처럼 험상궂게 생긴 납작코였다.

"나를 모르겠다구?"

"네?"

"흥, 잘 논다. 네깐년이 뭐 별거라구……"

"누구시죠?"

"잘 봐. 잘 보라구."

빈대떡은 누런 이빨을 드러내 보이며 턱주가리를 쑥 내밀었다. 전혀 모르는 상판이었다.

"누구신데요?"

"그래도 딴전이니?"

"모르겠어요."

나는 이때부터 서울말로 바꾸어 썼고 단호한 내 모습과 억양을 갖추었다.

"몰라?"

"몰라요."

"똥갈보년이 건방지게……"

"뭐……"

나는 가슴이 꽉 메었다.

"잘못 봤어. 당신은 누구지?"

"어쭈, 그러면 누가 움찔할까봐?"

"비켜!"

"못 비켜. 그래도 나를 모른다구? 히히히……"

"미친 소리 말아요."

"미친 건 네년이다. 이년아 갈보 주제에……"

"뭐야?"

나는 주먹을 휘둘렀다. 그러나 빈대떡의 팔 힘이 어찌나 억센지 나는 오히려 잡히고 말았다.

"못 놔!"

"빠져나가 보지? 요새 재미 좋던데 돈 많은 놈팽이만 만나고?"

"무슨 소리야?"

"조금 전에 만나고 헤어진 그 민사장 나도 잘 알고 있어. 얼마나 받고 놀아주는 거냐?"

"미친……"

나는 약이 바싹 올랐지만 힘으로는 이길 수가 없었다.

"얼마냐구? 오십만 원?"

"놔! 뭐 이런 사람이 다 있어?"

"같잖게 굴지 말고 내 말 잘 들어…… 알았어?"

"무슨 말을 들란 말야?"

"누가 말로 하자고 했던가? 조용한 데 가서 벗어!"

나는 가슴이 터질 것만 같았다. 힘이 자라기만 했다면 그 사내를 번쩍 들어 패대기를 치고 싶었다. 힘이 모자랄 때 힘으로 대결하는 것은 결국 나만 손해를 더 보게 마련이다. 나는 그 못된 것을 어떻게 해치워야 좋을까 생각했다.

"좋아요. 하지만 오늘은 안 되고……"

"그것도 때를 가리냐?"

"여자를 알고 싶으면 제대로 알고 새겨요. 여자는 매월 조심할 때가 있어요."

"히히히…… 그거야? 좋아 그렇다면 오늘은 참아주지. 그렇지만 허튼 수작은 안 통해. 어디를 가서 무슨 짓을 하는지 내가 지키고 있을 테니까."

그날은 이런 핑계로 모면했는데 그 다음이 문제였다. 그 빈대떡은 저녁때만 되면 교회 근처를 뱅뱅 돌며 나를 감시했다. 그러다가 남의 눈이 뜸한 틈이 나면 교회 안마당까지 들어와 추한 꼴을 보였다.

"이봐. 오늘도 그거야? 이따가 나와. 아니면 내가 네 방으로 쳐들어가겠어."

나는 아무 대꾸도 하고 싶지 않았다. 그가 무슨 말을 지껄이든 나는 내 일만 했다. 그러던 어느 날 그는 이런 말을 던졌다.

"이봐. 내가 오는 게 귀찮아? 어차피 너는 창녀 신세였잖아?"

"뭐?"

"왜 놀라지? 내가 바로 네 서방이었다구. 너 xx리 xx번지에서 팔았잖아? 그래도 나를 모른 체하겠어?"

나는 가슴이 뛰고 지난날의 기억이 싫었다.

"상대해 본 여자 중에 가장 멋진 여자가 바로 너였으니까."

"……"

"너 그 놈팽이완 몇 번이나 잤어?"

"……"

"괜찮은 놈 하나 물은 거야. 그만하면 쓸만하지."

"그게 무슨 소리예요?"

"왜 듣기 싫어? 귀찮겠지. 우리 조건부 장사나 한번 할까?"

"장사라니?"

"그 놈팽이한테 너를 완전히 넘겨주는 조건으로……"

"뭐라구?"

"간단한 조건이야. 놀랄 것 없어."

"넘겨준다니 내가 무슨 물건인가요?"

"싫으면 그만 둬. 내가 입만 한번 뻥끗하면 네 신세는 낙동강 오리 알이 될 테니까……"

"더러운 자식!"

"뭐야? 감히 욕을 해? 너 미쳤어 이년?"

"그래 미쳤다. 너 같은 걸 인간이라고……"

"좋아. 그러니까 말인데 내 말 잘 들어. 알았어?"

"……"

"그 놈팽이한테 한 장만 빼줘. 그러면 깨끗이 돌아설 테니까."

"한 장이 뭐지?"

"백만 원."

"백만 원?"

나는 깜짝 놀랐다. 세상에 들어보지도 못한 금액을 부르는 것이 아닌가. 미친 자식 별 소리를 다 한다 생각하고 참아야 했다.

"싫어? 좋아?"

"내가 무슨 상관이 있다고 그분한테 그런 돈을 달래?"

"왜 네가 그만한 값이 안 되는 여자인가? 그 값도 싸지. 싫으면 할 수 없지. 내가 데리고 살든지 아니면 넘기든지 할 테니까."

"누가 누굴 데리고 산다구?"

"내가 네년을 데리고 산단 말이다."

"흥!"

"콧방귀를 뀌었겠다. 좋아 너 그 집에서 나올 때 어떻게 했지?"

"그 집이라니?"

"네년 가랭이 팔던 그 불난 집 말이다."

"뭐야?"

"너 거기서 나올 때 그냥 나왔나?"

"무슨 소리야?"

"그집 여우가 너를 찾으려고 눈이 빨갛다는 사실을 알아야 할걸."

"왜?"

"몰라서 물어? 제가 한 일은 알고 있을 텐데."

"무슨 소리를 또 지껄일 작정이지?"

"나는 지어서 하진 않아. 너 그냥 나왔냐구."

"그냥 나오지 않으면…… 뭐 불 속에서 성냥이라도 가지고 나온 줄 아냐?"

"오리발 내밀지 마. 나는 다 알고 있으니까."

"뭘 안단 말이지?"

"여우한테 다 들었어."

"여우?"

"그래, 여우가……"

"왜? 양심이 걸려서?"

"양심에 걸릴 일 없어!"

"거짓말도 잘 하는군. 하긴 그 정도는 되겠지."

나는 약이 바짝 올랐다. 빈대떡은 징글맞은 얼굴로 내 아래위를 더듬듯 쓸어보았다.

"역시 잘 빠졌어. 너같이 이쁜 게 할짓이 없어 그 짓을 했냐?"

"말조심 못해?"

"뭐 예쁘다고 하는 말도 죄냐? 공연히 앙탈 말고…… 알았지? 오늘 밤 나와."

"나오라구?"

"싫으면 그만 둬. 여우나 데리고 와서 잡아가라고 해야지."

"여우가 무슨 권리로?"

"너 여우 돈지갑 가지고 튀었지? 그걸 여우가 알고 있단 말이다. 나 보고 잡아오기만 하면 내 소원을 들어준다고 했어."

"무슨 소리야. 기가 막혀서 원……"

"아니면 찾아가서 밝혀 보시지. 여우가 너만 보면 당장에 박살을 낼 걸 히히히."

"미친 소리! 보기도 싫어……"

나는 돌아섰다. 그 흉물스런 낯짝이 보기 싫고 구역질이 났다.

"까불지마. 너는 내 거야. 한번을 섞었어도 살을 섞은 이상 먼저 갖는 놈이 주인이야."

빈대떡은 넉살 좋게 나를 끌어 당겼다. 화가 머리끝까지 치솟아 어깨를 잡아 낚는 그의 손등을 꽉 깨물어 버렸다.

"아얏!"

빈대떡의 입에서 비명이 터지고 그 순간 내 눈에는 번개가 튀며 주먹이 들이 박혔다. 나는 폭 고꾸라졌다. 빈대떡은 내 엉덩이며, 옆구리, 가슴 머리 등을 발길질로 조겨댔다. 나는 그의 발이든 다리든 걸려들면 물어뜯으려고 버둥거렸지만 힘으로는 그를 당할 재간이 없었다. 그날 그는 나를 축 늘어지게 두들겨 놓고 달아났다.

나는 어떻게 해서 목사관에 있는 내 방으로 왔는지 모른다. 정신이 들었을 때는 한밤중이었다. 피가 나는 곳은 없었지만 온통 피멍이 들었고 제대로 움직이지 못하는 내 곁에는 목사님이 염려스런 얼굴로 지키고 있었다. 목사님은 내가 왜 그렇게 다쳤으며 누가 그랬는가 물으셨지만 나는 입을 열지 않았다. 여러 날을 나는 목사님의 간호와 치료를 받았고 정신적으로 위로 받고 신앙의 말씀을 많이 들었다. 세상에 태어나서 그렇게 따뜻하고 애정이 넘치는 사랑은 처음 맛본 행복이었다.

빈대떡에게 맞아서 억울하고 슬프기는 했어도 그 기회를 통하여 부모님에게도 맛보지 못했던 보살핌과 사랑의 손길은 영원히 잊을 수 없는 일이었다. 거의 한 달은 지나서야 내 옛 모습이 되었다.

건강해진 어느 날 나는 그 다방에서 귀티 나는 민사장을 만났다. 그분은 나를 영영 보지 못하는 줄 알았다며 반가워했다. 그 분과 나 직하게 이런 이야기 저런 이야기 웃고 있을 때 문득 바라본 저편 구석에 나의 눈은 얼어붙고 말았다. 진저리가 쳐지고 옴이라도 돋아날 것 같은 빈대떡이 나를 지켜보며 징그럽게 웃고 있지 않은가?

'더러운 놈, 짐승만도 못한 물건……'

나는 방글방글 웃다가 송충이라도 씹은 듯 얼굴이 굳어져 버렸다. 하지만 민사장은 내 속을 알아채지 못했다. 내가 다시는 시선을 빈대떡에게 보내지 않았기 때문에 알 수가 없었던 것이다. 그토록 가슴 가득 기쁨이 넘치던 순간이 깨져 오물이 흐르는 시궁창 같은 감정으로 나는 빠져들었다. 민사장은 여러 말을 했고 웃기도 했지만 나는 웃을 수도 없었고 무슨 이야기를 하는지 기억도 할 수 없었다. 민사장은 나와 헤어져 번드르르한 자가용차에 올라 멋지게 떠나갔다. 자동차 먼지가 저만큼 날아갈 즈음 빈대떡이 내 앞을 딱 막아섰다.

"오랜만인데, 그 동안 잘 지냈겠지."

"……"

더러운 놈, 무슨 낯짝으로 그런 소리를 하고 자빠졌는지 주먹이 약한 내가 원망스러웠다. 부르르 떨리는 가슴의 요동대로라면 몽둥이든 뭐든 집어들고 대들고 싶었다.

"더 예뻐졌는데…… 생각해 봤어?"

"뭐?"

"화난 얼굴이 더 예뻐 보이는데…… 전에 내가 제시한 것 있잖아? 벌써 잊었나?"

"아……아……"

무슨 말로 터질 것 같은 울화를 표현할 수 있을까.

"길게 끌 것 없어. 너는 내가 먼저 점령한 여자니까. 공연히 질질 끌면 네 과거를 교회 목사에게 다 고해 바치고 저 새끼에게도 너는 내꺼니까 다시는 만나지 못하도록 주의를 주겠어."

전생에 무슨 원수로 헤어졌던 악귀가 나타났는가. 나는 악몽을 꾸는 듯한 깜깜한 눈앞의 현실에 이를 갈았다. 그러나 뻔뻔스러운 빈대떡은 이빨 사이에 낀 고춧가루를 드러낸 채 씹어댔다.

"곱게 말할 때 고분고분 들어. 나하고 살림을 차릴 테냐. 아니면 조건을 들어주겠나 말해 보라구."

무슨 말을 한단 말인가. 그저 때려죽이고 싶은 심정뿐인데.

"너도 많이 굶었지? 오늘 밤 나와. 저쪽 다방 뒤에 있는 경성여관 301호실에서 기다리겠어. 안 나오면 죽는 줄 알고. 여우가 너를 잡는 날이면 알지?"

빈대떡은 떠났다. 나는 가슴이 뛰어 엎어질 것만 같았다. 빈대떡이 여관에서 기다리는 그 시간에 나는 보따리를 쌌다.

그리고 목사님께 편지를 썼다.

〈목사님, 그 동안 보살펴주신 은혜에 천만번 감사의 절을 올립니다. 사람의 탈을 쓰고 은혜를 베풀어주신 은인 곁을 이런 모양으로 떠나는 저를 용서해 주세요. 허물 많고 죄 많은 사나운 팔자를 타고 난 저는 더 이상 목사님의 사랑을 받을 수 없는 불쌍한 몸이 되어 떠나렵니다. 왜 떠나야 하는지 알려고 하지 마세요. 저는 벌레만도 못한 천하고 추한 것이었어요.

　오직 제가 몇 번이고 드리고 싶은 말은 마지막으로 받아본 목사님의 사랑이었습니다. 예수님 같은 사랑으로 보살피신 따뜻함은 제가 혈육에게서도 맛볼 수 없는 것이었습니다. 이 다음 제가 잘 되어 목사님을 다시 찾게 된다면 목사님께서 이루고자 하시는 무료육영사업에 밑거름이 되도록 하겠습니다.

　마지막으로 저를 목사님께 인도하고 구원의 길을 열어주신 주병장님께 진심으로 고맙다는 말씀을 남기고 싶습니다. 혹시 그분이 오시거든 어디 사시는지 적어 두시면 그분의 은혜도 갚고 싶습니다.〉

　나는 울면서 편지를 썼다. 목사님 곁에 있고 싶고 언젠가는 연락이 있을 주병장의 소식을 기다리고 싶었다. 진심으로 내가 사랑의 감정으로 바라보고 사모한 사람은 주병장이었다. 그러나 모두를 잊어야만 한다.

　빈대떡 같은 악질만 아니었으면 나는 떠나지 않았을 것이다.

13. 마수에서 벗어나

　교회 행사를 위해 준비하라고 맡긴 돈 중에 만원을 떼어 차용증서를 써서 남은 돈과 함께 편지 봉투 속에 넣어 붙인 뒤 목사님께서 찾기 쉬운 기도실에 넣었다.

　교회 문을 나와서 새벽 안개가 자욱하게 깔린 들길을 정처 없이 걸었다. 시내버스를 탔을 때는 해가 높이 뜬 뒤였다. 어디로 가는 버스인지도 모르고 탔다. 김포 비행장 앞에서 떠난 차는 종점이 시청 앞이었다. 차가 가는 가장 먼 곳이라고 생각되어 내린 거기. 누가 기다리지도 않고 무엇을 해야 한다는 목적도 없는 나. 넓은 길은 내가 멈추어야 할 곳이 아닌 듯싶었다. 좁은 골목길을 요리조리 돌다가 배

가 고파 허름한 식당으로 들어섰다. 구수한 된장찌개 냄새가 창자를
뒤집었다. 된장찌개 한 상에 백 오십 원. 천천히 상을 내고 망연히
앉아 있자니 앞일이 걱정되었다. 식당에는 일하는 여자 둘이 있는데
하나는 나이가 들고 하나는 처녀였으며 주인인 듯한 노파가 있었다.
나는 용기를 내어 젊은 쪽의 여자에게 말을 건넸다.

"실례 좀 해요. 도움이 필요해서 말씀을 드리고 싶은데요."

"네?"

"바쁘시지만 제 부탁 하나 들어주세요."

"무슨 부탁인데요."

"저…… 제가 아무 데서나 일할 곳이 없을까요? 이런 식당이
나…… 아무 데나."

"정말이세요?"

"그래요. 처음 보는 사이에 거짓말하겠어요."

"믿을 수가 없어요."

"왜요?"

"댁같이 예쁜 분이……"

"예쁘긴요. 놀리지 마시고 좀 도와주세요."

"저는 올해 스물 둘이에요. 저보다 위로 보이는데……"

"저는 이제 스물 여섯이니까……"

"언니라고 부를게요. 나이가 위이시니까요."

"좋아요. 하지만 나 같은 게 무슨 언니 소리를 듣겠어요."

"아니에요. 언니 같으면 이런 곳에서 일하지 않아도 일할 곳이 얼
마든지 있어요."

"네?"

나는 반가우면서도 믿어지지 않았다. 처녀는 첫눈에 보기보다는
볼수록 귀엽게 생긴 얼굴이었다.

"아가씨도 예쁜 얼굴인데요."

"예쁘면 여기 있겠어요. 다방으로 가지요. 가고 싶어도 다방에서 써주지 않는데요. 뭘……"

"다방은 이뻐야 하나요?"

"남아돌고 흔해 빠진 게 여잔데 다방에서 미인 아니면 쓰나요?"

"그런가요? 저 같은 건 어디서 일을 해야 좋을까요?"

"언니 정도면 다방에서 얼마든지 좋아할 거예요. 다방 같은 데서 일해 본 경험 없어요?"

"다방이 뭔지도 제대로 모르는데……"

"다방 수입이 좋아요."

"그래요?"

"다방 마담 하실래요?"

"마담?"

"네. 바로 제가 아는 다방에서 마담을 구하는데……"

"나 같은 것도 될까?"

"그럼요."

"경험이 없는데도?"

"경험이 없을수록 좋아요. 가오마담(얼굴마담)은 얼굴이 돈이래요."

"부끄럽게 그러지 말아요."

"하시겠다면 한번 가 봐요. 밑져야 본전 아녜요."

처녀는 주인에게 무어라고 속삭이더니 나를 그 다방으로 안내했다. 다방 주인은 50대쯤 보이는 여자로 화장을 너무 짙게 하여 예쁘기보다는 징글맞게 보였다. 주인 여자는 나를 위아래로 이리저리 훑어보다가 물었다.

"경험 있었수우?"

"없습니다."

"없어어?"

"네."

"전에 아무 것도 하지 않았어요."

"예……"

"음…… 쓸만한데……"

혼잣말처럼 씨부렁거리다가 또 물었다.

"여기서 일해 보겠어어?"

"시켜 주시기만 한다면 하겠어요."

"그으래에?"

"……"

"여기서 자고 먹고 해야 하는 데에…… 괜찮을까아?"

이 소리처럼 반가운 것도 없었다. 잘 곳도 갈 곳도 없는 내 신세인데 그보다 더 바랄 게 무엇일까.

"괜찮겠어어?"

"……"

"월급은?"

"……"

"일단 며칠 하는 것 보고 정하기로 하지이. 처음이니께에."

"그러셔도 좋구요."

"경험이 없다니께에 마담 노릇을 해낼 수 있는지이……"

"마담이 하는 일은 다른가요?"

"아무래도 다르지이."

"뭐가요?"

"손님들이 치근거려도 꾸욱 참고 비위를 맞추어 주어야 하구우."

"손님들은 차만 마시고 가는 게 아닌가요?"

"그런 양반도 있고오. 엉뚱한 짓거리를 하는 강아지들도 있지이."

"해 보지요 뭐."

그날 오후에 나는 목욕을 깨끗이 하고 마담이 해야 할 역할을 주인과 레지들에게 배웠다. 이튿날 아침 새로 시집 온 새댁 차림으로

연두빛 저고리에 연분홍 치마를 입고 인형처럼 화장을 해주는 대로
꾸미고 나섰다. 주인 여자는 나를 잘 차려 입히고 넓은 다방 안을 한
바퀴 돌게 했다. 단골 손님들에게는 일일이 인사까지 시켰다. 성도
주인이 새로 정해 주었다. 최씨가 아닌 박마담이고 이름도 미숙이로
고쳐주었다. 얼굴도 거울에 비쳐 보니 내가 아는 내 얼굴이 아니고
다른 모습으로 변해 있었다. 진짜 나는 없어지고 껍데기만 이상한 인
형이 되어 남은 느낌이었다.

  단골 손님 중에는 옆에 앉아 차나 한잔 하자는 등 반기는 표정이
었지만 주인의 말을 주의 깊게 유념하고 웃어 보임으로 일단 인사치
레를 해냈다. 누구누구 할 것 없이 나를 바라보는 눈빛이 너무 뜨겁
게 느껴져 하루가 어떻게 지나가는지 알 수가 있었다. 온 종일 걸어
다니며 굽신거리고 웃어 주느라 허리는 뻐근하고 얼굴 피부가 일그
러지기라도 한 듯 욱조였다. 새로 왔다고 반갑다며 한마디씩 하는 단
골 손님들을 친절하고 상냥하게 대하기란 그리 쉬운 일이 아니었다.
그로부터 한 달이 지났다. 누가 단골 손님이고 어떤 분이 무엇을 하
며 어떤 손님이 성격이 어떠한지도 다 익혔다. 그뿐 아니라 어설프게
웃고 억지로 굽실거리던 허리도 능숙해졌다. 마담 소리 듣기에 부족
하지 않을 익숙한 몸매며 언어를 구사했다. 내가 마담이 된 뒤로 이
웃 다방에 손님이 말라 파리를 날릴 정도라는 구두닦이 소년의 말이
실감이 날 만큼 근처의 손님들이 우리 다방으로 몰려들었다. 장사가
잘된다고 주인 입이 30센티는 찢어져서 벌죽거리고 나는 손님들의
사랑을 받아 비온 뒤에 피어나는 장미 빛으로 고와졌다. 상상하기도
힘들만큼 피부가 뽀얗고 윤이 자르르 흐르고 머릿결도 고와졌다.

  코피보다 우유를 좋아하는 나는 우유를 하루 종일 마시는 편이라
식사를 하지 않아도 배가 고프지 않았다. 우유를 잘 마신다는 것을
안 손님들은 으레 오면 우유를 시켜놓고 나를 불러 마시게 하였다.
주인은 내가 들어온 뒤로 장사가 잘 된다며 처음 약속과는 다르게 월

급을 올려주었다. 월 3만 원의 큰돈을 주었다. 쌀 한 가마니에 2500 원(1966년)이니 환산해 보면 경기미로 열두 가마니이다. 시골서 농사 지어 열 두 가마니를 벌자면 논 여섯 마지기를 잘 지어야 일년에 들어오는 수입이다. 그런데 한 달에 열 두 가마를 고스란히 모을 수 있다고 생각하면 가슴이 터질 듯 기뻤다.

일년이면 144가마가 아닌가? 시골 고향에서 일년 동안 먹지 않고 쓰지 않아도 144가마니를 창고에 차곡차곡 쌓을 만한 집은 보지 못했다. 먹는 문제, 자는 문제, 입는 문제가 다 해결되어 있고 수입이 고정되면 그보다 실속 있는 일도 없으리라. 나는 일찍부터 늦도록 열심히 일했다. 많이 웃어주고 많이 친절을 베풀었다. 6개월이 지났을 때 내 통장에는 18만원이 저축되었다. 쌀로 치면 72가마니이다.

어느 날 주인 여자가 은근히 물었다.

"여봐아. 박마다암. 이, 이거 받아아."

주인 여자는 종잇장 하나를 내밀었다. 만 원짜리 수표였다.

"이게 뭔가요?"

"다음 일요일 날 놀러가라구 주는 거여어."

"놀러 가다니요? 저는 갈 데도 없는데……"

"그래서 말이여어. 옆 건물 주인 고사장 알지이. 그 고사장 돈 많은 사람이여어."

"그게 저와 무슨 상관인가요?"

"다음 공일날 낚시질을 간다던가아. 박마담이 별 일이 없으면 같이 가도 좋을 것 같아서 내가 부탁했지이. 박마담하고 같이 가라고오."

"……"

"그랬더니 좋아하더구면. 아무래도 놀러가재면 돈이 있어야 할 것 같아서 특별히 내가 이렇게 주는 거니까아. 옷도 사 입고 준비해 보라구우."

"일요일날 쉬고 싶은데……"

"그렇지만 다음 일요일은 다녀와아. 호랑이에게 물려 가도 정신만 차리면 산다고 했지이. 어디를 가든지 자기 몸만 잘 지킬 줄 알면 뒤탈은 없어어. 알지이?"

"알고 있어요."

단골 손님이라지만 별도로 만나 어디를 간다는 것은 이상스럽게도 마음이 꺼림칙했다. 남자들이란 엉큼한 것이고 여자는 거기에 말려들기 쉬운 것. 사내들에게 갖은 피해를 다 당해본 나. 다시는 남자들의 덫에 치지 않으리라 결심하고 일요일 아침 고사장을 따라 낚시질을 갔다. 은근하고 치근거리는 고사장을 사자 길들이는 조련사처럼 조심조심 하루를 넘겼다. 고사장은 아무 일도 이룬 것은 없었지만 싫지 않은 하루였던 듯 헤어질 때는 만원을 접어서 손에 쥐어 주었다. 그는 물에서 고기를 낚는 게 아니라 물가에서 나를 낚으려 했던 속을 빤히 들여다보며 상냥하게 비위를 맞추어 주었다.

14. 유 혹

단골 손님들과 정이 들수록 일요일 뿐만 아니라 아무 때든지 함께 무엇 무엇을 즐기자 어디를 가자는 등등 청이 줄을 이었다. 주인 여자는 매주일 만 원씩을 주면서 다음 일요일에는 xx사장하고 낚시질 가라는 거다. 한달 월급은 3만원인데 주인이 뒷바라지며 주는 돈이 4만원이고 손님을 따라 나서면 헤어질 때 돈이 월평균 4만원. 다방에서 옷 갈아입기 시작하여 일년만에 내 통장에는 132만원이 채였다. 이 돈은 다방을 차려도 될 만한 것이었고 무엇을 해도 좋을 만큼 단단한 밑천이었다. 거지 같고 죽은 개만도 못하던 내가 돈주머니를 차고 있다고 생각하니 세상이 내 주먹 안에 있는 듯했다.

132만원이면 쌀로 528가마니 값이다.(현시세로 9천300만원) 가게를 차려도 좋고 집을 하나 사도 살 수 있었다. 나는 다부지게 마음

을 먹고 더 저축하리라 생각하고 영감님들이 꾀는 대로 친구가 되어
주었다. 다방 주인은 내가 응할 때마다 몇 천 원씩이 주머니에 꼽혀
드는 재미로 나를 내 보내며 낚싯밥을 주었다. 사내들이란 호락호락
들어주는 척 중요한 것만 피하면 등이 달아서 돈을 물 쓰듯 하는 못
된 버릇이 있다. 한번 만나 주고 두 번 세 번…… 열 번이 되어도 친
절하고 나긋나긋하게 구는 나를 노인들은 자기 각시나 되는 듯 좋아
했고 돈을 찔러 넣어주었다.

그 다방에서 삼 년 반만에 나는 3백만 원이 넘는 통장을 가지고 나
왔다. 중간에 젊은것들(40대, 30대)도 돈을 뿌려 나를 살찌워주고
있었다. 한곳에 너무 오래 머물며 많은 사람들 속을 태워주는 것도
한계가 있는 것, 주인은 놓지 않으려 했지만 나는 떠나기도 했다.

이젠 아무 데를 가도 겁나는 것이 없었다. 통장 하나만 들고 가면
사고 싶은 것 사고, 먹고 싶은 것 먹고, 자고 싶은 곳 아무 데든 갈
수가 있는 것이다. 나는 부자가 된 기분에 주인 여자와 헤어졌다. 어
디로 간다는 계획도 없고 막연하게 길바닥으로 나섰다. 그 동안 사
입은 옷이 많아서 다 들고 나갈 수가 없었다.

몇 가지만 추려 싸들고 무작정 제일 먼저 오는 버스에 올랐다. 버
스를 타고 가다가 아무 데서나 마음 내키는 대로 내렸다. 후에 알고
보니 거기는 파고다 공원 앞이었다. 공원 안에 들어가 서성거리다가
뒤편에 나있는 허름한 골목으로 들어갔다. 한곳에 보니 이층에 있는
다방인데 판다고 붙여 있었다. 나는 2층 목조 계단을 올랐다. 문을
밀고 들어갔다.

"어서 오세요."

40대 중반쯤 보이는 여자가 손님인 줄 알고 맞았다. 의자에 앉아
주인을 찾았다.

"제가 주인입니다. 그런데 왜……"

"다방을 내놓으셨던데요."

"내 놓았어요. 혹시 댁에서……?"

"네. 값만 맞으면 생각해 보겠어요."

"댁같이 젊은 분이 사기에는 좀 비쌀 텐데요."

"얼마나 가기에요?"

"이 다방은 아래 위층이 다라 이 건물을 사셔야 하는데요."

"네?"

"아가씨 같으신데 그만한 돈이 있을 리 없고……"

"그런데요?"

"저의 바깥양반이 미국으로 가시게 되었어요. 그래서 다 팔고 가야
겠는데 비싸다고 누가 손을 대야지요."

"얼마나 비싼가요?"

"따지고 보면 비싼 것도 아닌데 시일이 없어서 그러지요. 제 값을
다 받지 못하고 내놓았어요."

"얼마나 비싼가요?"

"두 장이에요."

"200만원요?"

"네."

나는 마음이 놓였다. 주인 여자는 힘이 빠진 얼굴로 말했다.

"제대로 받으려면 3백은 문제없는데…… 누가 물어보지도 않아요.
땅값은 자꾸 내려가고…… 세상이 뒤숭숭하니……"

"몇 평이나 되나요?"

"대지가 70평이지요. 이층은 다방이 30평이고 방이 둘 붙어 있고
옆에는 30평쯤 되는 사무실이 있어요. 세도 나오지요."

"얼마나 나오기에요?"

"아래층 약방서 2만원 그 옆 이발소에서는 만원, 미장원서 만원,
앞 사무실에서는 만원이니까 4만원이 들어오지요."

"다방 수입은요?"

"잘 되는 날은 다 빼고 2천원 가까이 벌어지지요."

"그러면 한 달에 5만원 수입은 되겠군요?"

"넉넉하지요."

"제가 계약하지요."

"네? 아가씨가요?"

"네. 오늘 인수하기로 하고……"

"그렇게 빨리요?"

"잔금은 언제까지 드리면 될까요?"

"빠를수록 좋아요."

"어림잡아 한달 총수입은 9만원이 가능한 것이다.

9만원이면 쌀로 한 달에 36가마니이다. 농삿일 하여 36가마니를 벌자면 시골 부잣집에서 일년 지은 농사다. 그걸 한 달이면 벌 수 있다니 기막힌 노릇 아닌가? 나는 그날로 계약하기로 결심했다.

"오늘 일부 드리고 집 비우시는 날 다 치르기로 하지요. 그런데 한 가지 청이 있어요."

"뭔데요?"

"오늘부터 제가 이 다방에 머물러 보도록 하게 해주세요."

"마음대로 하세요. 저쪽에 방 둘이 있으니까요. 하나는 애들 자는 방이고 하나는 비워 두었으니까요."

"그럼 한번 둘러볼까요?"

"네, 그러셔야지요."

나는 주인 여자의 안내를 받고 내가 묵을 방과 아가씨들 방, 이층 사무실과 아래층 미장원, 이발소, 약방을 둘러보았다. 맨몸뚱이로 나서서 나는 팬찮게 생긴 이층집 주인이 되는 순간이었다. 건물이 어디가 좋은 건지 나쁜 건지도 모르면서 꿈꾸는 착각 속에 계약을 하고 다방에 붙은 방 하나를 치우고 거기에 짐을 풀었다. 밤이 되자 다방에서 일하는 아가씨 셋이 자기들 방으로 들었다. 나는 혼자 여자 주인이 펴주는 이불을 깔고 눕기 전에 엎드렸다.

내 입에서는 나도 모르게 하나님 고맙습니다 하는 말이 나왔다. 누가 나를 도와주어서 이층 건물 주인이 되는 것인가? 사람들이 해주는 것이 아니라 하나님이 주시는 선물 같았다. 주인 여자는 내가 너무 어리다는 이유로 믿으려 하지 않았지만 약속대로 계약금을 주고 통장을 보여주고 내 이름과 내 주민증을 보고는 더 이상 의심하지 않는 눈치였다. 내 나이가 서른이다. 여자가 어디서 그리 큰돈이 생겼나 해서 궁금해할 수도 있다.

15. 첫 재산

이튿날 아침 주인 여자가 왔다. 시장 입구에 있는 식당으로 가서 아침을 먹었다. 주인 여자는 묻지 않는 말을 했다.

"계약을 하셨으니까 오늘은 등기 이전문제를 알아보시지요."

"등기요?"

나는 등기가 무언지도 모르는 숙맥이었다. 등기가 뭔지 알아야 대답할 것이 아닌가.

"아직 이르긴 하겠지만 어차피 팔고 사는 입장이시니 오늘이라도 등기를 마치고 잔금을 치시지요."

"그러면 다방은 그대로 제게 넘겨주시는 거지요?"

"물론이지요. 다방 아가씨들은 마음대로 하세요. 그냥 두고 쓰시겠다면 그냥 두시고."

"그 아이들 월급은 얼마씩이나 주지요?"

"마담은 만 팔 천 원, 미스 김은 만 이천 원, 미스 유는 만 천 원, 미스 신은 만원인데 남아도는 게 애들이니까 뭐……"

"한 달 월급이 5만 천원이군요."

"그렇지요."

"그럼 주인이 하자는 대로 해 보겠어요. 등기는 잘 모르니까 따라 다니며 배우지요."

주인과 등기소를 찾아갔다. 등기라는 게 집을 사면 내 앞으로 주인이 된다는 확인을 하는 법적 절차라는 것을 배웠다. 그럴 것이었다. 돈만 주고받으면 이 집은 내 것이다 하고 차지하고 그 사람은 물러나고 돈 낸 사람이 주인이 되는 것으로만 생각했던 내가 얼마나 어리석었는가. 법이라는 것이 그렇게 고맙게 재산 보호를 해 주는 것도 처음 알았다. 그 주인의 말대로 따랐다. 그 다음 날로 잔금을 다 주었고 등기도 마쳤다. 주인은 너무 급한 처지라며 다방 시설과 전화, 사람들까지 다 맡기고 떠났다.

나는 새 주인이 되어 이층 사무실, 아래층 약국, 미장원, 이발소 주인을 만나 계약을 새로 했다. 다방 마담은 이만 원, 아가씨들은 만오 천 원으로 타협하여 월 7만 원의 지출이 결정되었다.

다방 운영의 묘는 내가 잘 안다. 그러나 아무 것도 모르는 양 다방 운영권을 쥐었다. 다방 식구들은 월급을 올려주어서인지 열심히 일해 주었다. 전 주인의 말 대로라면 월 5만 원 수입이 된다고 했는데 8만 원 등 12만원이 되었다. 매월 십이 만 원씩이면 쌀로 쳐서 48가마니이다. 나는 무슨 계산이든지 쌀가마니 수로 바꾸어 따져야 돈의 가치를 느낄 수 있었다.

사람이 많이 들끓는 다방을 운영한다는 일이 결코 쉬운 것이 아니었다. 하루종일 손님의 비위 맞추고 장삿속 맞추기란 어려운 일이었다. 다방을 맡은 후부터 이웃 다방에서 비명이 나오기 시작했다. 손님들이 몽땅 우리 다방으로 모였기 때문이었다. 어떤 때는 몇 사람쯤 그쪽 다방으로 옮기라고 하고 싶을 정도였고 수입도 만만찮았다.

통장에는 수백 만 원이 차고 있었다. 그러나 아무 데도 쓰지 않고 모으기만 했다. 돈이 새끼를 치고 은행에서는 나를 특별 대우해 주기에 이르렀다. 나는 날마다 꿈꾸는 기분이었다. 그 집을 산 지 6개월쯤 되었을 때 집 값이 배로 올랐다. 가만히 앉아서 6백 만 원짜리 집 주인이 된 것이다. 2백 만 원에 산 집이(본래 3백만원 가치가 있는 집이었다.) 3배로 불어난 것이다.

세상에 태어난 것을 저주하며 울던 시절이 남의 이야기처럼 떠오르고 날마다 늘어나는 돈이 그렇게도 즐거울 수 없었다.

16. 007 가방의 비밀

1968년 가을. 오후 3시쯤 007가방을 하나 든 신사 한 분이 들어섰다. 나는 눈을 의심하며 그를 바라보았다. 민 사장이었다. 헌칠한 키에 잘 생긴 이마의 귀티 나는 낯익은 얼굴.

그는 한편 구석 자리로 가서 가방을 옆에 놓고 앉았다. 나는 잠시 망설이다가 그 앞으로 다가갔다.

"실례합니다."

"예예?"

민사장은 대답하다가 깜짝 놀라는 눈으로 나를 바라보았다.

"오랜만이에요. 사장님."

"아, 아니 이게 누구야?"

"잊으시지 않으셨나 보죠?"

"잊다니, 얼마나 찾았는데……"

"저 같은 여자를 왜 찾으셨어요?'

"보고 싶어서였지. 그런데 언제부터 여기에 와 있었소?"

"벌써 1년이 넘은 걸요."

"오! 그래요?"

"그럼 마담으로 취직을 하셨나?'

"그런 셈이죠."

"몇 년이나 되었나? 벌써 4,5년은 지난 것 같은데?"

"맞아요. 5년이 지났어요."

"많이 예뻐졌어. 전에도 예뻤지만 지금은 활짝 핀 장미 같아. 역시 아름다운 여자야."

"또 그러셔. 부끄러워요."

"어떻게 다방까지 왔지?"

"모르겠어요. 팔자죠……"

"반가운 일이야."

"사장님은 어떻게 여기까지 오셨나요?"

"지난달에 이 근처로 사무실을 옮겼지. 여기 다방이 있는 것도 며칠 전에 알았고…… 오늘 누구와 만날 일이 있어서 왔는데 생각지도 않게 당신을 만나게 되었어."

"자주 오세요."

"암, 자주 오구말구. 우리 오늘 데이트할까?"

"좋지요."

"됐어. 잠시 후에 누가 가방을 하나 가지고 올 텐데 그것만 받으면 일은 끝나는 거니까. 아무 때나 가도 괜찮은가?"

"괜찮아요."

"주인이 너그러운 분인가?"

"내가 마음대로 해도 얼마든지 이해해 주세요."

"그럼 됐어. 차나 한잔씩 하면서 계획을 세우지."

둘은 정말 반가움에 포옹이라도 하고 싶은 심정으로 차를 마셨다. 그로부터 30분 뒤 민 사장은 가방을 나에게 맡기며 농담을 했다.

"이거 다 돈이야. 당신 줄게. 방에다 잘 모셔. 당신 방에 두면 남의 손은 안 타겠지?"

"염려 없어요. 내 방은 금고보다도 안전하니까요."

나는 가방을 받아 들었다. 무거웠다.

"이거 정말 돈인가 보죠?"

"그렇다니까. 천만 원이야. 오늘 당신이 내 기분 잘 맞춰주면 반은 주지. 아니. 다 줄게."

"농담도 크게 하시네요."

"정말이라구. 당신을 내가 차지할 수만 있다면 나는 당신을 차지하고 당신은 돈 가방인 나를 정복할 것 아닌가. 하하하……"

"잘 보관하겠어요. 어디든 빨리 갔다가 돌아오도록 해요."

나는 카운터 아가씨에게 급한 일로 부여에를 다녀와야겠다고 구실을 붙이고 자리를 비웠다. 우리는 연인처럼 들뜬 가슴을 가누지 못하며 온양행 버스에 나란히 앉았다. 민 사장은 자가용이 있지만 그것으로 가면 운전사가 비밀을 알게 된다면서 버스 편을 택했다. 길게 뻗은 가로수길 옆에는 루즈 바른 입술 같은 코스모스가 파아란 하늘을 이고 간드러지게 춤을 춘다. 그 사이사이로 황금 들판엔 벼이삭이 가을 바람에 파도를 그리고. 이따금 떨어져 내리는 가로수 낙엽이 그림같이 아름답고 시의 구절처럼 가슴을 흐른다.

민사장의 넓고도 부드러운 손이 내 작은 손을 덥석 잡은 채 뜨거운 체온을 발산하고 있었다. 서울서 온양에 당도하기까지 긴 시간이 나에게는 아주 짧은 순간처럼 지나갔다. 둘은 무엇을 어떻게 하자는 언약도 없었다. 만났다는 반가움과 쌓였던 그리움이 서로를 끌고 서울을 무작정 벗어난 것이었다. 어디론가 마음 맞는 사람과 여행을 한다는 것. 그것도 가을빛이 수채화처럼 물든 낯선 고장을 간다는 막연한 향수가 소년소녀의 가슴처럼 맑게 해주는 게 아닌지.

우리는 매우 즐거운 여행을 하고 말보다는 눈빛과 몸짓으로 뜨거운 애정을 교감했다. 온양에 당도했을 때는 서쪽에 노을이 붉게 불든 저녁 무렵이었다. 나는 오랜만에 시골 구경을 하고 들판을 보았다. 촌에서 태어나 거기서 살던 과거가 십 년도 안 된 세월을 떠나 살았다고 가끔은 낯설게 보이기도 했다. 거부 받고 미움받고 저주받은 아이가 되어 뒹굴던 흙내 짙은 들판이 싫어질 것 같은데 그곳이 그리워

견딜 수가 없었다.

"마을이 보이는 들로 나갈까요."

"그렇게 합시다. 단 나를 민사장이라고 부르지 말 것."

"그럼 어떻게 부르죠?"

"글쎄. 한번 불러봐."

"부를 말이 없는 걸요."

"사랑하는 사람을 만나면 부르는 거 있잖아."

"사랑을 해 보지 못했는데 어떻게 알겠어요?"

"거짓말."

민 사장은 내 볼을 살짝 꼬집어 주었다. 우리는 황금물결이 출렁이는 들판 가운데를 걸었다. 길가에는 들풀이 시절을 잃고 노랗게 어깨를 늘어뜨리고, 이따금 톡톡 튀는 메뚜기가 그 사이에 날개를 접고 숨었다. 가슴으로 불어드는 바람이 아직은 덥지도 춥지도 않은 상쾌한 계절이었다. 들판 저쪽으로 기차가 꼬리를 끌고 달려가고 낙조의 노을이 점점 빨갛게 나직한 구름을 물들였다. 이어서 회색으로 젖어오르는 먼 지평선 위를 기러기 가족이 줄을 긋고 날아가는 평화로운 들역에 우리는 앉았다.

포근한 잔디가 담요라도 편 듯 감촉이 좋았다. 한낮의 열기로 땅은 따뜻하고 마음은 한번도 느껴보지 못한 흥분으로 달아올랐다. 민 사장은 감상에 젖은 몽롱한 눈빛으로 나를 보았다. 노을이 머물어 빛나는 눈빛을 마주한 채 긴 시간을 보냈다. 누가 먼저인지도 모르게 풀밭에 길게 누웠다. 나란히 하늘을 올려보다가 민 사장이 모로 누우며 나직이 속삭였다.

"나는 당신이 좋아."

그는 더 아무 말도 하지 않았다. 해가 완전히 지고 어둠이 멀리서 막을 내리듯 밀려올 때까지 그의 입술은 나의 입술에 포개진 채 사랑을 빨고 있었다. 나도 처음으로 맛보는 황홀한 포옹에 터놓지 못하고 막아두기만 했던 사랑의 감정을 다 태웠다. 그의 가느다랗고 사랑이 묻은 음성이 속삭였다.

"이대로 아름답게 죽고 싶다. 당신의 가슴에 묻혀 죽어도 한이 없겠어. 당신은 아름다운 여자야. 사랑해."

"……"

나도 사랑해요 하고 말하고 싶었지만 그 말이 마음속에서만 맴돌았다. 그 말 대신 나는 뜨겁게 그의 입술을 사랑해 주었다. 그는 사랑에 흠뻑 젖은 채 속삭였다.

"우리 같이 살자. 오늘 우리의 사랑을 영원히 변치 않는 약속으로 남기자."

"당신 뜻대로……"

나는 꿈꾸는 눈으로 말끝을 흐렸다. 나는 삼십대인데 민 사장은 오십대 초반이다. 앞뒤도 재지 않고 감정에만 빠져서 주고받은 대화가 아닌가. 언뜻 그런 생각도 했지만 그것은 곧 뇌리에서 사라졌다.

어둠이 완전히 내린 뒤에 우리는 팔짱을 끼고 걸었다. 멀리 농가에 켜 놓은 불빛이 아득히 보이고 온양 읍내의 전기 불빛이 밤하늘을 밝히기 시작했다. 우리는 자연스럽게 호텔로 들어섰다.

핸섬하고 돈 많은 민 사장. 그러면 결혼도 하고 싶고 살림도 차리고 싶었다. 그날 밤 호텔에서 우리는 한없이 행복했다. 그의 가슴은 넓고 부드럽고 뜨겁고 정열적이었다. 긴 시간을 서로를 행복하게 해주기 위해 땀을 흘렸다. 호텔에서 나올 때 그이는 나의 것이 되어 있었고 나는 그의 것이 되어 있었다.

온양서 막차를 탔다. 서울 도착은 10시 30분쯤 잡았고 서울에 도착하면 택시로 집까지 가기에 딱 맞으리라 생각했다. 버스에 나란히 앉은 우리는 다른 신혼 부부 부럽지 않게 호흡을 맞추고 있었다. 온양서 서울로 가는 막차는 신혼부부와 남녀 쌍들이 많았다.

어두운 밤길을 버스는 날 듯 달렸다. 그 버스 속에서 우리는 손으로 사랑을 계속했다. 차가 어디쯤 어떻게 달리는지, 얼마나 빨리 달리는지는 전혀 남의 일처럼 관심 밖이었고 호텔에서 태우던 사랑에 정신이 몽롱해 있었다. 민사장의 맑은 눈빛과 사랑이 가득한 입술이 나의 볼을 스치고 있을 때 꽝! 하고 지축을 흔드는 소리가 났고 그 다음은 아무 것도 알 수 없었다.

우리가 탄 버스가 맞은편에서 오는 큰 트럭과 정면 충돌한 것이었다. 나는 꿈을 꾸는 듯한 몽롱한 중에 눈을 떴다. 거기는 버스 안이 아니었다. 하얀 벽과 둘러 서 있는 가운들. 거기가 어딘지도 모르는 곳이었고 그 사람들이 누구인지도 알 수 없는 곳에 나는 머리를 다친 채 누워 있었다. 눈을 뜬 나를 간호원이 발견하고 반가운 듯 말했다.

"정신이 드세요?"

"……"

"제가 보이세요?"

"네. 그런데……"

옆 침대에서 신음소리가 들려왔다. 저쪽 방에서는 비명이 복도를 울리기도 했다. 나는 정신이 들었고, 그 전에는 어떻게, 언제 이렇게 된 것인지 생각이 떠오르지 않았다. 간호원에 이어 청진기를 목에 건 의사가 들여다보며 물었다.

"정신이 드셨군요."

"네. 여기가 어디죠?"

"병원입니다."

"어디에 있는 병원이냐구요?"

"수원입니다."

"네? 수원이요?"

"어디 아픈 데가 없나 몸을 움직여 보시지요."

나는 팔을 들어보고 다리도 들어 올렸다. 아무 이상이 없는 것 같았다. 그러나 이마와 머리를 다쳐서 정신을 잃고 있었던 것이다. 민

사장이 궁금해졌다.

"교통사고였나요?'

간호원이 내 가슴을 가만히 누르며 대답했다.

"그랬어요. 사고가 크게 났어요."

"다친 사람이 많았나요?"

"다친 사람은 다행이에요. 여섯 명이 죽기도 한 걸요."

"네?"

나는 일어나려 했으나 간호원은 나의 상처를 다치면 안 된다며 자리에 눕혔다.

"죽은 사람의 이름은요?"

"아는 분이 함께 타고 있었나요?"

"네."

"성이 누구시죠?"

"민씨인데……"

"알아보고 올 테니 기다리세요. 일어나시면 안 됩니다."

나는 머리를 들 수가 없었다. 조바심이 나서 견딜 수가 없었다. 답답한 시간이 오래 지난 뒤 간호원이 왔다.

"민기식씨라고 있는데 사망은 아니고요. 중태예요. 여기서는 치료가 어려워 서울로 이송했는데 결과는 알 수가 없어요."

"몇 시인가요?"

"다섯 시예요. 우리 병원에 입원한 시간은 밤 11시쯤이었는데 그 때부터 지금까지 정신을 잃고 계셨던 거예요."

"그렇게요?"

"네. 아침 9시까지 정신이 들지 않으면 서울로 가게 되어 있었어요. 그러나 좋아지셨으니까 며칠만 치료하고 가시면 될 거예요."

간호원은 바빠서 더 이야기를 할 수가 없었고 병원 안은 온통 전쟁터 같았다. 사방에서 사고 소식을 듣고 달려온 가족이 떼를 지어

오가고 버스 회사 사람인지 누군지를 붙잡고 고함을 치는 등 법석이
었다. 나는 눈을 감았다. 가슴 밑바닥에서 새까맣게 잊고 있던 기도
가 나왔다.

'하나님 감사합니다. 이 죽은 개 같은 나를 이 위험에서 구원해 주
셨으니 감사합니다. 감사합니다.'

마음속에 몇 번이고 되씹히는 말은 그저 감사합니다 하는 말 뿐
다른 생각은 떠오르지 않았다. 해가 높이 뜨고 새 아침이 밝았다. 다
방에다 나는 무사히 고향에 도착했고 잘 있다고 해 두었다. 이 꼴로
있는 것을 알게 되면 안 알려 줌만 못하리라 생각되어 그렇게 했다.
하루가 다 지나도록 이따금씩 간호원이 들여다보고 가고 의사가 둘
러보고 가고 나면 아무도 오지 않았다. 갑자기 쓸쓸해지고 슬퍼졌다.
부모님 생각이 나고 고향 오빠와 올케, 조카 생각이 떠올랐다. 다 나
으면 가리라 생각하고 조용히 하루를 보냈다.

해가 또 저물었다. 병원 유리창 밖으로 멀리 수원 비행장 활주로
가 보이고 그 끝으로 해가 내려앉고 있었다. 하루 사이에 이렇게 삶
의 모양이 달라질 수 있을까. 어제는 저녁 놀빛이 사랑과 황홀함을
안겨주고 있었는데 오늘의 저 노을은 눈물과 슬픔의 고통을 안겨다
준다. 간호원이 오기를 기다렸다가 물었다.

"다른 병원으로 간 민기식씨는 어떻게 되었나요?"

"네?"

"중태라는 민기식씨는 말예요."

"알 수 없어요."

"좀 알아볼 수 있을까요?"

"글쎄요. 어떤 관계시라고 했지요?"

"……"

"관계가 어떤지는 모르지만 댁이 먼저 일어나셔야 해요."

"아무 일이 없으셔야 할 텐데……"

"내일 알아봐 드릴게요."

"부탁해요."

두 번째 밤을 병원에서 보냈다. 일어나면 돌아갈 수도 있을 것 같은데 병원에서는 꼼짝 못하게 했다. 치료비는 운수회사에서 책임지니까 염려 말고 있다가 피해 보상을 받아 가지고 나가라는 것이었다. 보상도 싫고 치료도 싫었다. 빨리 가서 민사장이 어떻게 되었는지가 알고 싶을 뿐이었다. 의사도 간호원도 민사장의 사정은 알아보아 주겠다고 말만 할 뿐 아무 것도 알려주는 것이 없었다.

또 하루가 지나갔다. 애 타는 내 사정은 아랑곳없이 병원에서는 치료만 해주었다. 병원을 그냥 나간다는 것도 문제였다. 그곳에 있어야 민사장 소식을 들을 수 있을 것 같았다. 나가면 어디 가서 물어볼 데도 없지 않은가. 의사와 간호원에게 그 소식만 부탁해 놓고 병원신세를 졌다. 피해자들이 몰려들어 공동으로 보상을 요구하자는 등 시끄러웠지만 나는 환자가 아니라는 생각에 그들 하는 대로 맡기고 민사장 소식만 기다렸다.

닷새째 되는 날 소식을 들었다. 간호원이 알아왔다.

"민기식씨와 어떤 관계라고 하셨지요?"

"친척 분이세요."

"그래요. 참 안됐어요."

"네?"

"그날 중태였거든요. 서울로 이송하는 도중에……"

"네?"

"놀라지 마세요."

"그렇다면?"

"네."

"지금 어디 계신지 아시나요?"

"진정하세요. 그분 걱정보다 자신을 걱정해야 해요."

"다 아는 대로 말씀해 주세요."

"잘은 모르지만 지금쯤은 장례를 치른 뒤일 거예요."

"네에?"

"진정하셔야 해요. 오늘이 5일째이니까 5일장을 치른다면 오늘이 장례일 것이구요."

"정말 돌아가셨다구요?"

"죄송합니다. 치료중이라 알려드리기가 이른데……"

"그럴 수가……"

간호원은 바쁘게 나갔다. 하얀 벽이 까맣게 보이고 온 세상이 모두 비어 있는 것만 같았다.

죽음! 그게 무엇이기에 한 인간의 삶과 야망과 사랑을 모두 한꺼번에 빼앗아 버리는 것일까. 삶은 또 뭐란 말인가? 삶이 있기에 죽음이라는 것이 기다리고 있는 게 아닌가. 왜 살아야 하는가? 왜 죽어야만 하는가? 인간과 인간 관계는 도대체 무엇이며 무슨 의미가 있는가? 삶이 무엇이기에 이렇게 욕망과 갈망 속에 몸부림쳐야 하는가? 죽음은 삶을 잡아먹고 아무 보상도 하지 않는다. 죽음에 대비한 삶은 어떤 것인가.

아직도 그의 숨결이 귓가에 묻어오고 따뜻한 체온이 내 가슴에 남아 흐르는데 그분과 내가 살아 있다는 존재와 죽어 무감각한 물체로 돌아가 아무도 되돌아보지 않는 존재로 등을 돌리고 있다니…… 가슴이 막히고 숨이 막힐 것만 같다. 금방 어디선가 웃으며 올 것만 같은 그분인데, 우주 멀리 외계를 다니러 간 것도 아니고 그보다 더 멀리로 떠나다니……

삶이 무어냐? 삶이 어떤 것이냐. 죽음이라는 건 또 뭐고. 왜 인간은 죽어야 하는가? 나약하고 보잘것없는 반딧불 같은 생명 하나가 그렇게도 인간을 슬프게도, 행복하게도 할 수 있는 것인가? 믿을 수가 없다. 죽다니, 그분이 그렇게 죽을 분이 아니다. 나는 고개를 저었다. 지금 꿈을 꾸고 있는 것이다. 몸부림을 쳐봐도 꿈은 깨지 않고 악몽 같은 현실이 점점 확연한 믿음으로 다가올 뿐이다.

나는 누워 있을 수가 없었다. 자리를 박차고 일어났다. 간호원을 붙잡고 물었다. 그분은 어디로 어떻게 가셨느냐고. 의사도 간호원도 더는 모른다고 했다. 어디로 갔는지 알 수 없는 건 서울 어느 병원 영안실에 안치했다가 가족들이 데려갔다는 말밖에.

나는 땅덩어리가 꺼져 나 혼자 떨어져 나간 흙덩이에 얹혀 있는 기분이었다. 병원을 나와 그 길로 서울로 돌아왔다. 엿새나 비우고 돌아오니 종업원들이 죽었다가 오는 사람이라도 만난 듯 기뻐했다. 그러나 나는 기쁨도 슬픔도 분간할 힘이 없었다. 멍하니 내 방 구석에 처박혀 며칠 동안의 일을 되씹고 되씹었다.

너무나 허무하고 어처구니없는 일이었다. 아무도 나를 찾아오지도 않았고 다방에는 별일이 없었다는 말뿐이었다. 손님들은 날로 늘어나 자리가 모자라게 붐볐다. 나는 아무나 붙잡고 묻고 싶었다. 무얼 하자고 그렇게 바쁘게 살며 이런 다방 구석에 와 앉아 있느냐고?

미친 사람 소리를 듣지 않을까 하는 생각이 들기도 했지만 도대체 일이 손에 잡히지 않았다. 한 달이 그냥 지나갔고 두 달이 되었는데도 아무도 찾는 이가 없었다. 시간이 흐르면서 나도 마음의 안정이 되었고 수심으로만 차 있던 얼굴에 웃음이 피어나기 시작했다. 아무리 큰 상처도 시간이 치료하는 데는 낫지 않는 환자가 없는 것.

찢어진 상처도 시간이 가면 아물고 흩어진 심사도 시간이 가면 가라앉아 평온해진다. 두 달이 된 후에야 나는 완전히 치유되었다. 그제야 민사장이 둔 가방이 열어 보고 싶었다. 그분의 손때가 곱게 묻은 가방을 보니 가슴이 메였다. 가방 안에는 과연 돈이 있을까? 두려운 마음으로 열었을 때 나는 입을 다물지 못했다.

17. 돈

그분 말대로 천만 원이라는 거액이 차곡차곡 챙겨 있었다. 난생처음 보는 큰 돈 앞에서 갑자기 가슴이 뛰었다. 금방 누가 들어와 빼앗아가려고 하는 것만 같았다. 얼른 덮어 이불장 속에 숨겼다. 돈을 보기 전과 보고 난 뒤에는 마음이 그렇게 달라질 수가 없었다. 마치 도둑질을 해다 숨겨놓은 것만 같았다.

돈이 뭐기에 사람을 이토록 얽어매는 힘을 발휘하는가? 나는 한 발짝도 문 밖을 나가고 싶지 않았다. 내 속에 언제 이런 얄궂은 의심이 숨어 있다가 이렇게 요동을 치는가? 온 종일 아프다는 핑계를 대고 누웠다. 돈이 뭐냐? 그게 뭐기에 그걸 가지고 싸우고 죽이고 울고 웃고 하는가? 죽음이 돈보다 무서운 것인지 돈이 죽음보다 무서운 것인지 분간을 못하는 사람들의 무리가 내 곁에는 하루 종일 득실거리지 않는가. 천만 원이라는 돈은 얼마나 큰 것일까? 쌀로 계산해야만 가치가 피부에 느껴지는 나.

쌀로 4천 가마다. 4천 가마니면 한 사람이 평생을 먹어도 못다 먹는 양이다. 하루에 쌀 1되씩 61년 동안 먹어야 220 가마니밖에 못먹는다. 4000 가마니는 20명이 61년 동안 먹을 수 있는 양이다. 천만 원이면 5층짜리 빌딩을 살 수 있다. 이 돈을 어떻게 해야 하는가?

민사장이 돌아오지 않는 한 아무도 믿고 돌려줄 사람이 없다. 가족이 온다 해도 그대로 주어도 되는 것인가? 누군가 이 돈을 지금쯤 찾고 있을 것이다. 그러나 누구인지 알 수가 없다. 가지고 있기도 부담스럽고 누군가에게 줄 수도 없는 돈이다. 경찰에 신고를 한다면 그 돈이 왜 내게 있어야 했느냐고 캐물을 사람이 얼마나 많겠는가? 그렇게 되면 비밀이 드러난다. 여러 날 그 돈에 대한 문제를 생각했지만 아무 묘안도 나오지 않았다.

처음에는 그 돈이 생명이나 되는 양 마음 구석을 온통 사로잡더니 시간이 흐를수록 그 가치성도 마음속에서 사그러져 가고 있었다. 가져도 그만 안 가져도 그만이 돈이 아닌가 하는 생각으로 바뀌었다. 누가 집어 가겠으면 가져가라지 하는 심정이 되어 방구석에 대단치 않은 물건으로 처박혀 있는 돈 가방이 되고 말았다.

세월은 흐르고 나는 날마다 새로운 것을 찾아 꿈지럭거렸다. 일년 이 가고 이년이 갔다. 통장에는 차곡차곡 저금한 돈이 오백만 원이라 는 거액으로 자라고 있었고 그 위에 민사장이 남긴 돈 천만 원을 넣 어 1,500만원이 되었다. 돈은 얼마든지 생겼다. 혼자 먹는 것으로는 다 쓸 수가 없었지만 누구와 나누어 먹고 싶은 생각도 없었다.

가난한 친정 생각도 했고, 이모님 생각, 시집갔던 태하사집 생각 도 했지만 아무도 더는 만나고 싶지 않았고 내 생사를 가르쳐 주고 싶지도 않았다. 가난하고 천하게 굴러다닌다고 한다면 돌아보지도 않을 잔인한 그들이지만 지금 내 사정을 안다면 모두가 와서 기댈 사 람들이다. 다만 이모님에게만은 예외였으나 이모님이 아시면 금방 소문이 날 것이다.

어느 때든지 가고 싶은 마음이 우러나면 가리라 생각했다. 하루는 다방 구석에 앉아 있는데 맑고 말쑥한 청년이 찾아왔다. 그 청년 이 야기인즉슨 은행 지점장이 보낸 사람으로 종로 통에 큰 빌딩이 은행 돈을 갚지 못하여 넘어가게 되었는데 그 빌딩을 인수할 만한 사람이 마땅치 않아서 찾아왔다는 것이었다.

"내가 그만한 빌딩을 살 돈이 있나요?"

"저희 은행 예금주 중에 가장 예금액이 크고 장기간 저축된 분이시 기 때문에 말씀드리는 것입니다."

"그 빌딩이 얼마나 나가는데요?"

"3천만 원이면 됩니다."

"그만한 돈이 어디 있어요?"

"예금된 원금과 이자 합치면 1600만원쯤 되시지요."

"그것 가지고 되나요?"

"이 건물도 있잖습니까?"

"이게 얼마나 가기에요?"

"적어도 5백만 원은 갈 텐데요."

"그래도 모자라지 않아요?"

"일단 2천만원이면 그 건물을 잡을 수 있습니다."

"어떻게요?"

"은행에서 저희가 1000만 원을 대출해 드리겠습니다."

"이자는요?"

"천만 원에 대한 이자는 5만원밖에 안 됩니다."

"5만원이오?"

"네. 그 건물 전체에서 세가 매월 50만원이 나옵니다. 그 돈이면 적금 대출을 받을 경우 몇 년 안 가서 원금 상환이 가능해지지요. 잘 생각해 보십시오."

"그 건물 안에 다방이 있지요?"

"있지요. 영업이 잘 됩니다. 그야 마음대로 하실 수 있지요. 주인이 되시는데……"

"생각해 보겠어요."

이렇게 시작한 일이 그날로부터 2개월이 되는 날 나는 그 빌딩을 내 앞으로 등기했고 은행돈을 안았다. 은행원 말대로 원금 이자 상환이 순조로웠고 그로부터 6년 뒤에는 완전히 내 건물이 되었다. 손님 중에는 혼자 사는 젊은 여자가 빌딩 주인이 되었다고 기둥서방이 누구며 돈이 얼마나 많기에 그런 건물을 사주었느냐고 짓궂게 농담까지 하는 이가 있었다. 어떤 사람은 나를 꾀어 보고 싶어 눈독을 들이기도 했지만 나는 아무에게나 정을 주지 않았다.

재물이 있는 사람은 행동이 맑아야 한다. 재물이란 부정한 사람 곁에 오래 머무는 재화가 아니다. 나는 살아가면서 내 삶의 중심을 바로 했고 처신도 조심했다. 매월 나오는 세와 내가 버는 돈이 근

100만원씩 쌓였다. 그후 1년만에 천 이백 만 원 주고 집을 샀다. 이
층 양옥집에 정원이 200여 평이 넘는 큰집이다. 세상에 부러울 것이
없는 나였지만 마음을 의지할 곳이 없어 방황해야 했다.

돈은 나를 이상한 사람으로 만들고 있었다. 나는 어느새 사내들을
우습게 보는 오만한 눈과 가난하게 사는 사람들을 깔보는 교만이 마
음 구석에 때처럼 끼여 있었다. 아무 음식이나 먹지 않고, 고급이 아
니면 입지 않고, 사회적 지위가 그럴 듯하다고 생각되지 않는 사람과
는 말상대도 않았다. 구청, 동회, 사회단체, 별별 곳에서 초청하고
귀빈 대우를 했다. 돈의 힘이 얼마나 큰 것인가는 돈을 가져봐야 안
다. 돈이 있으면 가지가지 좋은 일들이 모여들고 유혹의 손이 다가오
고 그런 가운데 오만과 자만심이 대순 자라듯 한다. 그것은 경험해
보지 않고는 모르는 요물이다. 죽은 개 같던 내가 이제는 살아서 날
뛰는 미친 개 같은 서슬로 눈 높이를 잴 수 없을 만큼 목에 힘이 들
어갔다.

다방에도 가끔 나가고 건물 경리부장과 경비담당을 불러 웬만한
것은 지시하고 결재만 했다. 집에는 가정부를 두고 차고에는 최고급
승용차가 대기해 있었다. 나도 모르는 새에 가정부도, 운전사도 내
앞에서 굽실거리기 시작했고, 어디를 가도 나를 높이 대우했다.

원래의 내가 누구인가? 내가 어떤 과거를 가지고 살아 왔는가? 무
엇이 남에게 자랑할 것이 있는가? 아무 것도 자랑할 것 없는 내가 어
느 틈에 이런 귀족이 되었는가. 생각할수록 이해하기 힘든 나는 이상
한 인간상으로 변하여 있었다.

18. 내가 너를 불렀다

나는 식모를 둘 때 매우 까다롭게 가려서 두었다. 첫째 얌전하고
혼자 사는 여자일 것. 둘째 교양이 있어야 할 것. 셋째 재정보증을

세울 만한 후견인이 있을 것. 넷째 음식 솜씨가 좋고 예쁠 것.

　이러한 사람을 구하기가 쉬운 건 아니었는데 그래도 돈을 많이 준다는 조건을 제시하고 구하니 오겠다는 사람이 있었다. 몇 사람을 면대한 끝에 40대 후반의 전직 교사라는 교양 있어 보이는 여자를 두었다. 그녀는 집안 살림, 음식솜씨가 어찌나 좋은지 아무 것에도 마음쓸 것이 없게 해 주었다. 아침에 일어나서 목욕하고 화장하고 식사하면서 하루의 계획을 들으면 되고 각종 초청에는 마음 내키는 곳만 가면 된다. 여왕도 이보다는 편하지 못할 것이라는 생각이 들었다. 시간이 남고 할 일이 없고 돈이 많으면 무엇을 그리워하게 되는가?

　공식적인 것 이외에 흥미를 가지고 매달려 볼 만한 일은 없나 찾기 마련이다. 나는 새로 들어온 가정부의 거동에 관심을 갖기에 이르렀다. 얌전하고 교양 있고 깔끔하고 그런 여자가 함께 지내다 보니 이상한 짓을 하는 게 발견되었다. 점잖은 개가 부뚜막에 먼저 올라간다고 했는데 그녀가 바로 그런 여자 같았다.

　온종일 자기 할 일만 다하면 방에 들어가 조용히 있는 여자. 그런 여자가 일주일에 꼭 한 번씩 빠지지 않고 외박을 한다. 겉으로는 얌전한 척하면서 뒤로는 호박씨 까는 여자다. 일주일에 한 번씩 옷을 잘 차려 입고 화장도 곱게 하고 나가면 다음날 아침에야 들어온다. 가만히 지켜보니 6개월이 지나도 한결같이 외박을 하는 것이었다. 혼자 사는 여자니까 그렇겠지 나도 혼자지만 여자가 얼마나 외로우면 외박을 할까. 그와 만나는 사내는 어떤 사람일까? 그녀는 그 사내와 만나 어디에서 무슨 짓을 하다가 돌아오는 것일까? 일주일에 한 번씩 외박하는 사내가 어딘가 있을 것이고 그것을 모르고 사는 딱한 아내가 있겠지. 저 여자는 속과 겉이 너무 다르다. 그렇게 정숙한 여자가 엉뚱한 짓거리를 하다니 믿을 수 없는 일이다.

　그러나 그녀는 한번도 거르지 않고 똑같은 시간에 나가고 또 그렇게 돌아온다. 아무리 뜯어보아도 바람 필 여자 같지는 않은데 어찌 저렇게도 양의 탈을 쓴 이리일 수 있을까? 나는 그녀가 나가는 날이면 밤 깊도록 잠을 설치며 그녀가 하고 있을 일을 상상했다.

어딘가 아지트가 있고 거기 나가면 머릿기름을 자르르 바르고 하얀 와이셔츠를 다려 입은 사내가 기다리고 있을 것이다. 둘은 뜨거운 눈길을 보내면서 차를 마시고 댄스홀에 가서 서로 끌어안고 음악에 맞추어 춤을 추고 맥주를 마시고, 밤이 깊으면 둘은 은밀히 정해 둔 침실로 가서 밤이 깊도록 육체의 향연을 벌이고 아침이 밝으면 아무 일도 없었던 양 따로 따로 문을 나서서 헤어진다. 그러한 비밀을 가지고 있기 때문에 그녀는 남이 알지 못하는 행복을 따로 간직하고 사는지 모른다.

1985년 여름.

가정부의 외박 사건은 점점 내 관심의 중심이 되었다. 어디서 누구와 무슨 짓을 하는 것일까? 한번쯤 뒤를 밟아 궁금증을 풀어보리라. 나는 그녀의 행적을 조사해 주는 것도 좋으리라 생각되어 어느 날 뒤를 밟았다. 그녀는 버스를 탔다. 사람들이 들끓는 속에 휩싸여 나도 타고 등을 돌린 채 차에서 내리는 것을 지켜보았다. 버스는 만원이라 그녀가 내린 뒤에 내가 내려도 그녀는 돌아보지도 않고 걸었다. 그녀가 가고 있는 곳은 여의도에 있는 교회였다.

교회 입구는 물밀듯이 사람들이 들어가고 있었고 그녀는 저만큼 앞에 들어가 앉았다. 나는 뒤에서 밀어대는 사람들 틈에 끼여 중간쯤 뒷좌석에 앉았다. 그녀는 자리를 잡고 고개를 숙이고 기도를 드렸다. 나는 기도하는 것을 잊은 지가 오래 되었다. 기도도 하지 않고 앞좌석 저만큼서 등을 보이고 있는 가정부만 바라보았다.

옛날에는 억지로 교회에서 기도를 드린 일이 있었다. 나를 구해준 주병장과 목사님이 지금 생각해도 참 고마운 분들이었다. 나는 이런 생각을 했다. 하나님을 믿는다는 것은 자기 중심이 서 있지 않고 사람끼리는 채울 수 없는 빈자리가 있기 때문에 그것을 채우기 위하여 믿는 것이다. 돈이 많으면 하나님 같은 건 믿을 필요가 없는 것이다. 돈 없고 병든 사람들이 위로 받고 싶어서 하나님을 찾지만 그것이 다 해결되면 믿을 필요가 없는 것이다. 아쉬운 것 하나 없는데 무엇이 아쉬워 하나님을 찾는단 말인가. 하나님을 찾는다는 건 어리석은 일이다. 하나님이 어디서 누구를 어떻게 도와주었단 말인가. 예수 믿는 사람은 많이 보았지만 어느 날 갑자기 복 주머니를 받아 벼락부자가 되었다는 사람은 보지 못했다. 하나님은 원래 없는 것이다. 그러나 있다고 가정하고 그것을 상대로 기도하고 그렇게 함으로 위로 받는 것이다. 있지 않는 하나님을 억지로 있다고 생각하는 사람이나 또 그렇게 믿도록 남들에게 권하는 것은 잘하는 짓이 못된다. 종교의 자유가 있는 한 믿고 싶으면 믿고 말고 싶으면 마는 것이 하나님 아닌가. 사람끼리 도와주고 잘 지내면 되는 것이지 거기에다 하나님을 억지로 끌어들여 연결시키는 것은 미련한 짓이다. 아무튼 하나님은 없더라도 교회라는 곳에 모여 교제를 나누고 없는 정을 있는 것같이 하는 것도 나쁜 일은 아니다. 아무리 하나님이 계시다고 생각하려 해도 나는 그것을 진실로 믿을 수가 없고 받아들일 수가 없다.

이런 생각을 하면서 가정부를 바라보았다. 그녀는 무엇을 비는지 굳은 사람처럼 앉아 기도를 드리고 있었다. 그 동안 가지고 있던 의혹이 풀리긴 했지만 나올 때 하나님만 믿기 위하여 그렇게 비가 오나 눈이 오나 꼭꼭 왔었겠느냐 하는 점이었다. 어딘가 누군가 정을 주는 사람이 있을 수도 있지 않을까? 교회에 나온다는 핑계로 교회가 끝나면 별도로 만나서 재미보는 사람이 있는지도 모른다. 기왕 왔으니 하룻밤을 그녀가 어떻게 보내는가 지켜보기로 했다.

교회에서 예배드리는 건 잠깐이면 끝나는 것이다. 그러면 남은 시간은 어떻게 보내는 것일까. 여의도 교회라는 이름은 몇 번 들어보았지만 와 보지 않아서 알 수 없는 곳이었다. 막상 와 보니 교회도 크고 사람도 많았다. 무슨 사연들이 그렇게 많기에 이 밤중에 잠들도

자지 않고 이렇게 몰려와 기도들을 하는가. 도저히 이해가 안 되는
일이었다. 하나님이 어디 계시다고 이 많은 남녀 신자들이 밤을 새워
기도하고 찬송하는가.

그것이 금요철야 예배라는 것도 알았지만 이렇게 많은 사람들이
밤중에 예배를 드리리라고는 상상도 할 수 없었다. 나는 오만하게 다
리를 꼬고 앉아 앞뒤에 꿇어 엎드린 사람들을 보았다. 대개가 가난한
사람들인 듯 차림이 변변치 않고 얼굴도 찌들어 있었는데 가끔 보이
는 사람 중에는 외모도 잘 나고 부티가 나는 이도 있었다. 그런 사람
은 무엇이 아쉬워서 밤잠을 안 자고 저 짓일까. 이해가 안 간다. 찬
송을 하고 박수를 치며 기쁘게 시간들을 보내는 것 같은데 나만 기쁠
것도 없고 찬송가도 부를 기분도 나지 않았다.

10시가 되자 예배를 시작했다. 내 왼쪽에는 초라한 차림의 여자가
앉아 있었고 오른편에는 괜찮게 생긴 남자가 앉았다. 기도 시간이 되
었다. 사회하는 목사님이 옆 사람 손을 잡고 자기보다 옆 사람을 위
해 기도하자고 했다. 나는 두 사람 다 싫었다. 손이 잡고 싶지 않았
다. 그러자 여자의 깡마른 손이 와서 내 손을 잡았고 또 한편 손은
두둑하고 큰 사내의 손이 와서 움켜쥐었다. 나는 두 사람 어느 손도
잡지 않고 잡혀만 있었다. 두 사람 중 어느 사람을 위하여도 기도하
지 않았다. 무슨 기도를 해야 할지도 알 수 없고 쑥스럽게 입을 열
수도 없었다. 왼쪽의 여자는 보기보다 당차고 강력하게 내 손을 잡고
부르짖어 기도하는 것이었다.

"사랑으로 모든 것을 감싸시고 외모로 사람을 취하지 아니하시고
하나님을 경외하며 의를 행하는 사람을 받으신다고 하신 아버지 하
나님. 이 초라하고 죄 많은 것이 감히 귀한 분의 손을 잡고 기도 드
립니다. 이렇게 고결하고 귀하신 분을 위하여 무엇을 하나님께 아뢰
올지 심히 부끄럽습니다. 당신께서 귀히 사랑하시고 보호하셔서 감
히 손마저 잡기 송구스럽도록 아름답고 고결하게 갖춘 이분은 하나

님이 기르시는 양인 줄 믿습니다. 부족한 것 정성껏 간구하오니 이분이 스스로 깨닫지 못하는 게 있으면 깨닫게 하여 주옵시고 온유한 모습 그대로 속 사람도 온유하게 사랑으로 채워주시고 어떤 소원이 있는지 알 수 없사오니 하나님께서 그 마음을 감찰하시며 아시고 계실 줄 믿사오니 이 시간 그 소원이 이루어지게 축복해 주시옵고 영적으로 메말라 세상의 자랑과 자만으로 잘못하는 일이 있더라도 그 길에서 회개하는 지혜를 주시옵소서. 물질적으로 풍족한 은혜를 베풀어 오늘 이같이 아름답게 지켜주신 아버지시여 영적으로 거듭나고 영적으로 부유케 성장시켜 주옵소서. 이 시간 간구하고 기도하오니 성령이여 우리를 떠나지 마옵시고 뜨겁게 역사하시어서 우리가 성령의 두루마기로 갈아입고 하나님 백성의 반열에 서게 하옵소서. 주여! 주여! 거듭나게 하옵소서……"

여자는 내 손에 힘을 꽉꽉 주며 외치듯 기도했고 나는 그분의 기도 중에 나를 귀한 분이라고 부르며 하나님의 기르시는 양이라고 한 말이 가슴에 와 닿았다.

맞았다. 하나님은 나를 버리지 않으셨고 양으로 지키셨던 것이다. 죽은 개 같은 나를 구하시고 물질적으로 풍요하게 축복해 주신 것이다. 썩어 문드러질 병에서 치료의 손길을 편 것이 누구였던가. 주 병장에게 신앙이 없는 사내의 구실만 하게 두었더라면 나는 그에게도 병을 옮겨주었을 것이다. 주병장으로 하여금 나를 구원해 주고 사랑해 주어야 한다는 생각을 갖게 한 것이 누구인가. 그것이 믿음이고 그것이 하나님의 은혜가 아닌가. 하나님은 계신 것이다. 그러므로 우리에게 사랑의 힘을 주고 구원의 능력을 주시는 것이다.

이러한 생각을 하며 깡마른 여자의 손아귀를 통한 뜨겁게 달아오르는 열기를 느끼고 있었는데, 갑자기 머리 정수리에 불젓가락이 내려와 꼽히는 것 같은 뜨거운 불길에 휩싸였다. 내 입에서는 나도 모르게 기도가 터져 나왔다.

"오! 주여, 멀리 떠나 방황하던 이 죄인 돌아왔나이다. 어디를 가도 버리지 않으시고 보호하고 지켜주신 아버지 하나님 저는 죄인입니다……"

나는 머릿속이 환하게 거울에 비쳐 밖으로 내보이는 것 같은 환상에 빠졌고 그 순간 어려서부터 지은 크고 작은 죄들이 몰려들어 머리로 가슴으로 파고들고 입술로 용서를 빌었다. 남을 미워한 죄, 불쌍하게 느껴지는 오빠며 내가 살아온 동안 겪었던 일들이 모두 죄가 아닌 것이 없었다. 내가 소리내어 기도하며 몸부림을 치자 곁의 두 남녀의 손이 등과 가슴에 뜨거운 기도의 손길을 펴고 있었다. 눈물이 그렇게 많이 쏟아지고 코에서는 봇물 터지듯이 콧물이 쏟아졌다.

그뿐이 아니었다. 갑자기 혀가 꼬부라져 안으로 말려들어가는 것이었다. 병신이 되는가 보다 하는 불안한 두려움이 뇌리를 스치는 순간 기도는 나오지 않고 엉뚱하게 벙어리 소리 같은 말이 나왔다. 마음으로 소원하고 회개하는 말이 이상스런 소리가 되어 나왔다. 그러다가 우리말이 되기도 했다. 병신이 되는 게 아니라 후에 알고 보니 방언이었다.

나는 설교가 시작되는 줄도 모르고 꿇어 엎드려 기도했다. 내가 잘난 것이 하나도 없다는 것을 알면서도 남의 앞에서 숙이기 싫어했고 오만했던 나를 새삼스럽게 발견한 것이다. 목사님께서 설교하는 중에 나를 잡아 세우는 듯한 성경 구절이 있었다.

〈하나님께 속한 자는 하나님의 말씀을 듣나니 너희가 듣지 아니함은 하나님께 속하지 아니하였음이라(요한 7:47)〉

그렇다. 나는 하나님이 품어 기르시는 양이었지만 내 맘대로 방황하며 하나님께 속하지 아니한 생각으로 산 것이다. 하나님의 말씀이 귀에 바로 들리는 시간이 나를 구원하는 순간이었다. 죽은 개만도 못했던 나를 버리지 아니하시고 병 고쳐 주시고 편히 자게 해 주시고 공부까지 시켜주신 것이 바로 하나님이었다는 것을 깨달았다. 참으로 긴 세월을 돈벌이와 세상 재미로만 방황했던 나였다. 예배시간이 그렇게도 기쁘고 만족할 수가 없었다. 인간의 가슴 어디에 머리를 두어 이만큼 만족하고 가슴 후련한 기쁨을 맛볼 수 있을까. 예배가 끝나고 다들 나갔다. 가정부도 어디로 갔는지 보이지 않았다. 나는 교회를 나서서 넓은 여의도 광장 한복판을 걸었다. 아무도 보이지 않는 넓은 마당 한가운데를 가만가만 걷고 있을 때, 돌연 지축이 울리는 굵은 음성이 들려왔다.

"내가 너를 불렀노라!"

나는 놀라서 돌아섰다.

"네?"

주위는 아무도 없고 조용했다.

"누구시죠?"

혼잣말처럼 묻고는 이상도 하다 생각하며 돌아서서 다시 걸었다. 거기서 7,8보 갔을 때였다.

"나를 믿어라."

아주 똑똑한 음성이며 힘이 있는 땅을 울리는 굵은 소리였다.

"네?"

나는 또 돌아서서 둘러보았다. 아무도 없었다. 멀리 광장 끝에 가로등만 가물거렸다. 고개를 갸웃하고 다시 돌아섰다. 이상한 일도 다 있다. 아무도 없는데 무슨 소리일까? 나는 뭔가 잘못 들은 게 아닐까 하고 생각하며 또 10여보 걸어 나갔다. 그때 등뒤에서 더 분명한 음성이 들려왔다.

"나를 믿어라."

나는 그때서야 주님의 음성이라는 것을 분명히 깨닫고 그 자리에 꿇어 엎드렸다. 그리고 어린아이처럼 이마를 바닥에 대고 기도했다.

'하나님은 살아 계시고 저를 지키시는 보호의 손길이셨습니다. 죽은 개 같은 것을 버리지 않으시고 오늘까지 지켜주시고 은혜 내려 주

신 것을 감사합니다. 하나님 아버지 저에게 깨우침을 주시니 감사합
니다. 하나님 아버지 감사합니다. 감사합니다. 감사합니다……'

나는 기도도 할 줄 모르기 때문에 그냥 감사합니다만 연발하다가
일어났다. 길을 건너자마자 택시를 타고 집으로 돌아왔다.

밤 3시였다. 피로하여 바로 잠자리에 들었다. 그날 밤 이상한 꿈
을 꾸었다. 어렸을 때 자라던 고향 마을에 큰 전쟁이 일어났다. 갑자
기 적군이 몰려와 우리 마을을 완전 포위하고 철조망까지 쳤다. 마을
사람들은 밖으로 나가기 위해 별별 궁리를 다했지만 아무도 빠져나
갈 수가 없었다. 나도 사람들 틈에 끼여 이리저리 헤맸지만 어디나
철조망과 파수병들이 지키고 있어서 달아날 수가 없었다. 우왕좌왕
하는 동안에 하늘에서 마이크로 외치는 소리가 들려왔다.

"남쪽 끝으로 오시오."

사람들이 모두 그대로 몰려갔다. 사람 하나가 빠져나갈 만한 작은
문이 있는데 거기 병사가 지키고 서서 성경책과 찬송가를 소지한 사
람만 내보내는 것이었다. 사람들은 갑자기 성경찬송을 구하느라 법
석이었다. 몇몇 사람은 성경찬송가를 보여주고 문을 나갔다. 나는
급히 집으로 달려갔다. 언젠가 벽장에 두었던 것 같은 성경 찬송을
찾았다. 아무리 뒤져도 성경 찬송가 책은 나오지 않았다. 초조해진
마음으로 이리저리 찾고 있을 때 웬 낯선 사람이 내가 찾고 있는 성
경을 가져다 쭉쭉 찢어서 불 아궁이에다 집어넣고 있었다. 나는 버럭
소리쳤다.

"누구세요? 그게 무슨 짓이죠, 내 성경책을 당신이 왜 가지고 있어
요? 이리 줘요?"

그 징글맞게 생긴 사람은 힐끗 보면서 비웃는 소리로 말했다.

"언제는 버리고 이제 와서는 찾아? 이런 책이 있으면 나는 싫단 말
이야."

"당신 책이 아니잖아요?"

"너는 가지고 있다가 버렸잖아."

"그렇지만 지금은 그게 있어야 한단 말예요."

"이젠 늦었어, 다 찢어 버렸는데……"

"더 찢지 말고 그거라도 주세요."

"왜?"

"내 책이니까요."

"히히히 아직 읽을 만한 데가 남았지…… 그러나 줄 순 없어."

"내놔요. 남의 책을 왜 찢고 안 줘요?"

"어림없는 소리 마."

"내놔!"

나는 약이 바짝 올라 달려들었다. 그 사나이는 생각보다 허약했
다. 내가 책을 낚아채자 힘없이 벌렁 자빠지면서

"됐다! 이거라도 가지고 가."

했다. 나는 남은 성경을 들고 남쪽 문을 향해 달렸다. 그러면서 속
으로는 찢어져 나간 성경 때문에 나가지 못하게 하면 어떻게 하나 하
고 걱정을 태산 같이 했다. 막 문 앞에 당도하다가 눈을 떴다.

참 이상한 꿈이 아닌가. 잠에서 깼지만 실제로 있었던 일처럼 기
억에 생생했다. 그 꿈이 의미하는 것은 또 무엇일까? 사실 나는 집에
찬송가도 없고 성경도 없었다. 꿈에는 옛집에 두었던 성경이 있었지
만 생시에는 성경을 아무 데도 둔 적이 없다. 그 꿈은 나를 여러 가
지로 깨우쳐 주는 가르침이었다.

20년 전에 주병장을 따라 교회에 갔고 거기서 목사님을 통하여 병
을 치료받았던 기억이 새로워졌다. 믿음을 조금이나마 가지려다
가 잃어버리고 방황하기를 이십여 년. 나는 하나님을 떠났지만 그때
부터 지키시던 하나님은 오늘까지도 지켜주시고 계셨던 것이라는 확
신이 들었다. 하루 24시간이 지나기도 전에 나는 세 가지로 큰 계시
를 받은 것이다.

19. 잊어야 하는 얼굴

이튿날 일찍이 서점으로 나갔다. 가장 값이 비싸고 견고하게 만든 성경책과 찬송가를 샀다. 그것을 집에 소중히 모셨다. 꿈에 찾아 헤매던 생각을 해서라도 찾기 쉽고 손이 잘 닿는 곳에 자리를 정했다. 그 동안 까맣게 잊고 살았던 목사님이 뵙고 싶었다.

지금은 76세쯤 되지 않을까 생각되었다. 옛 기억을 되살리며 교회를 찾았다. 많이 변하여 교회 앞으로는 큰 길이 나있고 교회도 이층으로 새로 지어져 있었다. 목사관 앞에 서서 옛날 수줍던 시절의 마음처럼 떨리기까지 하는 가슴으로 노크를 했다. 문을 열고 나오는 얼굴은 50대쯤 보이는 전혀 낯선 분이었다.

"누구를 찾아오셨습니까?"

"저…… 강목사님을 찾아 왔는데요."

"강목사님이라고요?"

"네."

"어떻게 되시는 분이신데요?"

"옛날에 이 교회에 다닐 때 저를 도와주신 목사님이셨어요."

"그래서 찾아오셨군요…… 떠난 지가 오래 되셨나 보군요."

"네."

"강목사님은 벌써 5년 전에 소천하셨습니다."

"네?"

"참 훌륭한 분이셨지요."

"그럼 지금은……"

"제가 후임으로 왔습니다."

"강목사님의 가족들은 어디 사시나요?"

"몇 년 전에 모두 서울로 이사하셨습니다."

"혹시 주씨라는 분이 찾아오신 적이 있었나요?"

"글쎄요. 강목사님과 관계되는 분들은 소식이 끊어진 지 오래 되었습니다."

"강목사님은 어디다 모시었는지요."

"교회 공원 묘지에 모셨습니다. 일산에 있는……"

"좀더 일찍 찾아뵈었어야 하는데……"

나는 맥이 탁 풀린 채 교회를 나섰다. 강목사님의 설교하시는 소리가 지금도 쟁쟁하게 들려오는 것만 같은데 이 땅에는 안 계시다니. 인간의 수명이 너무 짧고 허망하게 느껴졌다. 가진 지식도 의술도 죽음과 더불어 다 떠나갔다. 인간이 세상에 남길 수 있는 것은 무엇일까. 지식도 두고 못 가고 의술도 두고 못 간다. 가지고 가는 것도 아니고. 살아간다는 것은 죽음을 향해 하루하루 다가가고 있는 것이다. 죽음 앞에 이를 때 인간은 심판을 받는다고 했다. 사람들이 살아서는 부자가 되어 편하게 잘 살아보고 싶어한다. 그러면서도 죽음 앞에 이르게 될 때 어떻게 해야 하는가에 대하여는 막연하게 살아간다.

삶이 끝나고 죽음의 문을 통하여 새로운 세계를 들어서려고 할 때 "너는 성경을 가지고 왔느냐?" 하고 문지기가 묻는다면 그때 "예. 여기 있습니다" 하고 내놓을 준비가 되어야 할 텐데 나는 아무 준비도 되어 있지 못한 것이다. 내가 신앙을 버리고 살 때 사탄은 나의 성경을 뜯어내어 불에다 태우고 있었던 것이다.

말씀을 통하여, 성경을 통하여, 꿈을 통하여 하나님은 나에게 갈 길을 인도하셨다. 그 동안 세상적으로 자만하고 재물에 만족하며 자기 자랑으로 살아온 과거를 회개하고 겸손히 순종하는 믿음으로 그 날부터 지금까지 하나님 말씀에 의지하며 살아가고 있다.

20. 못 잊을 고향

긴 꿈에서 깬 듯한 감회 속에 잊고 살던 고향이 새삼 그리워졌다. 누구보다도 이모님이 보고 싶고 귀엽게 자라던 조카들이 그리웠다.

모내기가 한창인 6월 어느 날 고향을 찾아 길을 떠났다.

옛날 절며절며 떠나온 고향과 시집 마을이 있는 부여를 두 번 생각도 하지 않으리라 마음 다졌는데 나는 찾은 것이다. 행정구역으로 부여군이지만 차도로 따지면 논산이 가까운 우리 고향을 운전기사에게 자세히 알려주었다. 기사는 지도를 펴놓고 고속도로를 타고 가다가 논산으로 들어가 부여로 뚫린 길로 가면 쉽게 찾겠다고 했다.

푹신한 차 속에 파묻혀 행복한 여자의 모습을 하고 고속도로를 달리고 다시 고향으로 가는 좁은 길로 달리며 가지가지 생각에 잠겼다. 내가 오늘 이렇게 호강을 하는 것은 누구 때문인가? 떠날 때는 이런 모습으로 고향을 찾아올 수 있으리라고는 상상도 할 수 없었다. 운전기사는 지도만 보고 내가 가르쳐준 마을을 마치 자기 고향이나 가듯 쉽게 찾아들었다.

먼저 이모댁으로 가는 것이 좋을 것 같아 그쪽으로 차를 돌렸다. 반짝반짝 빛나는 고급 승용차가 산골 마을로 미끄러져 들어서니 마을 사람들이 휘둥그래진 눈으로 바라보았다. 혹시라도 나를 아는 사람이 볼 것만 같은 마음에 선 글라스를 쓰고 얼굴을 돌렸다. 기사를 시켜 이모댁을 찾아가 근황을 알아보도록 했다.

기사는 한참만에 돌아와 종이쪽지를 내밀었다.

"이 마을에서 떠나신 지가 십여 년이 넘는다는데요. 여기 서울 주소가 있습니다. 어쩌면 지금도 이 주소에 살고 계실 것 같습니다."

나는 갑자기 허전한 마음과 함께 눈물이 났다. 하얀 종이 위에 적혀 있는 주소를 보았다. 서울특별시 관악구 xx동 산 xx번지.

다행이었다. 주소마저 알 수 없었다면 어찌할 뻔했는가. 이모님을 만날 수 없으니 어떻게 하는 것이 좋을까 생각했다. 무턱대고 친정 오빠네 집으로 가는 것은 좋지 않을 것 같았다. 성질이 모질고 거친 오빠가 내 변한 모습과 처지를 알게 된다면 어떤 일이 일어나는지 알 수 없는 일이다. 오빠의 거칠고 무례한 성품은 예나 지금이나 다를 것이 없을 것이다. 내가 돈푼이라도 있다는 것을 알면 당장 가만히 있을 분이 아니므로 내 사정을 알리는 데는 절차가 필요한 것이다. 순해 빠진 올케는 그저 남편이 하라는 대로 할 것이고.

나는 고향 마을 어귀라도 찾아가 보고 싶었다. 이모댁 마을에서 우리 집까지 가는 길은 예나 지금이나 똑같이 좁았다. 경운기가 지나 다녀서 길이 조금 넓어지긴 했지만.

기사는 차를 돌려 내가 가라는 곳으로 몰았다. 좁은 길로 가기란 쉬운 일이 아니었다. 기우뚱, 덜그덩, 소란하게 마을 근처에 다다르 니 동네 맞은편 언덕에 전에 없던 빨간 지붕의 산뜻한 건물이 눈에 띄었다. 파란 하늘에 높이 솟은 십자가가 있는 교회당이었다.

'아! 여기도 하나님이 와 계셨구나. 하나님 감사합니다.'

나는 이런 생각으로 교회를 바라보며 기도했다. 옛 마을 그대로 있는 것이 고맙고 금의환향하게 해 주신 하나님께 감사했다. 혈족을 찾는 것도 중요하지만 하나님을 모신 교회가 있으니 그곳에 먼저 가 서 감사하고 싶었다.

차를 교회 쪽으로 돌렸다. 교회 마당은 넓고 평화스러웠다. 그곳 에서 건너다보면 내가 어려서 자라던 집이 빤히 보였다. 초가지붕은 하나도 없고 모두 빨갛고 파란 기와를 올려 파아란 녹음속에 그림처 럼 아름다웠다. 집들이 마치 바지저고리를 입은 채 서양 모자를 쓰고 있는 것처럼 집 구조와 지붕이 어울리지 않게 느껴졌다. 차를 세워 두고 교회 안으로 들어갔다.

마루가 반들반들하게 닦여 있고 방석이 가지런히 놓여 있었다. 교 회용 긴 의자를 마련하지 못한 것 같았다. 조심스럽게 문을 닫고 꿇 어 엎드렸다.

'하나님 아버지 감사합니다. 이 못나고 못난 것을 버리지 아니하시 고 보호하셨다가 고향을 찾게 해 주시니 감사합니다.'

교회 한쪽에 붙여 지은 건물이 있었다. 목사관 같았다. 가까이 가서 문을 두드렸다. 잠시 후 50대의 목사인 듯한 분이 나왔다.
"어서 오세요. 어떻게 오셨습니까?"
"목사님이신가요?"
"예. 그렇습니다만, 어떻게……"
"저는 이 마을서 태어난 사람이에요. 떠났다가 오랜만에 왔지요."
"아, 그렇습니까. 누추하지만 들어오시지요."
"잠깐 실례하겠습니다."
"십자가가 걸려 있는 방으로 안내되었다.
"이 마을에서 나셨다면 뉘집이셨는지요?"
"저 맞은편 끝에서 세 번째 집 최영지 씨 집이었지요."
"네."
"아직도 그 집에 최영지 씨가 살고 계신가요?"
"예. 살고 있지요."
"별일은 없는지요?"
"크게 별 일은 없지만 최씨가 좀 걱정입니다."
"왜요?"
"과음을 하고…… 취하면 가정 불화가 심해서요."
"……"

나는 얼굴이 화끈 달았다. 목사님까지 알고 있을 만큼 망나니처럼
살아가는 오빠가 보지 않아도 본 것처럼 떠올랐다. 옛날 그 난폭한
성질이 늙도록 그대로 있는 것이다. 나는 망설이다가
"목사님께서는 이곳에 오신 지가 오래 되셨나 보지요?"
"한 십년 되어 갑니다. 제가 와서 개척하고 살았으니까요."
"그 동안 수고가 많으셨겠습니다. 교인은 얼마나 되나요?"
"저 본동에서 여섯 가구, 뒷동네에서 열세 가구, 내 건너 마을서
일곱 가구, 산너머 한티 마을에서 네 가구, 구장터 마을에서 다섯 가
구 등 스물 아홉 가구가 믿고 있고 장년 예배에는 평균 사십 명 정도

가 모여서 예배드립니다. 다 하면 구십여 명의 교인이 있습니다."

"참 큰일을 하셨군요. 하나님을 모르고 살 뻔한 사람들이 목사님의 은혜로 믿음을 갖게 되었으니 얼마나 고맙습니까."

"하나님의 섭리와 은혜지요."

목사님과 이야기를 나누는 중에 한 가지 생각이 떠올랐다. 오빠와 올케를 만나는 것도 중요하지만 그보다도 두 분을 하나님께 인도하는 것이 더 급한 일이라는 생각이었다. 만나서 반가워하고 어쩌고 하다 보면 기회를 놓칠 수 있다. 두 분 모르게 목사님을 통하여 믿지 않고는 안 되게끔 만드는 것이다. 나는 목사님의 인자한 눈길을 바라보며 이렇게 제안했다.

"목사님 어려운 부탁 좀 드려도 괜찮겠습니까?"

"무슨 부탁이신지요. 제가 해서 될 수만 있다면 해드리지요."

"저 최영지씨 댁에서는 아무도 믿는 사람이 없나요?"

"없습니다. 어쩌다가 아이들이 교회에 오는 날이 있는데 교회에 다녀간 것을 알면 아이들의 아버지가 때리고 야단을 칩니다."

"그런 일이 많았습니까?"

"많지는 않았지만…… 이 곳에 처음 와서 교회 개척 당시 저를 괴롭히고 목회 사업을 방해한 사람 중에 최씨가 가장 선두에 섰지요."

"그랬군요."

"이젠 다 지나간 옛 이야기가 되었습니다."

"그분이 저의 오라버니이십니다. 그분이 지은 죄를 제가 사과드립니다. 용서해 주세요."

"이미 용서한 지 오래 되었습니다. 지금은 아무 방해도 하지 않는 것만도 고맙지요."

"목사님, 정말 어려운 부탁을 드려야겠어요. 꼭 좀 들어주세요. 건방지다고는 생각지 마시고 도와주세요."

"어떻게 도와드리면 되겠습니까?"

"그 대신 제가 교회를 위하여 한 가지 힘을 써 드리겠습니다."

"그러실 것까지는 없으십니다."

"교회가 아직도 맨 바닥이라 교인들이 불편하실 것 같아서요. 제가 의자를 놓아 드리고 싶은데……"

"고맙습니다만 그런 큰 일을 어떻게…… 그러잖아도 의자를 만들기 위하여 금년 한해 동안 특별헌금을 하고 기도하는 중이랍니다."

"그러시면 잘 되었어요. 의자하고 피아노를 제가 바치겠어요."

"피아노까지요?"

"대신 오빠네 가정을 하나님께로 인도해 주시면 고맙겠습니다."

"어떻게 도와드릴지 말씀하시지요."

"일주일에 한 번씩 저희 집을 방문해 주시고 올케에게 교회에 나오면 한 달에 쌀 한 가마니를 사 드리겠다는 분이 있다고 해 주세요. 제가 여기 왔다 갔다는 말이나 교회에 무엇을 해 놓았다는 말은 비밀로 하고요. 누구에게든지 어떤 독지가가 나와서 교회를 위해 돕겠다고만 해 주세요. 그러면 매월 제가 교회로 헌금을 하고 쌀값도 보내겠습니다."

"감사합니다. 훌륭한 생각이십니다."

"오빠까지 교회에 나오게 되고 오빠가 믿고 회개하면 그 기념으로 오빠네 집도 새로 개축해 주겠습니다."

"그렇게 큰일까지요?"

"목사님께서는 비밀을 지켜주셔야 합니다. 또 이 동네 사람들도 모르게 하셔야 합니다."

"좋습니다."

"오늘은 그냥 가겠습니다. 교회에 의자를 놓자면 돈이 얼마나 있어야 할지 모르니까요."

"감사합니다."

"제 약속은 제가 알아서 하겠습니다. 앞으로 한 달 안에 준비해서 보내드리겠습니다. 제가 드린 말씀을 꼭 지켜주시고 오빠와 올케에게 전도하시는 동안 어려움이나 도움이 필요할 때는 연락해 주세요."

나는 연락처를 알려주고 교회를 떠났다. 논산으로 나오는 길목에 옛날 시집갔던 동네를 지났다. 차를 잠시 세우고 바람쐬는 척하고 그 집을 바라보았다. 철로가 뻗어가고 멀리 마을에 떨어져 있는 외딴집이 그대로 있었다. 옛날 그 자리에 회색 기와를 입힌 지붕이며 좁은 마당은 변함이 없었다. 마당 구석엔 웬 여인이 쭈그리고 앉아 그릇을 닦고 그 곁에서 아이가 야채를 다듬고 있었다. 태하사의 부인이겠지 생각했다. 그 아이도 그들의 자식일 것이고.

나는 시집이라고 갔지만 호적에도 못 올려본 처지다. 그 집에서 착실히 붙어 시집살이를 했더라면 지금 저 여자의 신세가 바로 내 신세리라 생각하니 그 여자가 딱하게 보였다. 마음 한 구석이 울적하고 쓸쓸해져 더 이상 머물고 싶지 않아 서울로 향했다.

21. 그리운 얼굴

서울에 도착하자 곧 이모님이 산다는 주소를 찾아 떠났다. xx동 xx번지 얼마나 넓은지 찾기가 힘들었다. 저녁때까지 찾아도 찾을 수가 없었다. 할 수 없이 이튿날 다시 찾기로 했다. 그 다음 날은 동사무소에 가서 일일이 조사하여 정확한 위치를 알아냈다. 혹시 다른 데로 이사나 가시지 않았나 염려했는데 그냥 살고 계셨다.

이모님이 사시는 집은 초라하고 낡은 집이었는데 그것도 자기 집이 아닌 셋방이었다. 그곳까지는 차도 댈 수 없어서 걸어서 찾아갔다. 방 두 칸을 쓰고 계셨다. 하나는 며느리와 아들이 쓰고 하나는 이모님과 조카들이 쓴다고 했다. 내가 도착했을 때는 주인 아주머니만 있고 이모는 시장에서 채소장사를 하고 며느리는 마을 공장에 다닌다고 하였다. 주인 아주머니의 설명을 듣고 그 집에서 한참 떨어져 있는 시장 골목으로 들어갔다. 나도 고생을 누구보다 많이 하고 살았다고 생각했는데 시장에서 장사하고 있는 사람들과 이모를 생각하니 나보다 더 고생들을 하고 있구나 생각되었다.

질척질척한 시장 골목은 시끄럽고 퀴퀴한 냄새로 숨이 막힐 지경이었다. 그 속에서 열심히 땀을 흘려야 산다는 삶의 실상이 피부에 닿았다. 이모를 찾았을 때는 이모는 손바닥만한 좌판에 무, 배추, 시금치, 상추, 파, 마늘 등을 펼쳐놓고 파뿌리를 다듬고 있었다. 아무 말 없이 그 앞에 섰다. 이모님은 나를 알아보지 못했다.

"무얼 사시것시유?"

"……"

옛날 듣던 충청도 사투리에 말이 막히고 눈물이 나왔다.

"무는 하나에 200원이고 배추는 올라서 2천 원이라우. 요새 날씨가 나빠서 배추금이 금값이래유."

"저……"

"야? 어떤 거유?"

"저 좀 보세요."

"누구신대유?"

"이모, 저예요."

"이모라니? 누군디……"

"저, 수지예요."

"뭐여? 수지라고 혔어? 아아니, 수지라니 이게 정말여?"

이모는 똑바로 올려다보았다. 믿을 수가 없다는 얼굴이 되었다.

"아녀, 잘못 본겨, 수지는 알지만 댁은 수지가 아녀."

"맞아요. 최수지예요. 부여에 살던……"

"맞는갑다…… 헌디……?"

더 자세히 뜯어보시는 얼굴이 몹시 늙었고 찌들어 있었다. 번데기처럼 쪼그라든 얼굴, 다 빠진 이빨, 하얀 백발, 엉성하게 가죽만 남

은 손가락…… 70이 다 된 이모는 아직도 맑은 정기가 보이는 눈빛만
은 예전과 같았다. 긴장된 눈으로 한동안 바라보던 얼굴이 한꺼번에
일그러지면서 자기 조카딸이라는 것을 확인하자 울음을 터뜨렸다.

"수지여, 맞어 수지여, 이게 우찌된 일여어……"

험하게 거칠어진 이모의 손이 뽀얗게 화장한 내 얼굴을 할퀴듯이
감싸 안았다. 나도 이모님을 부둥켜 안았다. 반가움에 남들이 보는
것도 잊은 채 잡고 울었다. 이모는 나에게 있어서 어머님과 같은 분
이다. 날 때부터 어머니를 못 본 나는 이따금 엄마가 보고 싶다고 하
면 너의 이모를 보면 된다는 말을 듣고 자랐기 때문에 어머니 얼굴이
바로 이모 얼굴로 생각하며 자란 나였다. 시장 사람들이 저집 경사났
네 경사났어 하며 농담을 하는 소리를 들으면서 우리는 떨어져 앉았
다. 이모는 반가움을 이기지 못하여 얼굴이 눈물로 흠뻑 젖었다.

"이러고 있지 말고 어디로 가서 이야기허자. 여기는 불편혀서……"

가까운 식당으로 들어갔다. 식당에서 가장 잘 한다는 음식을 주문
하고 그 동안의 일들을 이야기했다. 30년이 다 되도록 헤어져 산 사
이에 나눌 이야기가 얼마나 많은가.

그날은 그렇게 헤어지고 그 다음 날 이모댁을 찾았다. 그 날은 이
종 오빠의 올케도 있었다. 인사를 나누었고 즐거운 시간을 보냈다.
이모님은 하루 종일 시장에 나가서 잘 벌면 7천 원을 번다고 하시며
팔다 남은 채소를 먹는 것이 부수입이라고 했다. 방도 전세가 아니라
보증금 사백만 원에 십육 만 원씩 사글세로 산다는 것도 알았다. 한
푼이라도 벌어야 산다며 이모님은 시장에서 떠날 줄 모른다는 말도
올케에게서 들었다. 이모님 고생담은 내가 한 고생과는 비교도 할 수
없는 아픔이었다.

나는 당장에 이모님과 가족들을 우리 집으로 모시고 싶은 충동을
느꼈다. 그러나 그렇게 하는 것은 잘못이라는 생각이 가로 막았다.
아무 이유 없이 돈이 있다고 도와주는 것도 잘못이지만 이유 없이 도

움을 받으면 돈의 가치를 모르는 경우도 있는 법이다. 이모네 가족은 아직도 모두 미신만 믿는 가정이라는 것도 알았다.

이모님을 구하고 가족을 위하여 하나님 품에 안겨드려야 한다. 그것이 내 사명일 수도 있다. 하나님은 나를 한 시도 그냥 버려 두지 않으시고 지켰고 지금도 보호하고 계시다. 내가 할 일은 내 가족을 먼저 구원하는 것이다. 이모님이나 오빠는 섣불리 교회에 나가라고 하면 순종할 분들이 아니었다.

그날 나는 xx번지를 떠나 가까운 곳에 있는 교회로 갔다. 목사님을 만나 고향 교회에서 한 것과 같은 방법으로 교회를 위하여 무엇이든지 필요한 것을 해 드리기로 하고 이모님을 교회로 인도하도록 하기로 했다. 교회 목사관에는 마침 목사님이 계셨다. 인사를 나눈 뒤 차 한잔을 사이에 놓고 이야기를 꺼냈다.

"목사님께 어려운 청을 드리고 싶어서 찾아뵈었습니다."

"무슨 말씀이신지요?"

"저 모퉁이 언덕에 저의 이모님이 살고 계신데요, 그분을 가족과 모두 하나님께로 인도해 주십사 하는 부탁입니다."

"그런 일이야 제가 먼저 했어야 할 일이었지요. 게을러서 제 할 일을 못다 한 점 용서하십시오."

"감사합니다. 오해 없이 들어주시기 바랍니다. 저의 이모님은 생활이 아주 어렵습니다. 그래서 날마다 장사를 하고 계시더군요. 제가 부탁했다는 말은 비밀로 하시고 저의 이모님께 교회에 나오시면 어떤 독지가가 선교헌금을 해 와서 그러는데 그 돈을 드리겠다고 해 주셨으면 합니다. 매월 제가 삼십 만 원씩을 보내 드리겠습니다. 생활비가 그 정도는 있어야 할 것 같아서요. 교회에도 제 정성껏 헌금하고 목사님께도 감사하겠습니다."

"고마우신 말씀입니다. 가족을 위하여 그렇게 돈을 쓰시다니요. 감사합니다. 저는 그런 일을 맡아서 하는 것만으로도 만족합니다."

"고맙습니다. 세상 사람들은 돈이면 무엇이든지 사서 쌓아두고 싶어합니다. 그러나 돈으로 천국을 사겠다는 사람은 찾아보기 힘들다는 것을 알았습니다. 저는 돈이 자라는 데까지 가족들을 위하여 하늘나라 백성의 신분을 사서 드리기로 했습니다. 이모님께서 믿음을 받아들이고 오빠와 올케가 다 진실한 믿음을 가지고 진실된 하나님의 자녀가 된다면 더 바랄 것이 없습니다. 매월 생계비를 주지 않아도 될 만큼 확실한 믿음이 서면 이모님께서 소원하는 것을 들어 드릴 예정입니다."

"고마운 말씀이십니다."

"확고한 믿음이 생기기 전에는 몇 년이 걸리더라도 기다리고 있겠습니다. 경제적으로 여유가 생기면 잘못되기 쉬우니까요. 목사님께서 잘 인도해 주시면 가정이 모두 큰 변화를 받고 구원받을 것입니다. 이모님은 생활이 어렵습니다. 경제적으로 조금만 도와 드리면 힘이 되겠지만 함부로 생활의 변화를 드리면 안될 것 같습니다."

"현명하신 생각을 하셨습니다. 제가 당장에라도 가서 인도하도록 하겠습니다."

"부탁드립니다. 변화가 일어나는 것을 보시다가 저의 도움이 필요할 경우는 연락해 주시기 바랍니다. 저도 목사님께 전화를 드리도록 하겠습니다."

나는 교회를 나왔다. 우리 가족들은 모두 하나님을 거부하고 신앙생활 같은 것은 다른 사람들이나 하는 것으로 생각하고 있었다. 나는 계속해서 가족들의 구원을 위해 기도했고 교회에는 무슨 집회든지 참석했다. 그 동안 교회를 모르고 세상적으로 산 것이 얼마나 헛되고 헛된 일이었나 싶고 교회 생활을 통하여 비로소 나는 가슴에 뚫린 허무의 구멍을 메울 수 있었다. 예수님께서 물긷는 여인에게 하신 말씀이 어떤 뜻인가를 알 수 있었다.

"너희가 마시는 물은 마셔도 목마르려니와 내가 주는 물은 영원히 목마르지 아니하리라."

나는 돈으로 살 수 있는 것은 무엇이든지 살 수 있었지만 마음에 방황하던 빈자리는 메울 수 없었다. 그러나 하나님을 모시고 열심히 기도하고 찬송하는 생활을 통하여 만족한 즐거움과 삶의 기쁨을 맛볼 수 있었다. 고향집을 위하여, 이모님을 위하여 먼저 하나님의 큰 역사가 이루어질 것을 기도하고 물질을 쓴다는 것이 기뻤다.

혼자 쓰고 남은 돈은 날마다 불어났다. 그것을 세상 욕심 채우는 데 쓴다는 것은 죄라는 것을 깨달았다. 남을 위해 쓰기도 한다는데 가족을 위하여 쓴다는 일이 얼마나 보람된 일인가.

고향 교회에서 전화가 왔다. 목사님이 기뻐하시는 전화였다.

"감사합니다. 오늘 저희 교회로 보내 주신 피아노와 의자 잘 받았습니다. 갑자기 좋은 선물이 들어오자 온 교회가 경사 났다고 떠들썩합니다. 돈이 어디서 나 이 비싼 것들을 한꺼번에 장만했느냐는 거지요. 그렇다고 다 말할 수도 없고, 하나님께서 보내주셨다고 했지요."

"그렇지요. 저도 하나님께 받은 것을 드렸으니까요."

"한번 와 보시지요. 교회가 아주 아늑하고 좋아 보입니다."

"모두들 기뻐하고 목사님도 기뻐하시니 고맙습니다. 앞으로 더욱 성공하시기 바랍니다."

"다녀가신 다음 날 방문했습니다. 최지영 씨는 교회에 나오라니 무슨 말이냐고 대답도 않고 나가 버리더군요. 그러나 안에서는 제 이야기를 다 듣고 그렇게 고마운 일이 있을 수 있느냐는 것이었습니다. 교회 나오는 것보다 쌀 한 가마니를 준다는 데 귀가 열리시더군요."

"오빠 쪽보다 올케쪽을 먼저 인도하도록 해 보시지요."

"그럴 생각입니다. 다음 주일날 권해 보고 전화 드리겠습니다."

"감사합니다."

교회가 아름다워지고 교인들이 모두 좋아한다니 기뻤다. 나는 하나님께 우리 가정과 이모님을 위해 기도했다. 며칠이 지난 뒤 이모님

댁이 있는 xx동 교회에서 전화가 왔다.

"목사님이시군요."

"예, 그렇습니다. 그간 평안하셨습니까?"

"네. 제가 드린 말씀을 생각해 보셨는지요."

"생각할 게 무엇이 있겠습니까. 어제 다녀왔습니다. 이모님은 미신을 믿고 계시더군요. 신주를 모시고 거기에다 아기 불상까지 가지고 계셨습니다."

"그렇게나요?"

"예. 그래서 평생 아기부처 모시고 사신 결과 무슨 좋은 일이 있었느냐고 말씀드리고 이번같이 좋은 기회는 두 번 다시없다고 설득했지요. 하나님 믿으면 생활비가 생긴다는 데도 교회에 나오지 않겠느냐 하니 이모님은 생각해 보겠다고 하셨고 큰아드님과 며느리는 돈이면 다 되는 줄 아느냐고 죽어도 교회는 못나간다는 것이었습니다."

"어쩌면 좋겠습니까?"

"이모님이라도 먼저 설득해야겠습니다. 이모님은 생활이 궁하시니까…… 하고 말씀하시는 투가 마음이 움직일 것 같이 보였으니까요."

"그렇게 해 보시지요. 제가 하는 일이라고 하면 절대 안됩니다. 저는 당분간 그분들을 만나도 하나님 믿는 기미를 보이지 않고 아무 종교도 없는 체하며 이모댁에 가서 그 신주를 없애 버리겠습니다. 제가 교회에 다니기 때문에 그런다고 하면 역효과가 날 수도 있으니까요."

"좋습니다. 저는 그저 이번 같은 기회는 두 번 다시없다고 하고 전도하는 일만 하겠습니다."

"그렇게 하시지요. 또 다녀오신 뒤에 전화 한번 주시겠어요?"

"예, 그렇게 하지요."

이렇게 하여 양쪽 가족들을 향한 공격은 시작되었다. 나는 성경을 읽고 찬송하고 구역예배며 철야기도를 빠지지 않고 했고 가족의 구원을 위하여 기도원에 가서 금식 기도를 했다. 누가 무슨 말로 나를 설득해도 나는 분명히 하나님은 계시다는 것을 담대히 말할 수 있는 굳은 믿음이 가슴에 기둥처럼 서 있었다. 먼저 가족을 구하고 다음에 사회를 위하여 봉사하는 것이 순서라고 생각했다.

돈을 준다고 해도 믿음을 받아들이지 않는 사람들이니 그런 조건 없이 하나님을 믿는 사람들은 얼마나 축복 받은 사람들인가. 하루는 먹을 것들을 푸짐하게 사 가지고 이모님댁을 방문했다. 이모님께서는 장사도 안 나가시고 내 곁에서 이런 저런 이야기를 하셨다. 교회 이야기는 하지 않았다. 집안 구경을 하는 척하고 방과 부엌을 둘러보다가 신주 모신 곳을 찾았다. 불상과 헝겊쪼가리를 걸어 꾸며 놓은 상자가 벽장 안에 있었다. 아기부처를 품속에 감추고 나와 쓰레기장에 버렸다.

한 달에 한 번씩 꺼내놓고 절하는 이모님이 어느 날 그것을 알면 무슨 일이 일어날까 염려되었다. 그것이 갑자기 없어짐으로써 마음에 병이라도 생기지 않을까 하는 생각 때문이었다.

"목사님, 제가 이모 댁에 모신 불상을 몰래 가져다 버렸습니다. 그것을 알면 이모님께서 정신적으로 타격을 받지 않을까요?"

"믿지 않는 사람들은 그것이 신앙이기 때문에 정신적 타격을 받을 수도 있습니다. 다음에는 제가 가서 신앙에 대한 이야기를 하고 혹시 교회에 나가지 못하는 이유가 그런 것을 모시고 있기 때문에 나갈 용기가 나지 않는 것이 아니냐고 물어보도록 하겠습니다. 믿지 않는 이들은 대개 자력으로는 감히 그런 것들을 뿌리치지 못합니다. 미신 때문에 용단을 내지 못하는 것이지요!"

"그런 일이 있다는 것을 구역 예배 중에도 들었고 신앙간증하는 사람들이 특히 그 점 때문에 번민했다는 말도 많이 들었습니다."

"그 점을 유의해서 빠른 시일 내에 교회로 인도하겠습니다."

이런 대화를 주고받은 뒤 목사님을 통하여 이모님댁 신주가 어떻게 하여 집에서 없어졌는지를 들었다. 이모님은 그 신주를 없애면 당장에 큰 변고라도 생길 줄로 겁을 먹고 있었지만 목사님의 말씀을 따라 그것을 내어 불에 태웠다고 했다. 그리고 상상외로 담대하게 하나님을 믿기로 결심했다는 것이었다.

그리고 다음주부터 교회에 나오기 시작했고 가족들도 함께 믿자는 권고를 하신다고 했다. 그러나 오빠와 올케가 쉽게 따르지 않았다. 나는 약속대로 목사님을 통하여 첫 달 생활비를 보내 드렸다.

22. 오른손이 하는 일을 왼손이 모르게

이모님이 교회에 나가게 된 것만도 큰 성과였다. 시골 오빠가 믿고, 서울 이종 오빠까지 믿게 하자면 적지 않은 시간과 대안이 필요할 것 같았다. 나는 통장에 예금된 액수를 적어 놓고 기도를 드렸다.

"하나님 아버지, 이 죽은 개만도 못하던 것을 구원하시고 물질로 채워 풍요롭게 축복해 주신 것을 감사합니다. 그 동안 당신께서 저를 채워 주셨으니 이제는 제가 전도를 위하여 믿지 않는 사람을 위하여 물질을 바치겠습니다. 영혼 구원에 슬기롭게 사용하도록 지혜를 주옵소서."

같은 말로 몇 번씩 기도했다. 지혜를 달라고 간곡히 기도하는 중에 마음 밑바닥에서 이런 음성이 들려왔다.

"돈은 네가 사용하지만 그것을 내어주고 거두는 것은 야훼의 뜻이니라. 먼저 사용할 금액을 결정하고 그것을 쓸 때에 네 오른손이 하는 일을 왼손이 모르게 하라고 가르친 그대로 너는 십자가 뒤에 숨고 성령이 인도하는 대로 행하기만 하라."

섬광처럼 스치는 이 말씀에 순종하기로 하고 하나님께 감사의 찬송을 드렸다. 통장에는 1억이 다 차고 있었다. 두 달 후면 내 수입으로는 1억이 될 것이고 부동산 값이 상승하여 내 재산은 환산하기 어려울 만큼 컸다. 재벌은 아니지만 1억 정도는 하나님 사업을 위해 가족의 구원을 위해 써도 좋다는 심증이 섰다. 이모님을 위하여 5천 만

원, 고향 식구들을 위하여 5천 만 원을 쓰기로 했다.

 그러나 양쪽 집이 다 돈을 주던가 집을 지어주면 당장에 오만해지고 하나님도 영접하지 않을 것이다. 같은 돈으로 진심으로 믿음을 갖도록 하고 보람있게 사용하는 것이 내가 하나님의 은혜에 보답하는 것이었다. 고향 교회에는 가지 못하고 전화를 하여 목사님과 대책을 세웠다. 2천 5백 만 원은 친정을 위하여 쓰기로 하고 나머지는 극빈자를 위해 쓰기로 했다.

 목사님을 통하여 오빠 댁에는 매월 쌀 1가마니와 아이들의 교육비를 보냈다. 그리고 극빈자에 한하여는 1가구당 1명씩 중, 고등학생 등록금을 지원하겠다는 독지가가 생겼다고 광고하였다. 그 결과 믿지 않던 집에서도 학비를 타기 위해 교회를 나왔고 학생들도 새로 교회에 참석하는 수가 15명이 넘었다. 15명에게 지급되는 등록금은 3개월에 1번씩 평균 160만원. 2500만 원이면 16회를 지급할 수 있으므로 중학생은 고등학교까지 보낼 수 있었고 고등학생은 졸업을 시킬 수 있었다. 교회에서 극빈 학생의 등록금을 지원한다는 소문이 퍼지자 믿지 않던 사람들이 몰려들어 교회가 눈에 띄게 부흥되었다. 처음에는 돈에만 마음이 끌려 나온 교인들이 차츰 믿음이 깊어지자 가정이 부유해지고 열심히 일하여 학비를 자급하는 집이 늘어났고 그 대신 다른 믿지 않는 사람들을 돕는 학자금이 되었다. 학비지원을 받는 사람들은 독지가가 누구냐고 했지만 목사님께서는 비밀을 지키셨다. 학생들의 이름으로는 누군지 알 수 없지만 그 부모님들의 이름을 보면 어떤 집 아이들인지 알 수가 있었다. 옛날에는 생활이 괜찮다고 생각했던 어른들도 끼여 있었다. 그들은 내가 누군지 알면 안 되었다. 자존심이 있고 고집들이 있어서 가난하고 거지 아이처럼 자라던 내가 그만한 돈을 쓰고 있다는 것을 알면 불쾌해 할 사람도 있고 웬 돈이 그렇게 많으냐는 등등 감사한 마음보다는 나쁜 부작용이 있을 것이다.

다른 집들은 다 열심히 믿기 시작했는데 유독 오빠만은 거부하는 것이었다. 올케는 쌀 타먹고 학비 받는 재미로 억지 교인 노릇을 하고 조카는 아버지의 반대로 교회에 제대로 나가지 못했다. 궁리 끝에 오빠에게와 이모에게 집 한 채씩을 마련해 주기로 했다. 이모님은 미신 섬기던 정성으로 하나님을 섬기니 뜨거웠는데 고집 센 오빠와 올케는 믿으려 하지 않았다.

서울 xx동에는 교회에다 200만 원씩을 주어 극빈자를 선정하여 매학기 자녀교육비로 지급토록 하고 명단을 작성해 받았다. 서울과 고향에서 등록금 납입 영수증이 돌아올 때마다 그것을 깨끗한 노트에다 정성껏 붙여 놓고 하나님께 감사 기도를 드렸다. 이때보다 가슴 벅찬 기쁨을 맛볼 수 있을까.

나는 3개월에 한 번씩 진심으로 하나님께 감사하고 넘치는 기쁨에 온종일 찬송하고 눈물을 흘렸다. 하나님이 주신 축복 이렇게 나누어 주고 거두어들이는 기쁨은 몸소 해보지 않은 사람은 상상도 못하는 감격이다. 날마다 100만 원씩 들고 나가 나 하나의 쾌락과 사치와 허영을 위하여 쓰고 돌아온다면 그 기쁨이 몇 날이나 갈 것인가. 그것은 마침내 허무와 비애만을 낳을 것이다.

남을 위해 돈을 써봐야 나를 위한 기쁨으로 돌아온다는 진리를 깨닫게 된다. 나는 아이들의 등록금을 내어준 뒤 그들의 성공과 건강을 위해 기도했다. 그때 드리는 기도야말로 하나님께서 진정 기쁨으로 들어주신다는 확신을 얻었다.

돈이 생기면 재산 늘리는 데만 정신이 빠져 진정한 기쁨을 모르고 사는 사람들을 본다. 그렇게 바벨탑처럼 축재하여 무엇을 하겠다는 것일까. 돈이 쌓인 뒤에 그 사용처를 제대로 찾지 못하는 사람들은 결국 파멸에 이르러 오만해지고 유물론자가 되어 구원의 길에서 타락하고 만다.

돈이 값지게 쓰여지는 것을 숨어서 보는 기쁨. 그 숨어 있는 기쁨

은 더욱 나의 영혼을 살찌우는 것이고 삶의 보람을 찾게 해주는 기쁨
이 되어 돌아온다. 고집을 부리고 교회에 나가지 않는 친정 오빠를
덫으로 얽어매기 위하여 오빠가 사는 집 곁에 150 평짜리 밭을 샀
다. 그리고 50평짜리 양옥을 지었다. 마을 사람들에게는 학비를 지
원하는 독지가가 살 집이라고 소문을 냈다. 그 소문이 퍼지자 학비
지원 받는 부모들이 모두 동원되어 거들어 주기도 하고 그 마을에서
살게 되었다고 하니 독지가 만날 기대에 흥분까지 하는 분위기였다.

착공한 지 두 달만에 집이 말끔히 완성되던 날 목사님이 오빠를
방문했다. 오빠는 술에 취하여 건달처럼 사는 분이었다. 왜 왔느냐,
나는 절대 예수를 믿지 않는다, 돈으로 사람을 매수하는 목사는 믿지
않는 사람보다 못하다는 등 폭언을 했다고 한다. 그런 오빠에게,

"최형, 내 말 귀담아 들으세요. 당신은 하나님이 훌륭한 일꾼으로
쓰실 것입니다."

"웃기지 마시오. 하나님이 어디 있소? 보셨소? 세상에 쓸 놈이 없
어서 나를 쓰겠소? 동네 사람 다 믿어도 나는 안 믿소."

하고 고집을 부렸다. 목사님은 오빠네 식구들을 모아놓고

"이 최씨 댁만큼 축복 받은 집도 없습니다. 이제부터 하나님 믿고
안 믿고를 따지지 않기로 하겠소. 믿든 말든 마음대로 하시오. 그 대
신 한 가지 약속이 있소. 그것만은 들어주셔야 하오. 내일 이 집에서
옆에 새로 지은 집으로 이사를 하시오."

"뭐요? 우리 보고 그 집에 가서 살라고요? 그 집 하인 노릇을 하라
는 말씀이오? 못하겠소. 우리 집이 어때서 그리로 가요? 집주인이
오지 않는단 말이오?"

"하인이 되는 것도 아니고 집주인이 따로 있는 것도 아닙니다. 그
집은 지을 때부터 댁의 집으로 지은 것입니다."

"누가 우리 집을 저렇게 잘 지어줍니까?"

"하나님이 지어주신 집이지요. 누가 세상 사람이 자기도 살지 않을

남의 집을 저렇게 잘 지어 주겠습니까. 한번 들어가 보시지요. 가구
까지 전부 들여놓았어요. 서울집도 이만한 집이 드물 거예요. 필요
한 물건만 챙겨 가지고 몸만 들어가면 살게 되어 있습니다."

"못 갑니다. 사정도 모르고 어떻게 갑니까."

"제가 보장합니다. 아무 염려 말고 들어가세요. 하나님이 지어주
신 집인데 누가 뭐랍니까?"

"싫습니다."

"좋습니다. 정히 그러시면 그 집 청소나 하루에 한번씩 해 두시지
요. 사람이 안 살고 비워두면 먼지가 쌓이고 거미가 줄을 늘여놓아
좋지 않습니다."

"청소요? 그게 하인이 하는 짓이지 주인이 하는 짓이오?"

"어쨌든 이사 가기 싫으면 청소는 꼭꼭 해 두시오. 가구도 누가 훔
쳐갈지 모르니 지키시구요."

"목사님이 하시오. 우리는 못해요."

"댁만 믿고 가겠습니다."

목사님은 그 뒤에 식구들이 어떻게 하나 지켜보았다. 오빠는 대문
안에 발도 들여놓지 않는데 올케와 조카들이 날마다 청소를 하고 밤
이면 오빠 몰래 가서 자기도 했다. 그렇게 6개월이 지난 어느 날 온
식구들이 독감에 걸려 며칠을 일어나지 못했다. 그러나 오빠만은 건
강하여 병을 모르고 지냈다.

새로 지은 집 청소를 일주일쯤 하지 못하고 있을 무렵 목사님이
그 집을 찾아가 집안을 들여다보았다고 한다. 그런데 상상외로 오빠
가 들어가 청소를 하더라는 것이었다. 목사님은 숨어서 청소하는 것
을 다 지켜보다가 들어가서 오빠를 만났다.

"최형, 수고가 많습니다. 집안이 늘 깨끗하기에 누가 그렇게 청소
를 잘 하나 했더니 바로 최형이셨군요. 참 감사합니다."

"뭣이 감사합니까. 우리 애들이 날마다 들어와서 더럽히니까 내가

청소를 좀 했던 것뿐인데요."

"관심이 있으시다는 건 고마운 일입니다. 오늘이라도 모두 이리로 이사하세요. 이 집주인은 댁이에요."

"무슨 말씀을 그렇게 하시오. 여기는 독지가가 와서 살 집이라고 했는데 귀한 분이 와서 살 집을 우리가 더럽혀서야 쓰겠습니까?"

"최형, 나는 지금까지 최형을 잘 모르고 살았군요. 그렇게 속이 깊으신 줄은 모르고 있었습니다."

"무슨 말씀을 그렇게 하십니까?"

"저는 최형이 이 집에 불이 나도 끄려고 하지 않을 만큼 무정한 분으로만 생각했습니다. 그런데 이러신 줄도 모르고…… 무례함을 이해하여 주십시오."

"아무리 내가 거칠기로 그렇게까지 안하무인이겠습니까."

"이제 마음놓았습니다. 저는 늘 걱정이 컸습니다. 주인은 들지 않고 빈집은 도둑이 들 염려가 있어서요."

"그러셨겠지요. 이제부터는 염려 마십시오. 주인이 올 때까지 제가 관리해 드리겠습니다."

"고맙습니다. 여기서 이러지 말고 들어가 쉬다 갑시다."

"그러시지요."

"술을 좋아하시는데 술을 받아다 드릴까요?"

"네? 목사님이 술을요?"

"최형이 가장 좋아하는 것 아닙니까?"

"좋아하지요. 좋아하고 말고요. 저는 예수 없이는 살아도 술 없이는 못 삽니다."

"술도 다 하나님이 주신 음식이잖습니까?"

"목사님도 그걸 다 아십니까? 맞습니다. 목사님 말씀 중에 가장 마음에 드는 말씀이십니다. 사실 저도 가끔 예배당에는 가보고 싶은데 술, 담배 때문에 못 갑니다."

"그렇습니까? 술, 담배 다 하시면서 다니시면 됩니다."

"목사님, 농담도 잘하시는군요. 술, 담배 먹는 놈이 무슨 하나님을 믿습니까?"

"아닙니다. 성경에도 술에 대하여 여러 곳에서 지적하였습니다. 술을 주신 것은 하나님이십니다. 독약도 주신 하나님이시구요. 다 약으로 필요해서 주신 거랍니다. 최형도 술을 먹는 것이 나쁘다 죄다 하고 생각하시지만 만약 술이 없었다면 어떻게 할 뻔했습니까? 최형에게는 술이 친구보다 좋은 약이었습니다. 안 그렇습니까?"

"이제 보니 목사님은 멋지십니다. 이렇게 내 마음을 알아주시는 분인 줄 진작 알았더라면 더 일찍 뵈올 것을 그랬습니다."

"그렇습니까? 하나님은 최형을 위하여 술을 만들어 주신 것입니다. 번뇌하고 인생살이가 고되고 정신적으로 안정을 찾지 못하여 방황할 때 삶의 가치를 버리지 말고 살라고 즐거움의 선물로 술을 주어 마음의 병을 치료하게 하시는 것입니다. 남들은 최형이 술이 취하여 타락했다고 해도 최형을 이 세상에서 가장 즐겁게 해주고 기쁘게 해준 것은 술이었습니다. 안 그렇습니까?"

"맞습니다. 목사님, 맞습니다."

"술은 즐거운 기분이 들고 혈액순환이 잘 이루어지고 있을 때 그만 마셔야 합니다. 딱 좋다 생각될 때는 하나님이 허락한 한도입니다. 그러나 그것을 지나 정신이 돌 때까지 마시는 것은 거기서부터 죄가 되는 것입니다. 술을 마시되 죄가 되지 않는 한도에서 마실 줄 알아야 합니다."

"맞는 말씀입니다. 그런데 이상하게 술을 마시면 술이 술을 마시고 마지막엔 내가 술의 종이 되어 미친 짓을 합니다."

"그래서 실수를 하면 세상에서 버림받는 것이지요."

"목사님. 술을 강제로 끊는 방법은 없을까요?"

"결심이라는 약으로 치료가 가능하지만 사람의 결심이 사흘 가기 힘들잖아요. 술은 마시되 억지로 끊으려고 하지 말고 하나님의 도움을 청하시면 됩니다. 술을 주어 즐기게 해주신 것도 하나님이시지만 술을 끊게 해달라고 하면 끊어주시는 것도 하나님이십니다. 술, 담배가 두려워 하나님을 믿지 않는 건 어리석은 일이지요."

"목사님 말씀을 듣고 보니 가슴이 후련해집니다. 우리 식구가 달마다 쌀을 타오고 아이들 학비를 대주는 바람에 저는 목사님이 고마웠고 독지가라는 분이 존경스러웠습니다. 그렇지만 어차피 교회 못 가는 마당에 모르는 체하고 말자 생각했습니다. 그런데 오늘 말씀을 듣고 보니 나도 교회에 나갈 수 있다는 자신감이 생겼습니다."

"고마운 말씀입니다. 하나님을 깊이 믿으시면 술에 취한 것보다 더 즐거움에 취한답니다. 술은 잠시 마음을 달래주지만 하나님이 주신 말씀을 먹으면 날마다 취한 것처럼 즐거울 것입니다. 하나님 믿는 사람들을 잘 보세요. 생활이 어렵고 절망상태에 빠져서도 실망하거나 술에 취하여 방황하지 않고 웃는 얼굴로 노래를 하는 것은 하나님이 주신 기쁨이 따로 있기 때문입니다. 최형도 그런 기쁨을 맛볼 날이 멀지 않은 것 같습니다."

"제가 어떻게 그럴 수가 있습니까?"

"예수님께서 말씀하시기를 의사는 병든 사람을 위하여 필요하다고 했습니다. 그리고 예수님이 이 세상에 오신 것도 세상이 모두 병들고 타락하여 하나님의 노여움을 살까 두려워 생선을 썩이지 않기 위해 소금이 녹아 생선 속에 스며들 듯 예수님은 그 귀한 생명을 버려 가면서 사람들의 허물을 대신 지고 십자가에 달려 돌아가신 것입니다."

"목사님 말씀이 다 옳은 것 같으나 저는 이해가 어렵습니다. 제가 이 집 청소를 하는 것은 아무도 모르게 하려고 했었는데 들키고 말았습니다."

"괜찮습니다. 이 집은 댁의 집이니까요."

"자꾸 제 집이라고 하지 마십시오. 만약 제가 이 집에 들어와 산다면 마을 사람들이 가만히 있지도 않을 것입니다."

"제가 있잖습니까? 독지가는 바로 최형이었다고 한다면 어떻겠습니까?"

"농담 마십시오. 제가 독지가라고 한다 칩시다. 이 하늘 아래 누가 그것을 믿으려 하겠습니까?"

"물론 처음에는 그렇겠지요. 그러나 최형이 틀림없다고 내가 우긴다면 어떻게 될까요?"

"웃겠지요."

"최형이 틀림없다고 해도 믿지 않는다면 그런 학생들의 등록금 납부가 중단될 때도 믿지 않을까요?"

"그건 공상입니다."

"최형이 술, 담배 걱정 말고 교회만 나오시면 동네 사람들이 모두 최형을 훌륭한 독지가로 믿도록 해 드리지요."

"그럼 독지가는 다른 사람이 아니라 목사님 아니십니까?"

"제가 무슨 돈이 있습니까? 그러니까 조건이 붙지 않습니까?"

"무슨 조건이지요?"

"나가기 싫은 교회를 다녀야 한다는 조건 말입니다."

"그 조건이야 술, 담배 하는 것만 봐준다면 아무 것도 아니지요."

"술, 담배가 꺼려지는 건 세상 사람 눈을 의식하기 때문입니다. 믿음 생활은 사람과 하나님과의 관계가 중요합니다. 오늘 최형을 만나니 제가 큰 보물이라도 얻은 듯 기쁩니다. 다음 주일부터 교회로 오십시오."

"생각해 보겠습니다."

"감사합니다."

"목사님, 저한테만은 독지가가 누구인지 알려주실 수 있지 않습니까? 그분이 누구십니까?"

"그 분은 댁에서 교회에 열심히 나오시고 집사가 되고 장로님이 되면 자연 나타날 것입니다."

"제가 장로가 된다구요?"

"안될 것 같습니까? 장로가 되고 집사가 되는 것이 특정한 사람만
되는 것이 아닙니다."

"그래도 그렇지요. 그분이 뉘신지 알려주신다면 제가 새집으로 이
사도 가고 교회도 잘 나가겠습니다."

"그분은 아무도 만날 수 없습니다. 이 동네에서 그분을 만나볼 수
있는 분은 최형뿐입니다."

"어째서 저만 만날 수 있습니까?"

"최형께서도 교회에 열심히 나오시고 진실한 믿음을 가지고 교회
직분을 맡으셔야 그분을 볼 수 있지요. 다른 사람들은 죽어서 천당에
나 가야 만날 수 있고요. 그분 도움 받고 자란 아이들이나 부모님들
이 그분의 은혜를 갚는 것은 잘 믿고 살다가 천당에 가는 것이지요."

"그분은 이 세상에 살고 있지 않습니까?"

"살고 있습니다. 그러나 신앙이 웬만큼 깊지 않은 사람은 만나주지
않습니다."

"아주 훌륭한 어른이시군요?"

"그렇지요. 이만저만 훌륭한 분이 아니지요."

"그렇겠군요. 이 마을에서 학비 타서 쓰는 집이 한두 집이 아니라
던데…… 그 돈이 다 어디서 나겠습니까. 돈이 아무리 많아도 남을
위해서라면 한 푼도 아까워하는 게 인심인데요."

"맞습니다. 요새 누가 남의 자식 교육비를 대줍니까? 자기나 잘 먹
고 살면 된다고 억척스럽게 사는 게 사람들인데요."

"그러한 중에도 이렇게 뜻 있는 일에 돈을 쓰는 분도 있습니다. 그
런 분이 있는데 우리는 본받지 않겠습니까?"

"참 고마운 분입니다. 그런 분들도 있는 것을 생각하면 나 같은 건
사람 축에도 못 끼지요."

"최형 고집 쓰지 말고 내 말만 믿고 이사하셔서 집안을 깨끗이 쓰십시오. 그 독지가가 언젠가는 오실 것입니다. 그 분이 지은 집이니까요."

"참 고맙기도 하고 이해가 되지 않기도 합니다. 저 같은 걸 어쩌자고 도와주시는지, 세상에서 나를 도와줄 사람은 하나도 없습니다."

"하나님이 도와주신 것이라고 했잖습니까? 감사는 하나님께나 하시지요."

이런 일이 있은 후 오빠는 교회에를 나갔고 처음에는 술, 담배를 끊지 못하다가 차츰 줄이고 그런 중에 믿음이 깊어지고 바르게 살도록 노력하다가 완전히 새 사람이 되었다. 술도 끊고, 담배도 냄새마저 싫어하게 되었으며 교회에서 집사의 직분까지 받는 경사가 났다. 나는 오빠가 서리집사에 임명된다는 소식을 듣고 눈물을 흘렸다. 하나님께 감사의 기도를 드리었고 오빠에게는 좋은 손목 시계를 사서 보냈다. 누가 독지가인지 알지 못하는 마을 주변 사람들은 독지가가 살 집이라고 지은 집에 오빠네가 들어가 살게 되자 집만 망가뜨리는 게 아니냐며 걱정들을 했다고 한다. 그런데 오빠까지 교회를 나오고 그 집으로 이사를 하자 마을 사람들은 궁금증이 오빠에게 쏠렸다.

혹시 저 사람이 진짜 독지가가 아닌가 해서였다. 주정뱅이가 술도 담배도 끊고 점잖아졌으며 집사 직분까지 받는 변화를 보고 점점 독지가가 오빠라고 확신하기에 이르렀다. 오빠는 사람들이 존경하는 태도로 대해 오고 마을에 큰 일이 있을 때마다 먼저 의논하고 대접하게 되자 점점 훌륭한 일만 힘쓰게 되었다. 결국 우리 식구들은 모두 확실한 크리스천이 되었고 구원받게 되었다. 할렐루야!

23. 옛날 나를 장사 지내고

이모댁을 위하여 어떻게 하면 좋을까 궁리하다가 거기도 마찬가지로 오빠한테 하는 방법을 썼다. 요 근래 들어 집 값이 다락같이 뛰고 전세 월세가 뛰자 이모댁에도 큰 어려움이 닥쳤었다. 2백 만 원 보증금에 십만 원씩 내는 세를 전세로 방 둘에 칠백 만 원을 내라고 한 사건이었다. 2백만 원도 큰돈인데 칠백이면 오백만 원을 더 준비해야 한다. 그런 돈이 있을 리가 없었다. 하루는 내가 찾아가자 이모가 땅이 꺼지게 한숨을 쉬었다.

"수지야, 큰일 났다. 길바닥에 나앉게 되었어. 집세를 5백 만 원이나 올려 달란다 글씨. 전세로 놓겠다니 우찌하면 좋다냐?"

"그렇게나 많이요?"

"월세에서 전세로 올리자니 그렇다는 겨."

"앞으로 어떻게 하실래요?"

"우찌긴. 아무 방법이 없지이. 니나 내나 무신 돈이 그렇게 큰 돈이 있어야. 소도 언덕이 있어야 비빈다고 혔는데, 언덕이라곤 없는 우리 집안 나녀어?"

"그렇지요."

"내가 예수를 잘못 믿었는가벼. 부처님을 잃어버리고 신주단지를 태워 버렸더니 당장에 그 화가 온겨."

"그것과 무슨 상관이 있어요?"

"그렇잖으면 왜 월셋방을 갑자기 전세로 한다는겨? 지금 이백만 원 들고 나가면 헛간도 못 구혀."

"하늘이 무너져도 솟아날 구멍이 있다고 했는데 설마 그렇게야 되겠어요."

이때 이종 오빠 내외가 들어왔다. 나를 보자마자 물었다.

"수지야, 너 돈 모아놓은 거 없냐아?"

"돈이요?"

"응"

"저도 뭐 별로……"

"그렇것지. 혼자 떠도는 신세에 무신 돈이 있것어. 옷이라도 번듯하게 입고 다니니 다행이지."

"오빠는 내가 겉멋만 들어 보이시나 보죠?"

"아녀"

"그런데 왜?"

"모르것다. 하늘에서 돈벼락이나 뚝 떨어졌으면 좋것다."

"돈벼락이라도 떨어지면 어떻게 하시게요?"

"젠장 셋방살이나 면하면 살것다."

"그런 오빠한테 하늘에서 돈벼락이 거저 떨어지겠어요? 다 돈 벼락도 사람 봐가며 떨어지는 법이에요."

"왜 내가 어디가 어때서?"

"인물이야 잘 생겼지요. 마음이 문제지요."

"마음이 우때서"

"돈벼락이 떨어지면 먼저 무엇을 하시겠수?"

"집사고, 먹을 것 실컷 먹구……"

"겨우 그것뿐인감?"

"뭐 또 있냐?"

"나 같으면 그렇게 안 해요."

"어떡하겠냐?"

"먼저 하나님 감사합니다. 하고 인사를 해야지요. 감사하겠다고 생각하지 않는데 하나님이 돈벼락을 주겠어요?"

"야. 돈이 생기면 하나님께 고맙다고도 해야지. 어머니는 교회 다니신다."

"어머니는 어머니고 오빠가 문제죠."

"나야 차차 나가면 되지만두, 그런디, 너는 예수 믿냐?"

"나는 돈이 벼락같이 떨어진다면 교회에 가서 감사하겠어요."

"너 찰떡 교인 아닌가뵈?"

"아니에요."

"그런디 무신 교회 얘기가 먼저 나와?"

"이야기니까 그렇지요."

"만약도 그렇지."

"오빠는 진짜 공돈이 생긴다면 어쩌시겠수?"

"내 팔자에 무신 공돈이여."

"누가 알우? 신주 모시다 하나님 믿는다고 했으니 돈이 생길지?"

"말마, 그 신주단지를 교회 목사님이 와서 없앤 뒤로는 우리 집에 좋은 일이 없어. 집값이 배로 뛰어 나가 살게 되지 않나……"

"예전에는 신주 잘 모셔서 그렇게 잘 사셨수?"

"어쨌든 집이 있어야 이사를 가든지 말든지 할 게 아녀?"

"이왕 신주는 버린 것이고 다시 모실 수도 없지 않수? 믿을 곳은 하나님밖에 없어요. 온 집안이 하나님께 가서 빌어봐요. 하나님이 살길을 마련해 주실지 아우?"

"하나님이 무슨 힘으로 우릴 돕냐. 하나님인지 예수님인지 우리 집 문제만 해결해 주면 천 번이고 만 번이고 믿지."

"정말이우?"

"정말이다 말다."

"이모님 나가시는 교회에 가서 목사님께 의논해 봐요. 진짜 하나님이 도와주실지도 모르니까요."

"목사가 무슨 돈이 있어서 도와 주냐. 돈이 있어도 우리 차지가 오지도 않겠지만."

"성경에 보면 구하는 자에게 주실 것이요. 두드리는 자에게 문을 열어주시리라고 했어요."

"성경에?"

"네, 또 뭐라고 했느냐 하면요."

"또?"

"자식이 생선을 달라 하는데 뱀을 줄 부모가 어디 있겠느냐. 하나님을 아버지로 모시고 구하는 사람은 하나님이 아들로 삼아주시고 그 소원을 들어주신다고 했어요."

"너 아니라고 하면서 목사 다 되었구나. 네가 그런다고 내가 교회에 갈 것 같으냐?"

"교회에는 아무나 가고 싶으면 가고 말고 싶으면 마는 곳이 아니에요. 성경에 하나님께서 부르시지 아니하시면 내게 올 자가 하나도 없다고 하셨고 하나님께서 일꾼으로 쓰시고자 하면 피할 자가 없다고 하셨어요."

"알고 보니 네가 예수쟁이도 보통 예수쟁이가 아니라 예수꾼이었구나?"

"다 좋아요. 진짜 이모님댁에는 어려운 문제가 생긴 거예요. 제가 돈이나 모아놓은 게 있으면 도와드리고 싶은데 돈도 없고, 그저 이모님을 위해서나 오빠네 식구를 위하여 도와줄 수 있는 길은 그 길밖에 없기 때문에 드린 말씀이에요. 세상 누구를 잡고 사정하시겠어요. 이젠 하나님밖에 사정할 곳이 남아 있지 않아요. 내가 나가는 교회에 가보면 오빠보다도 더 비참한 처지에서도 하나님의 도우심으로 역경을 이기고 지금은 잘 살고 열심히 믿고 있는 사람들이 수두룩해요."

"너 그 교회에 다니냐?"

"네."

"그 교회에는 예수에 미친 사람들만 다닌다던데, 너도 미쳤구나?"

"미쳐도 예수에 미친 사람이 훌륭한 거예요. 술에 미치고 춤에 미치고 고스톱에 미치고 색정에 미치고 돈에 미치고 해봐요. 그건 치료할 길이 없어요. 그런 병은 무엇으로 고치는지 아세요?"

"뭐냐?"

"세상일에 미친 사람은 예수에 미치면 영원히 완치되는 걸 아셔야 해요."

"말은 청산 유수로 잘한다. 예수를 그렇게 잘 믿어서 너는 시집도 못 가고 지금도 그 꼴로 사냐?"

"시집은 못 간 게 아니고 안 가는 것이고 저는 일찍이 시집을 갔던 여자예요."

이때 이모가 끼여들었다.

"말이 났으니 말이지. 그때 그 태서방 말이다. 그놈 때문에 네가 떠난 뒤에 나하고 그 집하고 머리가 터지게 싸웠다."

나는 듣고 싶지 않은 이야기가 나올 것 같은 예감이 가슴에 내려 앉았다.

"네가 나간 뒤로 오지는 않지. 그래서 찾아가서 우리 조카 내놓으라고 야단을 쳤지. 그랬더니 똥싼 놈이 성낸다고 그 집에서 더 야단을 치는 거여. 돌아와도 받아주지 않는다면서……"

"……"

"그 뒤 3년 있다가 아들놈이 제대하고 그 해에 새 장가 들여서 지금까지 살고 있다."

"이젠 지난 이야기하지 말아요. 다 끝난 일인데……"

"너 아직도 시집 안 가고 있는 이유가 뭐여? 그 놈 때문이 아녀?"

"이미 끝난 얘기예요."

"아녀, 가서 피해 보상이라도 받아야 혀."

"지금 제가 가장 즐거워요. 부러울 것 아무 것도 없어요."

"너같이 이쁜 애가 왜 독수공방이여. 더 나이가 들기 전에 신랑 맞아야지."

"누가 이런걸 데려가겠어요?"

"너같이 이쁜데 누가라니. 너만 좋다면 바로 이 뒷집에 좋은 분이 있다. 한번 볼려? 애가 큰 게 둘 있지만 그 남자는 공장에 다니는디 공장에서 십장쯤 되는 거 같더라. 우떠냐?"

"생각 없어요. 이모님."

"아녀. 너도 재혼인게. 그런 사람 만나면 좋겨. 집도 작긴 하지만 제 집이고…… 너는 지금 우티기 살고 있는겨. 월셋방은 면한겨?"

"전세 살아요."

"우리보다 좀 낫구먼"

"이모님. 그런 이야기가 중요하지 않아요. 당장 쫓겨날 판인데 어떻게 하실 거예요."

"내 걱정은 마. 너는 네 걱정이나 혀. 겨우 초등학교밖에 못 다닌 나나, 중학교 다니다 그만 둔 오빠나 다 못 배우고 없는 집에 태어나서 이 꼴로 살지."

이모님은 눈물까지 짜셨다. 나는 그냥 나오고 말았다. 못 배웠다고 모든 삶의 현장에서 자포자기하는 이모나 오빠가 불쌍하게만 느껴졌다. 교육을 많이 받았느냐 못 받았느냐보다 아는 것을 더 많이 사용할 수 있느냐가 중요하다고 생각하며 살았고 독학을 해왔기 때문에 교육적 콤플렉스로 좌절한 적은 한번도 없었다. 교회로 찾아가

"목사님, 저희 이모님댁을 위하여 기도하여 주세요. 그 안집에서 세를 더 내라고 하는 것 같은데 돈을 그냥 불쑥 대주면 아무 의미가 없어요. 이번 기회에 교회에 모두가 나오도록 할 수 있어야겠어요."

"어떻게 할까요?"

"방법이 있긴 있어요. 비밀은 꼭 지키셔야 해요. 제가 하는 줄 알면 안돼요."

"말씀하시지요."

"그분들을 그냥 도와주면 안 되고, 일단 목사님께서 복덕방을 통하여 그 사시는 집이 얼마나 가는지 알아봐 주시겠습니까?"

"그야 어렵지 않아요."

"그래가지고 그 주인에게 팔도록 하시는 거예요. 조금만 더 얹어주면 팔 테니까요."

"그야 그렇겠지요."

"그렇게 되면 새로 산 사람이 그 자리에는 집을 새로 짓게 된다면서 이모님댁도 집을 비우라고 하는 것입니다."

"그러면⋯⋯."

"그런 통고가 가게 되면 그날 목사님께서 심방을 하시는 거예요. 소식을 듣자 하니 딱하게 되셨다는데 무슨 대책이 있느냐고 물으시는 거죠."

"그리고요?"

"대책이 물론 서지 않을 거예요. 그러면 이 근처에 독채 전세를 얻어 놓으시고 거짓말을 하는 거죠. 마침 그 집에 살던 사람이 이민을 가면서 집이 비게 되어 당분간만 살 사람을 구하고 있는데 그 집이 어떠냐고요."

"좋은 생각이십니다. 그런데⋯⋯."

"이 근처는 2천만 원이면 전세를 얻을 수 있을 거예요. 제가 준비할 테니 그렇게 해 주세요."

일은 내가 계획한 대로 되었다. 독채도 얻었고 그 집도 사서 새로 건축업자에게 2층 양옥을 짓도록 계약해 두었다. 그리고 한 달쯤 되어 이사 갈 날이 다 되었을 때 이모댁을 찾아갔다. 이모님이 입이 쩍 찢어지게 좋아하시며 자랑이 이만 저만이 아니었다.

"내가 하나님을 믿었더니 큰 횡재를 했어. 하나님이 도우셨어."

"무슨 일이 생겼어요?"

"이 집이 팔렸구 우리가 이사갈 집이 호박이 넝쿨째 떨어졌다."

이종 오빠도 곁에서 한 마디 했다.

"돈벼락은 아니지만 집 벼락이 떨어졌다. 그뿐 아니라 이사 갈 집에서 사는 것만도 고마운데 집 지켜주는 값으로 매월 쌀 한 가마니를 사 준다는구나. 그렇게 고마운 사람도 시상에는 있는 줄 몰랐다."

"좋으시겠수. 돈벼락이 그게 돈벼락이지 뭐유? 누가 그렇게 도와 준다고 했지요?"

"어머님이 다니시는 목사가 도와주신 거란다. 목사님이 우리를 어디가 예뻐서 잘 봐주시는지 알 수가 없구나."

"다 하나님이 도와주신 은혜지요. 뭐."

"그런가벼. 하나님이 우릴 도운겨."

이모님은 하나님께 대단히 고마워하고 있었다.

"오빠도 이제 교회에 나가서 목사님을 도와드리세요. 그렇게 고마우신 분이 어디 있겠어요."

"생각해 봐야겠다."

"고마운 분한테 무슨 생각을 하고 안 하고가 있어요."

이렇게들 좋아하는 식구들을 보고 돌아오는 내 가슴은 하늘을 나는 것같이 기뻤다. 세월이 흐르는 동안 이모님은 권사가 되셨고 이종오빠는 집사가 되어 교회 봉사에 땀을 흘렸다. 지금은 새로 지어 놓은 이층집에 들어 산다.

나는 죽을 때까지 내 정체를 친정 식구들이나 이모댁 식구가 알지 못하게 할 것이고 내가 대주는 학비로 공부하는 학생들이 영원히 누군가에게 감사하며 살도록 할 것이다.

단지 그들에게 내가 바라는 것은 하나님을 잘 믿고 어두운 곳에 등불이 되어 주고 상하는 곳에 소금이 되어주며 병든 곳에 의사가 되어 건강하게 살아주기를 기도한다.

하나님은 지금도 네 오른손이 하는 일을 왼손이 모르게 하라는 말씀으로 나의 신앙을 지켜 주신다. 나는 교회 의자 귀퉁이에 쭈그리고 엎드려 철야기도를 하면서 물질로 계속 축복하여 주시고 그 물질을 기쁨으로 이웃에게 사용할 수 있도록 해주시는 하나님께 감사를 드린다.

내가 보잘것없는 과거를 글로 남기는 데는 아무 가치도 없을 줄 알면서도 세상에서 재물을 쌓아놓고 사치와 허영과 자기 자랑에만 빠져서 이웃을 모르고 살아가는 분들에게 이렇게 해서 보람을 찾고 살아가는 기쁨도 크더라는 것을 들려주고 싶었다.
　세상에서 버림받고 인간으로서는 더 이상 내려갈 수 없는 밑바닥
에서 무릎 꿇은 나를 마나주신 하나님께 감사드린다.

무릎으로 만난 그리스도

2000년 8월 1일 1판 1쇄인쇄
2000년 8월 3일 1판 1쇄발행
저 자
심 혁 창
발 행 자
심 혁 창
발 행 처
도서출판 한글
서울특별시 마포구 아현동 371-1
☎ 363-0301 / 362-8635
FAX 362-8635
등록 1980. 2. 20 제10 - 33호

▲ 파본은 교환해 드립니다

정가 8,500 원

ISBN-89-7073-156-3-93130